인간의 존엄 및 성품에 기초한 마음의 철학

정책학의 지혜

The wisdom of policy science

권기헌

마음의 철학을 통한 정책학의 재조명

박영사

정책학의 지혜

The wisdom of policy science

권기헌

프롤로그 과학과 철학의 융합

인류역사는 힘의 시대를 지나 이성의 시대, 도덕의 시대를 만들려고 노력해왔다. 아직 곳곳에 힘과 무력이 상존하고 있지만, 인류 의식의 진화 방향은 그러하다. 그리고 그런 방향으로 만들어가야 한다. 힘과 무력의 시대가 효율성을, 이성과 제도의 시대가 민주성을 추구했다면, 도덕과 양심의 시대는 성찰성을 추구한다. 정책학도에게 꿈이 있다면, 그것은 법과 제도와 이성을 넘어 도덕과 양심이 구현되는 사회를 만드는 데 기여하는 것이다.

한편 인류역사는 이원성을 극복하려고 노력해왔다. 그것이 왕권이든 신권이든 국가와 교황의 무분별한 압제壓制로부터 자유로워지려고 노력했다.

사실 인본주의는 신본주의에 대립되는 개념으로서 신과 인간, 국가와 개인이라는 이원성을 전제로 하고 있다. 우리가 강조하는 인간의 존엄성은 이러한 이원성을 전제로 하지 않고, 인간 내면에 존재하는 인간 고유의 주체성과 독립성을 강조하는 개념이다. 이러한 휴머니즘은 앞으로 본격 전개될 삭막하고 기계적인 로봇의 시대에 특히 강조되어야 할 개념이며, 새로운 정책학에 접목되어야 한다.

인간 내면에는 빛이 있다. 빛은 의식이다. 물질 에너지에 상응하는 생각, 감정, 느낌을 넘어선 곳에 의식 에너지가 있다. 물질의 작동원리가 더 많이 소유하고 더 누리고 더 지배하는 방식으로 이루어진다면, 의식의 작동원리는 존재한다. 그냥 존재한다. 존재는 순수하고 사랑하며 고요하고 행복하다.

이처럼 인간 정신의 내면핵에는 순수의식과 평정심이 있다. 순수의식이 본체本體라면, 평정심은 그 본체가 지닌 중요한 특성特性이다.

정책학이 인간의 존엄성을 구현하려는 학문이라면, 첫째 출발점이 인간이다. 인간의 행복과 내면 의식이 기본 전제이자 목적인 것이다. 하여 본서는 정책학의 지혜를 탐구하고자 인간의 내면 의식과 마음의 철학을 탐구하고자 한다. 마음의 작동원리와 운영차원을 연구하여, 내면의 핵심에 존재하는 순수의식과 평정심을 밝힘으로써 정책학의 실천이성에 접목하고자 한다.

이것이 본서의 집필 동기이자 목적이다.
정책학과 인문학의 만남, 과학과 철학의 융합은 가능한 것일까? 그리고 그것은 필요한 것일까?

철학과 인문학은 이 땅에서 인간이 살아가는 삶에 대해 고민한다. 인간 내면의 중심에 존재하는 성품의 본질과 인간 완성의 지향점에 대해서 고민하고 사유한다. 그리고 이러한 성찰을 통해 우리가 살고 있는 공동체 구성원들의 자유와 행복의 근원이 무엇인지에 대해서 탐색하고자 노력한다. 그 중심에 정책학적 사유의 본질이 있다.

"인간의 마음은 어디에서 왔는가? 그 근원은 무엇이며, 인간의 바람직한 삶의 양태로서 인생의 목적은 무엇인가?"[1] 철학과 역사는 삶의 의미와 삶의 목적에 대해 고민한다. 즉, 산다는 것이 무엇이고 무엇 때문에 사느냐는 것이다. 모든 종교의 전통 역시도 "정결함과 거룩함 속에서 언제나 사랑과 자비, 인간의 존엄 그리고 평등함"[2]을 주장하고 있다. 그것은 각기 다른 방식으로 하나의 기본적인 진리를 전한다. 이들은 "동일한 영적 충동에서 솟아나며 평화, 초월성, 영혼의 자유 같은 동일한 영적 개념"[3]을 추구한다.

정책학은 우리사회의 다양한 정책현상에 대해 탐구하는 반면, 인문학은 문학, 역사, 철학 등을 중심으로 인류가 살아온 삶과 존재의 근거, 문화와 사유 그리고 문명사적 궤적에 대해 고민하고 탐구한다.

정책학은 '인간의 존엄성'을 증진시키고자 하는 학문적 이상을 실현시키기 위해 1951년 라스웰H. Lasswell에 의해 세워진 독창적 학문체계이다.

'인간의 존엄성'이 의미하는 바가 매우 추상적이다. 우선 '인간'에 대한 이해, '성품'에 대한 이해, '존엄'에 대한 이해가 그렇다. 하여 정책학은 그 출발 자체가 철학적 사유로부터 시작한다.

또한, 정책학은 정책과학과 정책철학에 대한 합성어이다. 정책현상에 대한 과학적 규명과 탐구를 목적으로 하면서도 철학적 지향점은 보다 인문학적인, 보다 인간의 존엄성이 충실히 구현된 사회의 실현에 있다. 따라서 정책학의 인문학적 사유의 기반과 지평이 넓어지고 깊어질수록 정책학의 본래 목적체계에 한 걸음 더 가까이 갈 수 있게 된다.

정책학의 인문학과 철학적 사유에 대한 이해가 깊어질 때 우리나라의 사회자본은 축적되고, 토양 위에서 인간의 창의성에 기반을 둔, 보다 높은 가치의 문화와 산업이 꽃피울 수 있게 될 것이다.

개인의 철학철학과 심리학과 통치의 과학정책학과 행정모형은 어떤 연결고리를 가지고 있는가? 특히 변동성, 불확실성, 복합성, 모호성으로 대변되는 4차 산업혁명 시대의 정책학과 통치모형은 어떠해야 하며, 철학적 지향점이 되어야 할 인간의 존엄성과 휴머니즘은 어떻게 정립되어야 하는가? 그리고 이러한 정지작업을 위한 인식론적 토대로서 인간과 존엄에 대한 이해는 어떻게 구성되어야 하는가?

이러한 논리의 흐름을 배경으로 본서는 과학과 철학의 융합에 주목했다. 특히 그 기저에 흐르는 인간의 성품에 대한 이해를 바탕으로 평정심과 실천이성에 천착하면서 4차 산업혁명 시대에 정책학이 정초해야 할 철학적 좌표에 주목했다.

본서의 논의의 흐름은 다음과 같다.

제1부에서는 평정심의 철학을 살펴본다. 동서양의 고전적 이해를 중심으로 고대 그리스 스토아 철학, 불교 철학, 유교 철학, 인도 철학에서 다루는 인간의 성품에 대한 이해를 중심으로 평정심을 논의한다. 한편 해당계 인간과 미토콘드리아계의 인간에 대한

유형적 이해를 토대로 왜 미토콘드리아 우위의 인간이 생명 에너지의 활성화에 있어서 중요한지를 살펴본다. 이는 인생의 목적과 궁극적 행복의 실현이라는 본질적 문제와 연결되어 있다. 이어서 정책학과 실천이성, 정책학과 마음의 철학, 정책학의 미래: 평정심과 성찰성 등에 대해서 고찰한다.

제2부에서는 마음의 철학에 대해서 살펴본다. 진정한 주체, 진아와 가아, 퇴계의 철학, 퇴계학 비판, 자아의 열림, 인간의식의 구조, 참나의 의식상태 등에 대해서 살펴본다.

제3부에서는 인간의 본질, 생명의 근원, 인간본성의 본질적 이해, 인도철학에서 본 인간의식, 인간의식의 창조적 실재 등에 대해서 살펴본다.

제4부에서는 창조적 혁신과 정책학에 대해서 논의한다. 창조적 혁신의 본질과 개인의 변혁, 그리고 그 방법에 대해서 살펴본다. 지식의 습득, 의식준위와 양자도약, 변혁적 인간, 창조적 무한지성, 본성에 밝아지기, 존재중심의 삶, 의식흐름의 창조적 상태, 국가의 혁신, 정책학과 창조적 혁신, 100세 시대의 정책학에 대해서 논의한다.

제5부에서 정책학, 과학과 철학의 융합에 대해서 논의한다. 사람은 왜 싸울까? 첨단기술만으로 문제해결이 가능할까?라고 하는 기본적 문제로부터 출발하여 복잡한 문제는 왜 발생할까? 복잡한 문제는 어떻게 해결할 수 있을까? 등에 대한 논의로 발전시키고자 한다. 몽플레 프로젝트를 중심으로 남아프리카 공화국의 성공

사례를 살펴본다. 이어서 사람은 왜 빛나는 삶을 살고 싶을까?라는 근본적 질문 속에서, 휴머니즘과 인간의 존엄성, 지금 왜 인간의 존엄성인가? 새로운 휴머니즘의 미래 등에 대해서 살펴보기로 한다.

마지막으로, 에필로그에서는 과학과 철학, 정책학과 인문학의 만남의 의미, 그리고 이러한 인문학적 고찰이 정책현상을 설명하는 데 어떤 기여를 할 수 있는지에 대해 다시 한 번 정리하면서 글을 맺고자 한다.

우리가 살고 있는 현대사회는 실로 가변적이고, 불확실하며, 복잡하고, 모호성으로 가득차 있다. 현대사회의 '불확실성'과 '복합성' 속에서, 우린 갈 길을 잃고 방황하기도 한다. 본서에서 논의하는 평정심과 미덕, 실천이성과 인간 존재에 대한 사유가 새로운 시대의 철학과 정신문명에 대한 좌표를 다시 설정해줌으로써 앞으로 심화될 4차 산업혁명의 물질문명을 이끌어갈 지향점이 될 수 있기를 기대한다.

•차 례•

PART
I

평정심의 철학

평 정 심

나는 어떤 유형의 인간인가?

나는 해당계解糖界 인간인가, 미토콘드리아계 인간인가?

이 글을 시작하면서 던지는 첫 번째 질문이다.

답부터 얘기하면 미토콘드리아계 인간이 좋은 것이고 그런 인간이 되기 위해 노력해야 한다. 그 전에 해당계는 무엇이고 미토콘드리아계는 무엇인가부터가 궁금할 것이다. 갑자기 해당계니, 미토콘드리아계니 하니까 당황스러울 수 있다. 인간을 그냥 성격, 인격과 같은 정신적인 차원으로 설명하기 전에 좀 더 원초적이고 근본적으로 살펴보기 위함이다. 생물학적 용어를 써서 보다 과학적으로 접근해 보기로 하자.

해당계나 미토콘드리아계나 모두 세포호흡에 관여하는 세포의 구성요소들이다. 전자현미경으로나마 그 모습을 볼 수 있는 것들이다. 이 둘은 우리 몸의 에너지를 만들어내는 원천이기 때문에 흔히 에너지 생산 공장으로 불린다.

20억 년 전 지구상의 선조세포는 산소가 없었기 때문에 산소를 싫어하는 혐기성嫌氣性 해당계 생명체로 살았다. 그러나 남조류藍藻類가 대기 중에 방출하는 산소가 점차 증가하면서 선조세포는 생존이 어려워져 산소를 매우 좋아하는 미토콘드리아 생명체와 합체했다. 미토콘드리아는 해당계 생명체로부터 영양분을 받아 살게 되고 모세포의 분열을 억제하여 사이좋게 살아가게 됐고 그 결과 진핵세포가 탄생했다.[1]

우리 몸은 이처럼 두 생명체가 합체되어 만들어졌기 때문에 두 에너지 생성계를 모두 갖게 되었다. 그리고 성질의 차이가 있으므로 역할에 따라 구분하여 사용하고 있다. 순발력과 분열은 해당계에서, 지속력은 미토콘드리아계에서 처리한다. 전자는 저체온과 저산소 상태에서 작용하고, 후자는 고체온에서 산소를 사용하여 작용한다. 가령, 정자와 난자도 마찬가지이다. 정자는 분열증식을 해야 하고, 난자는 성숙성장을 해야 한다. 때문에 정자는 해당계에서 에너지를 얻고, 난자는 미토콘드리아계에서 에너지를 얻는다.

이처럼 두 차원의 다른 경로를 통해 에너지가 발생되다 보니 사람에 따라서는 해당계 우위의 인간이 있는가 하면 미토콘드리아계 우위의 인간이 있다.

해당계解糖界는 당포도당을 분해함으로써 에너지를 얻는다. 하지만 이는 저체온무산소 상태에서 작동되는데다 식사를 통한 당의 분해만으로는 인간의 활동을 뒷받침할 수 없다. 인간의 고차원적인 에너지 활동을 위해서는 미토콘드리아가 필요한 것이다.

미토콘드리아계는 산소가 있는 상태, 즉 고체온유산소 상태에서 작동된다. 미토콘드리아는 생명의 '발전소'이다. 세포 속에 들어있는 에너지 발전소인 미토콘드리아는 우리가 살아가는 데 필요한 모든 에너지를 생산한다. 미토콘드리아는 진화의 가장 '깊숙한 틈새'라는 별칭처럼 생명의 가장 '깊은 비밀'을 감추고 있다. 미토콘드리아의 진화가 없었다면 우리는 지금 이곳에 있지 못할 뿐더러 다른 지적인 생명체도 이 땅에 나타나지 못했을 것이다.[2]

그런데 중요한 점은 미토콘드리아가 아무 때나 작동하지는 않는다는 것이다. 미토콘드리아가 활성화되려면 산소, 자외선, 방사선 등이 필요하다. 즉 햇볕에 나가 땀을 흘리면서 일을 한다든지 산소가 풍부한 환경에서 산책이라도 해야 한다. 이런 행동을 통해 자외선과 방사선을 적절하게 흡수할 때 미토콘드리아가 작동되는 것이다. 또한, 충분한 야채菜蔬도 섭취해야 한다. 야채 속에 포함된 칼륨40에서 방출되는 전자파, 즉 방사선이 필요하기 때문이다.

우리의 일상생활에서 받는 스트레스 또한 매우 중요하다. 스트레스를 받지 않는 삶이 어디 있으랴. 하지만 스트레스를 심하게 받으면 자율신경이 저하되어 미토콘드리아의 작용이 억압받게 된다. 무심코 받는 스트레스가 우리 몸에 직격탄을 날리는 것이다.

따라서 우리의 생명작용의 활성화를 위해서는활기차고 활력 넘치는 삶을
위해서는 미토콘드리아의 활성화가 필요하다. 미토콘드리아의 활성화
는 적절한 태양빛을 받으며 땀을 흘리는 고체온, 고산소, 고혈류
상황조건과 관련이 있다. 햇볕이나 산소가 필수적이라는 것이다.
이를 위해서는 채식을 많이 하면서 운동과 명상, 휴식 등을 통해
스트레스를 조율하는 생활습관이 필요하다.

이 대목에서 명확히 알 수 있다. 왜 우리 선인들 혹은 깊은 산
속에서 수행하는 선사들의 삶 속에서, 건강한 삶과 정신세계의 차
원 높은 에너지를 발견할 수 있는지를 말이다. 과거에는 몰랐다.
하지만 이제 의학과 생명과학의 뚜렷한 근거evidence를 가지고 그런
점들을 이해할 수 있게 되었다. 알고 보니 그것은 바로 우리 육체
와 정신작용의 생명원리에 기초한 것이었다.

어둡고 부정적이며 스트레스를 많이 받는 삶을 사는 사람은 해
당계 우위의 인간이 된다. 차갑고 음침한 환경에서는 저혈류를 통
한 고혈압, 당뇨, 암세포가 자란다. 섭씨 5°처럼 차가운 저체온 환
경 하에서는 해당계가 작동하기 때문이다. 스트레스가 심하면 몸
의 기운이 떨어지면서 저체온 환경이 되는데 이때 해당계가 작동
한다. 해당계의 작동은 피로물질인 젖산과 활성산소를 배출해 불
완전 연소를 발생시킴으로써 우리 몸은 피로에 젖게 된다. 이러한
비정상적인 상황이 지속되면 고혈압, 당뇨, 암세포가 발병하게 되
는 것이다.[3]

밝고 긍정적인 것에 더해 정기적 운동과 건강한 생활 습관으로
활기찬 삶을 사는 사람은 미토콘드리아 우위의 인간이 된다. 맑고

밝고 따뜻한 환경에서는 자율신경이 활성화되어 혈류의 흐름이 원활하고 완전 연소가 되는 삶을 살게 된다. 당연히 에너지가 넘치며 면역력이 높은 상태의 사람이 된다. 최상의 컨디션이 유지되는 가운데 생활 속에서 나타나는 어려움이나 스트레스는 자율적으로 통제되며 건강하고 활력 넘치는 삶을 살게 된다. 더 나아가 맑고 행복한 삶 속에서 남에게 도움을 주면서 빛나는 삶을 살 수 있게 되는 것이다.

이처럼 시대가 발달하여, 이제는 모든 생명의 원리도 신비주의가 아닌 과학적 원리를 통해 명쾌하게 이해할 수 있게 되었다. 아울러 삶의 의미와 목적, 방향에 대해서도 간파할 수 있게 되었다. 어떤 태도로 삶에 임하는 것이 바람직한 것인지는 물론 어떤 인생의 목적을 가지고 삶에 임할 것인지, 건강하고 활력 넘치는 삶을 위해서는 어떻게 해야 하는지를 알 수 있게 된 것이다.

빛나는 삶을 살기 위해서는 생명의 원리를 이해할 필요가 있다. 빛나는 삶이란 활기차게 에너지를 생성시켜 최상의 컨디션을 유지하는 것이다. 또한 맑은 정신과 건강한 신체를 바탕으로 일상생활에서 행복을 구가하며 남에게 도움을 주는 삶이다. 몸의 작용, 생명의 원리에 대한 메커니즘을 살펴보면 그 답을 이해할 수 있을 것이다.

그림 1-1 몸 생명: 미토콘드리아계 인간과 해당계 인간(2개의 생명체)

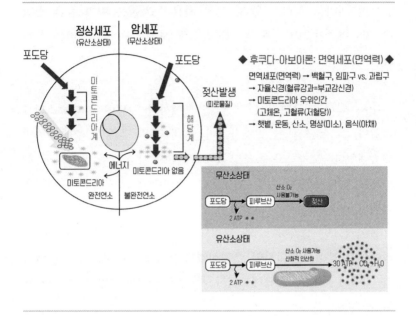

그동안 궁금했다. 왜 어떤 사람은 1일 1식이나 2식만으로도 에너지가 넘치고 활력이 넘칠 수 있는지, 소식小食을 하고도 더 건강하게 살 수 있는지, 현대의 단순한 영양학적 관점만으로는 잘 설명되지 않는 이 수수께끼가 늘 머릿속을 맴돌았다.

그러나 이제는 모두 풀렸다. 그 답은 호흡과 산소였다. 다시 말해 활력과 스트레스 그리고 미토콘드리아의 작용에 있었다.

미토콘드리아 우위 인간형은 오히려 적게 먹고도 호흡과 수행, 맑은 식단 중심의 식이요법으로 미토콘드리아라고 불리는 생명 에너지 발전소를 풀가동시켜 완전연소를 하게 한다. 이를 통해 건강하고 활력 넘치는 삶을 영위하는 것이다.

이 점은 흔히 말하는 우리의 삶이나 인생길과 관련해서 매우 중요한 의미를 지니고 있다. 눈치 빠른 독자들은 이미 감을 잡았을 것이다. 인간의 삶을 존재론적으로 보려는 사람들에게는 특히 그럴 것이다.

필자 역시 지금까지 짧지 않은 생애동안 수많은 롤러코스터를 겪었다. 그 누군들 안 그랬을까마는, 내 젊은 날은 고뇌와 번민의 연속이었다. 불안하고 초조한 날이 많았고 우울함과 외로움도 한 쌍으로 날아다녔다. 기쁨 뒤에 오는 허전함과 우울증은 롤러코스터의 급전직하 굴곡과도 같았다.

돌이켜보면 신기하다. 왜 그리도 많은 건강과 심리적 부침浮沈을 겪어야만 했을까? 어쩌면 무의식적으로 내면 속에서 이러한 굴곡과 퇴행의 아픔을 극복해보고자 부단한 노력이 있었던 것 같기도 하다.

이제야 명확하게 깨달을 수 있다. 굳이 개인적 성격과 감정의 잘못 때문이 아니었다. 그러한 에고ego, 생각 감정 오감는 그냥 두고도 관리가 가능한 것이었다.

정신의 이차원 구조를 일찍 알았더라면 얼마나 좋았을까. 정신의 근원과 파생, 전체와 개체, 평정심과 미덕의 구조를 알았다면 얼마나 좋았을까. 정신의 근원, 그 내면의 중심으로 들어갈 수 있는 심법心法을 알았더라면 얼마나 좋았을까.

이제 한번 종합적으로 설명해보고자 한다. 내 젊은 날의 오류를 조금이라도 줄일 수 있는 후학들을 기대하는 심정으로 이론과 심법을 명확하게 설명하고, 이를 통해 마음의 구조를 체계적으로 제시하고자 한다. 또한 감정의 굴곡과 고통으로부터 벗어나 단단하고 고요한 평정심을 얻는 방법을 제시해 보고자 한다. 더 나아가 인간의 심리적 구조가 통치철학으로서의 정책학과는 어떠한 연결고리를 가지고 있는지를 살펴보고자 한다.

평정심의 어원

평정심
한번 다시 불러본다.
"평정심平靜心"

이 혼란하고 불확실한 세상에 참으로 구원의 빛과도 같은 청량淸凉한 단어이다. 어지럽고 혼탁하며 경쟁심 넘치는 세상에 참으로 이런 상태가 애당초 가당키나 할까?

누가 도발해도 흔들리지 않는, 그리하여 내 마음은 맑고 청정淸淨한 호수와도 같고 명경지수明鏡止水와도 같은 삶, 일상사의 부침 속에서도 초연할 수 있는, 그야말로 초월성超越性과 내재성內在性을 함유하는 삶, 고요하고 단단하여 일체의 외부 자극에 흔들림이 없이 자기의 주체성과 자율성을 유지하고 외부의 상태를 조절할 수 있는 삶, 과연 가능할까? 그렇다면 그것은 누구나 꿈꾸는 삶이요, 모든 인간의 로망이 아닐까? 평정심을 근본으로 진정한 자유와 행복을 구가하는 삶 말이다.

평정심의 사전적 의미는 평안하고 고요한 마음을 의미한다. 외부의 자극과 상태에도 흔들림 없이 고요함을 유지하는 단단한 마음을 뜻한다.

"고요하고 단단한 마음 그리고 초연함"

평정심은 스토아 철학에서 강조한 핵심 사상이다.

그들은 철저한 자기 절제와 엄격함 속에서 외부 작용에 흔들리지 않는 마음의 상태를 최고의 경지로 보았다. 누군가로부터 욕을 듣거나 모욕을 당해도 흔들리지 않는 마음, 죽음의 위협에 직면해서도 흔들리지 않는 마음을 가진 자를 진정한 철학자로 보았다. 다시 말해, 죽음 앞에서 흔들리거나 두려운 빛을 보이는 자는 철학자라 할 수 없다고 했다.

우리나라 조선의 선비들도 그랬다. 자기 마음의 본성 속에 천명, 즉 이理를 새기고 인의예지를 품고 있어 천리天理를 놓치지 않는 자를 선비라고 불렀다. 그리하여 불의 앞에서 목숨을 초개草芥처럼 버리고, 목숨의 위협 앞에서도 당당할 수 있는 자를 진정한 선비라고 불렀다.

평정심의 위치

평정심은 우리 마음의 가장 내밀한 정수이다. 우리 본성의 가장 깊은 근원에 평정심이 존재한다. 우리의 일상적 마음을 일상심이라고 한다면생멸심, 일상심이 잦아 든 상태, 즉 고요하고 단단하여 초월적 상태의 근원적 마음이 평정심이다진여심.[4]

그림 1-2 평정심의 위치

일상심생멸심을 지배하는 상태는 희로애락喜怒哀樂이다. 인간은 욕망을 가질 수밖에 없으며, 욕망이 침해되면 분노한다. 좋아하던 사람이 떠나면 슬프고 우울하고 좋은 일이 생기면 기쁘고 행복하다. 하지만 욕망, 분노, 슬픔, 우울, 기쁨, 행복 등의 감정 상태는 지속적일 수 없다. 잠시 왔다가 사라지는 게 본질적 속성이다. 집착하고 있으면 더 큰 분노와 화를 자초할 뿐이다.

붓다는 일상심의 무상한 본질을 꿰뚫어 보라고 했다. 일상심은 본질적으로 무상하니 그 어떤 것도 집착할 대상이 못된다고 했다. 일상의 욕망과 대상을 싫어하여 버리면 열반의 상태에 도달한다. 그것이 곧 평정심진여심의 상태이다.

스토아 철학자들도 평정심을 최상의 경지로 보았다. 평정심이 흐트러지는 것을 매우 부끄러운 행태로 보았다. 소박하고 절제된 삶 속에서 평정심을 구현하는 자를 최고의 학자로 보았다.
스토아 철학은 그리스 로마 시대의 대표적 철학사상으로, 대표적인 철학자로는 에픽테토스Epictetus를 꼽을 수 있다. 그는 노예 출신으로 매우 가난하고 몸도 불편했다. 재산, 권력, 명예 등 모든 외관적인 요소에서 매우 불우했지만 시련에 굴하지 않았다.

에픽테토스는 자기가 통제할 수 없는 일들을 고민하는 것은 어리석은 일이라고 보았다. 그는 스스로 통제할 수 있는 자기 내면의 정신 영역을 수양하는 일에 집중해야겠다고 생각했다. 간소하고 소박한 삶을 살며 내면의 덕성을 함양함으로써 자신의 정신을 빛내는 삶이야말로 최고의 삶이라고 주장했다.

에픽테토스와 평정심

에픽테토스는 『명상록』을 남긴 로마의 황제 마르쿠스 아우렐리우스가 평생을 스승으로 흠모했을 정도로 존경받는 인물이다. 에픽테토스가 세운 스토아 철학의 핵심사상은 평정심에 있다. 그는 평생 어떻게 하면 평정심에 도달할 수 있는지에 대해 연구했다. 평정심을 통해서만이 진정한 자유와 행복에 이를 수 있기 때문이다.

그가 제시한 평정심에 도달하는 열 가지 명제와 방법론은 다음과 같다.

1. 자신의 뜻대로 할 수 있는 일과 없는 일을 구별하라.
2. 자신의 뜻대로 할 수 있는 것에만 관심을 두라.
3. 죽음 그 자체가 아니라 죽음에 대한 관념 때문에 고통이 온다.
4. 지혜와 명성 중 보다 중요한 한 가지에 집중하라.
5. 지혜를 추구하는 사람은 겸손해야 한다.

6. 지혜는 행동으로 나타난다.

7. 모든 것은 마음에서 비롯된다.

8. 겉모습보다는 내적인 미덕에 투자하라.

9. 지금 당장 삶의 원칙을 실천하라.

10. 우주의 본성을 이해하고 따르라.

에픽테토스는 우주의 본성을 다음과 같이 정리했다.[5]

"우주의 본성은 질서정연한 자연의 섭리에 있습니다. 진정한 신앙은 이러한 섭리를 믿는 것입니다. 또한, 지혜를 추구하는 사람은 겸손해야 합니다. 누구나 백작귀족을 꿈꾸죠. 월계관을 쓰고 승리자가 되고 싶어 해요. 저 또한 그렇습니다… 하지만 대가가 필요하죠. 영혼을 송두리째 바쳐서 노력해야 하고, 고통을 감내하며 훈련해야 하죠. 규칙도 준수해야 하지요… 영혼이 소중합니다. 정신이 소중하죠. 내면의 품성이 더 소중해요. 외양적 가치는 영원하지 않아요. 인생의 목적은 행복이며, 행복은 마음의 평정에서 옵니다."

소로우의 삶과 평정심

미국의 대표적 사상가, 헨리 데이빗 소로우도 월든 호숫가에 작은 오두막집을 하나 짓고 소박한 삶을 구현했다. '숲속의 생활Life in the Woods'이라는 제목으로도 불리는 『월든Walden』은 바로 월든 호숫가에서 보낸 그의 삶을 기록한 책이다. 열린 마음으로 자연을 관찰하고 깊은 교감을 나눴던 소로우는 풍부한 시적 통찰력으로 순결한 인간의 삶에 대해 노래했다. 가령, 다음과 같은 표현을 보면 호수 표면의 잔잔한 움직임에서 얼마나 큰 아름다움과 감동을 느꼈는지 알 수 있다.

> "물은 새로운 생명과 움직임을 끊임없이 공중에서 받아들이고 있다. 물은 그 본질상 땅과 하늘의 중간이다. 땅에서는 풀과 나무만이 나부끼지만, 물은 바람이 불면 몸소 잔물결을 일으킨다. 나는 미풍이 물 위를 스쳐가는 곳을, 빛줄기나 빛의 파편이 반짝이는 것을 보고 안다. 이처럼 우리가 수면을 내려다볼 수 있다는 것은 놀라운 일이 아닐 수 없다.[6]"

하지만 정작 중요한 점은 그가 자연으로 들어간 근본적인 이유이다. 그것은 본질과 본질이 아닌 것을 명확히 구분하기 위해서 본질에 대한 지혜를 터득함으로써 뒤늦은 후회를 하지 않기 위해서였다.

> "나는 신중하게 살고, 오직 삶의 본질적인 사실만 대면하기 위해, 삶이 가르쳐야 했던 것을 내가 배울 수 없는지 알기 위해, 그리고 죽었을 때 내가 제대로 살지 못했다는 사실을 깨닫고 싶지 않아서 숲으로 갔다. 삶이란 너무나 소중해서, 삶이 아닌 것을 살고 싶지 않았다.[7]"

평정심과 미덕

평정심과 미덕은 동전의 양면이다. 평정심이 밖으로 발현되면 미덕이라고 부른다. 평정심을 유지하면 미덕이 발현되기 쉬워지고, 미덕을 행하는 삶은 평정심 유지가 쉬워진다.

평정심과 미덕은 철학의 전부라고 할 수 있다. 평생 인간의 삶은 평정심의 구현과 미덕의 함양에 있다고 해도 과언이 아니다.

그림 1-3 마음의 구조: 평정심과 미덕

사람이 인생을 살면서 구현할 수 있는 가장 높은 차원의 단계
는 무엇일까?
사람은 도대체 왜 지상에 오는 것일까?
사람이 이 생에 온 인생의 목적은 무엇일까?
나는 이 지상에서 어떤 삶을 살다가 갈 것인가?

이러한 질문에 대해 필자가 생각할 수 있는 최상의 대답은 평
정심과 미덕이다. 사람은 자신의 본성을 찾아 본성 안에 함유된
평정심을 유지하며, 본성이 발현된 최상의 상태인 미덕을 구현하
며 사는 것이 최상의 삶이다. 자신의 주체를 발견하고평정심의 구현 남
을 이롭게 하는 삶미덕의 함양, 표현하자면 홍익인간과 같은 삶이 최상의 목적이
라고 하겠다.

불교를 예로 들자면 평정심은 소승불교, 미덕은 대승불교와 관

런이 있다. 평정심을 유지하는 마음의 상태를 소승불교에서는 열반이라 불렀고 이를 이룬 성자를 아라한이라 불렀다. 아라한은 숲속에서 열반 상태를 유지하면서 일생을 보냈다. 이는 후에 등장해 발전한 대승불교에 의해 비판을 받는다. 대승불교에서는 평정심열반의 마음을 실현했더라도 세상을 위해 회향하지 않는다면 큰 의미가 없다고 보았다. 그리하여 육바라밀진아의 발현, 미덕을 실현하는 삶이 소중한 가치로 등장한다. 참나진아를 구현한 뒤에는 베풂, 절제, 인내, 노력, 고요, 지혜 등 육바라밀을 통해 주변 사람들에게 도움이 되는 삶을 적극적으로 실천해야 한다는 실천윤리로서의 미덕이 강조되었다.

그럼에도 불구하고 우선적으로 평정심을 구하는 것이 소중하다. 평정심이 유지되는 상태에서는 높은 차원의 성품이 구현되기가 쉽고, 평정심이 깨진 상태에서는 낮은 차원의 성품이 구현될 가능성이 높기 때문이다.

높은 차원의 성품은 인의예지仁義禮智나 육바라밀六波羅蜜로 이어진다. 사랑, 정의, 예의, 지혜와 같은 인의예지의 성품이나, 베풂, 절제, 인내, 노력, 고요, 지혜와 같은 육바라밀은 모두 높은 차원의 성품인바, 이들은 평정심과 같은 높은 차원의 본성이 발현된 상태이다.

낮은 차원의 성품은 탐진치貪瞋痴나 희로애락喜怒哀樂으로 이어진다. 욕망, 분노, 무지와 같은 감정 상태나 기쁨, 분노, 슬픔, 즐거움과 같은 오욕칠정은 모두 낮은 차원의 성품인 바, 이들은 평정심과 같은 높은 차원의 본성이 발현되지 못한 상태이다. 고로 이런 성품은 깨진 상태의 모습에서 많이 나타난다.

평정심 철학의 기법

자, 그렇다면 중요한 것은 평정심의 기법이다.

모든 일에는 해법이 존재하듯이 평정심 유지에도 기법이 존재한다.

어떻게 평정심을 유지할 것인가?

스토아 철학의 기법

스토아 철학의 핵심 테제는 우주자연의 근본 법칙을 연구하고 이를 따르는 삶을 살아가는 것이다. 그들의 연구에 따르면 이 세상에 가장 확실하게 실재하는 것은 우주자연로, 이는 어떤 정확한 근본 법칙을 가지고 운행되고 있다. 우주자연의 가장 존귀한 생명인 인간에게도 당연히 이러한 근본 법칙이 스며들어 있으므로 이를 따라 자신의 삶을 사는 것이 가장 최선의 행복이라고 보았다.

우주에는 신적 이성이데아이 있는데 이는 근본 법칙로고스을 지니고 있다.[8] 신적 이성은 눈에 보이진 않지만 엄격한 원리를 지니고 있다. 인간의 능력으로는 감히 생각할 수 없이 최고로 고귀하고 엄격하며 아름다운 원리이다. 가령, 겨울이 가면 봄이 오고 여름이 지나면 가을이 온다. 혹독한 겨울에는 만물의 씨앗을 보존했다가 봄이 오면 만물의 생명을 다시 생동시킨다. 가을은 추살秋殺의 계절이니 노력하지 않은 자에 대해서는 가차 없는 심판이 주어진다. 즉, 정의의 원리이다. 다시 겨울이 오면 생명을 보존하기 위한 모든 지혜를 강구한다. 이처럼 천지자연, 우주이치는 어느 하나도 어긋남이 없으니, 이는 곧 사랑, 풍요, 정의, 지혜, 성실의 도리이다.

인간 역시 이러한 신적 이성이 스며들었으니 인간의 성품에도 이성이 존재한다. 인간에게도 이성이 가장 존귀한데, 인간의 도리는 이러한 자신의 이성을 최대한 함양하는 것이다. 즉, 인간의 이성의지을 신의 이성의지에 맞춰 얼마나 조화롭게 사는가에 따라 자유와 행복이 정해진다고 보았다.

그림 1-4 이데아와 이성

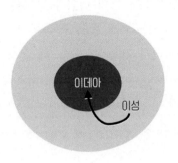

스토아 철학에서는 'What if, 심리기법'을 중시했다. 이는 "만약 이보다 더 최악의 상태에 처한다면?"과 같은 사고실험思考實驗, thought experiment을 통해 평정심을 유지하는 기법이다. 자신의 존재 자체에서 오는 행복감을 놓치지 않는 한편, 그 어떤 경우에도 신여기서 신은 제우스, 하느님, 부처님 등 그 어떤 것도 가능하다에게 감사드리는 것이다. 존재 자체에서 오는 은은한 지복감至福感이다.

에픽테토스의 경우를 예로 든다면, 노예가 되고 극심한 신체적 장애가 오더라도 감사할 수 있다고 했다. 내가 존재하는 것, 그 자체에 감사한 것이다. 오늘도 태양이 떠오름에 감사하고, 태양의 따스함을 느낄 수 있음에 감사하고, 석양의 아름다운 노을빛에 감사하고, 내가 지금 살아있음에 감사한 것이다.

한편, 분노나 우울의 감정이 스스로의 생각관념에 지배를 받는다는 것을 철저하게 터득하는 것도 중요한 기법이다. 생각의 주체는 '나'이므로 내가 생각관념에 빠지지만 않는다면 나는 내 감정을 통제할 수 있다. 이를 연습하라고 했다. 가령, 누군가가 나에게 폭언을 하고 모욕을 줬더라도, 그의 행위가 나와는 관계없는 일이라는 분리 작용이 일어나면 나의 주체와 내 생각 혹은 관념을 분리시키는 연습을 자주 해서 감정이나 분노에 휘말리지 않을 수 있다. 내 분노가 더 치밀어 오르는 것 그리고 급기야 나의 행동적 반응으로까지 연결되어 싸움이나 사건으로까지 진전되는 것은 그의 행위와 내 생각 그의 행위가 나를 무시하고 모욕했다는 생각과 감정이 엉켜서 복합작용으로 발전했기 때문이다.

에픽테토스의 핵심 팁은 사고기법에 있다. 생각실험을 통해 상황을 설정하고 최악의 경우를 상정해보는 마음훈련을 강조했다. 이를 통해 고요하고 단단한 마음, 즉 평정심에 도달할 수 있었던 것이다.

이를 위해 그는 평소에 철저한 자기 절제와 엄격함을 강조했다. 부단한 반복실험을 통해 마침내 단언할 수 있게 되었다. "죽음 앞에서 흔들리는 자는 철학자가 아니다!"라고.

스토아 기술: 최악의 경우를 상상하라

스토아 철학자들은 최악의 경우를 상상하라고 말한다. 그리고 사고실험을 통해 반복훈련을 하라고 말한다. 그것은 자신의 마음을 단련시키는 길이다.

평정심 상태를 얻는 일은 쉬운 경지가 아니니, 인생의 어떤 최악의 경우를 당하더라도 고요하고 단단한 마음을 유지해야 한다고 말한다. 그러려면 평소의 시련을 통해 혹은 시련이 없다면 가정을 통해서 마음을 단련시키라는 것이다.

"모욕에 대처하는 법, 무능력한 부하를 다루는 법, 성난 형제를 대하는 법, 사랑하는 사람과의 사별에 대처하는 법, 추방과 죽음에 대처하는 법"[9] 등이다. 만약 이런 기술을 연마한다면 "목적의식과 자존감이 가득한 인생을 경험"[10]할 것이며 이를 통해 평정심을 얻을 것이다. "몸서리치게 무서운 경험",[11] 인생의 가혹한 조건들 그 어떤 것도 우리의 평정심을 해치지 못한다. 죽음조차도, 사약조차도, 추방조차도 나를 해치지 못한다.

매일 아침을 이런 다짐으로 열어라. "오늘 나는 간섭과 배은망덕, 오만, 불충, 악의, 이기심과 마주칠 것이다. 이 모두는 선악을 구분할 줄 모르는 무례한 사람들의 무지가 낳은 것[12]이니 내 감정이 동요될 일이 아니다."

훌륭한 삶은 본성대로 사는 것이며, "철학의 주된 관심사는 삶의 기술"[13]이어야 한다. 우리가 이러한 삶의 기술을 연마한다면 자존감과 평정심을 유지할 수 있을 것이다.

위대한 고요로 존재하라. 모욕, 슬픔, 분노, 소외, 노년, 죽음에 대해 상처는 그 느낌일 뿐이니 이성의 힘으로 극복하라. 마음을 고요히 하고 평정심을 유지하기 위해 이러한 심리 기법을 터득하고, 여기에 달인이 된다면, 그대는 평정심에 안착하게 될 것이다. 이를 통해 그대는 '매일매일 좋은 삶'[14]으로 들어가게 될 것이며, 삶은 기쁨으로 가득 찰 것이다.

불교 철학의 기법

불교 철학의 핵심 테제는 열반에 도달하여 해탈하는 것이다. 열반의 상태참나, 진아는 모든 아름다운 성품을 품수하고 있다. 인간의 도리는 오온색수상행식, 현상계의 모든 물질과 정신작용이 무상無常, 고苦, 무아無我라는 사실을 깨달아 이를 초월한 정신 상태, 즉 열반에 도달하는 데 있다. 불교 수행을 통해 인간의 오온을 버리고 얼마나 열반의 상태에 도달하여 참나진아를 구현하느냐에 따라 자유와 행복이 정해지는 것이다.

그림 1-5 마음의 구조: 열반과 오온

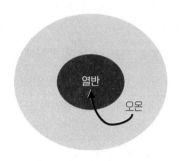

붓다는 현상계의 작용은 무상하다고 보았다. 원인과 조건이 만나 결과를 낳으니因緣生起, 이러한 상호의존성緣起으로 인해 어느 것 하나 고정불변의 실체가 없으며, 무상한 현상이 끝없이 펼쳐지는 것이 현상세계라고 보았다. 현상계 작용을 다섯 과정으로 나누어서 오온으로 표현했는데, 이는 곧 색수상행식이다. 색이란 물질물을 의미하며, 수상행식은 내가 받아들이는 정신작용을 의미하니 곧 개체적 마음이다. 즉, 현상계의 모든 물질과 대상, 그리고 이를 받아들여 내면화하는 정신 작용 모두가 본질적으로 무상하다고 주장했다.

하나도, 한시도 가만있는 법이 없으며, 항상 변하며, 나의 것이라고 할 수 없을 정도로 내 통제 바깥에 있다는 것이다. 잠시 있는 것처럼 보여도 궁극에는 사라지는, 즉 본질적으로 무상하다는 것이다. 세상의 물질과 정신작용은 영원하지 않으며, 내 것이라고 할 수 있는 게 아무 것도 없기에 고통을 수반할 수밖에 없다. 이러한 현상의 본질적 무상성無常性을 철저하게 깨달으면 불변의 실체인 열반涅槃에 도달할 수 있다고 보았다.[15] "생멸生滅이 멸하면 적멸寂滅"이라. 생멸문生滅門을 철저하게 체득하면 진여문眞如門에 도달할 수 있다는 것이다.

붓다는 인간이 고통을 겪는 이유가 이러한 본질을 꿰뚫어 보지 못하고 착시현상을 일으켜 집착하기 때문이라고 보았다. 권력, 재산, 명예, 그 어느 것 하나 영원한 것이 있던가? 내 것이라고 집착할 만한 것이 있는가?

그리하여 붓다는 현상계의 본질이 무상하다는 것을 철저히 체득하면 항상하고 고요한 의식 상태가 오는데, 이를 열반이라고 불렀다.

심리기법의 하나로서, 붓다는 무상無常, 고苦, 무아無我를 주문했다. 현상계의 오온이 "무상"하다는 사고실험을 하여 "싫어하여 내려놓고 떠나라"는 주문을 했다. 현상계의 오온이 "고통"이라는 사고실험을 하여 "싫어하여 내려놓고 떠나라"고 주문했다. 현상계의 오온이 모두 무상하고 항상 하지 못하므로 괴롭다는 본질을 꿰뚫어 보아 "싫어하여 내려놓고 떠나라"고 주문했다.

또한 붓다는 무상, 고, 무아를 반복 실험함으로써, 자신의 내면에 "항상하고 즐겁고 실재하는무상, 고, 무아의 반대로서 상, 락, 아, 즉 항상하고(常) 즐겁고(樂) 실재하는(我)" 자신만의 "열반의 섬island of nirvana"을 하나 만들라고 주문했다. 그리하여 사람들에게 자신만의 정신세계의 정수, 그 내밀한 핵, 열반涅槃의 섬island of nirvana에 하루 빨리 안착하라고 주문했다. 그리고 그 상태를 열반적정涅槃寂靜이라 불렀다.

붓다의 사상인 오온이 무상하다는 가르침의 핵심은 현상계의 오온 작용은 나의 통제 바깥에 머물러 있으며, 따라서 나의 것이 아니라는 것이다무아. 그러므로 오온을 버리고 초월하면, 색수상행식이 무상하다는 것을 철저히 깨치게 되어 그 상태가 곧 열반의 상태라는 것이다.

"제행무상 시생멸법 생멸멸이 적멸위락諸行無常 是生滅法 生滅滅已 寂滅爲樂" 열반경에 나오는 표현이다.

모든 현상은 한시도 고정됨이 없이 변하는 법이니, 생멸에 집착함을 내려놓으면 곧 고요한 열반의 경지에 이르는 것이다. 세상의 유위법이 공空, 무아無我여서 나라고 할 것도 없고 내 것도 아니니, 이를 철저하게 깨달아 내려놓으면 티 없이 깨끗하고 청정하며, 맑고 생생한 상태, 말 그대로 진실한 즐거움이 온다는 것이다.

정혜쌍수: 심법과 관법

깨달음을 얻기 위한 수행방법에는 심법心法: 定과 관법觀法: 慧이 있다. 심법과 관법, 즉 정혜쌍수定慧雙修를 함께 닦는 것이 최상이다.

심법禪은 세상의 바탕이 공무아임을 직관으로 깨닫는 방법으로 사마타禪定라고 한다. 관법觀은 세상의 일체 만물이 연기緣起의 작용으로, 무상無常, 고苦, 무아無我임을 깨닫는 방법을 말하며, 위파사나Vipassana, 智慧라고 한다.

심법禪으로 삼매를 체험함으로써 세상의 바탕이 확연히 공임을 깨치더라도, 관법觀으로 세상의 본질이 무상, 고, 무아임을 지혜로 꿰뚫어 보아야만 바르게 깨칠 수 있다.

관법은 위파사나Vipassana라고 하는데, 위Vi는 '모든 것', '다양한', '전부'란 뜻이고, 파사나Passana는 '꿰뚫어 보다', '똑바로 알다'라는 뜻이다. 따라서 '위파사나'란 '모든 것을 이해하고 꿰뚫어 본다'는 말이다.

일상생활에서 이원성의 미망迷妄에 빠지지 않고 의식이 깨어 있는 게 핵심이다. 명료하게 깨어있는 상태에서 판단을 내리는 습관을 가져보자. 그리고 노트에 깨달은 바를 적어보자. 현상과 본질에 대한 지혜와 안목을 키워 나가야 한다. 그래서 확철대오廓撤大悟는 지혜로 완성된다고 하는 것이다.

존재의 근본 바탕은 무엇인가? 주관나과 객관대상을 넘어서는 초월적 바탕 자리는 무엇인가?

초기불교는 근본적 바탕 자리가 공무아임을 연기緣起로 설명했고, 대승불교에서는 텅 빈 자리를 가리켜 성품불성, 진여이라고 불렀으니 결국 같은 얘기다. 텅 빈 자리무아가 곧 근본 자리진여임을 알면 둘 다 동일한 현상을 가리킨 것임을 알게 될 것이다.

붓다의 기술: 싫어하여 내려놓고 떠나라

붓다의 초기경전을 보면 이런 구절이 나온다.

> "바라문들이여 탐욕에 물든 마음이 정복되어, 성냄에 의한 악한 마음이 정복되어, 탐욕과 성냄과 무지를 버릴 때, 정신적인 고통과 슬픔을 겪지 않는다.
> 이처럼 바로 현세에서 증득證得될 수 있는, 열반은 먼 시간을 기다리는 것이 아니며, 매력이 있는 것이며, 현자들이 경험할 수 있는 것이다增之部 III 55. 실로 이것은 평온이며, 뛰어난 것이며, 모든 존재 의지처의 파기이며, 갈망의 소진이며, 열반이라고 한다增之部 III 32."

붓다는, 고통을 싫어하여 내려놓고 떠나면, 고통의 원인들을 싫어하여 내려놓고 떠나면, 고통의 원인들의 집합 덩어리들, 즉 오온작용물질, 감각, 생각, 의지, 느낌 등 에고의 정신작용을 싫어하여 내려놓고 떠나면, 열반에 도달할 수 있다고 말한다.

현상계의 집착을, 탐욕과 분노와 애착을 싫어하여 내려놓고 떠나면 열반의 상태에 도달한다는 것이다.

그런데 도대체 현상계의 집착과 욕망을 어떻게 내려놓으란 말인가? 어떤 방법으로 싫어하여 내려놓고 떠나라는 것인가?

지금 이 순간, 생각을 정지한 채 "몰라!" "STOP!" 혹은 "괜찮아!!" 하고 모든 판단 작용을 내려놓으면 된다. 사물과 대상을 분간하는 알고 모르고의 이원적 모름이 아니라 일체 모든 것을 통째로 내려놓은 모름이다.[16] 생각, 감정, 느낌 일체의 정신작용을 내려놓은 모름이다. "내 나이도 모른다. 내 이름도 모른다. 시간도 장소도 모른다." 하고 일체를 내려 놓아보라. "단지불회但知不會이면 시즉견성是卽見性" 보조국사 지눌이 『수심결』에서 한 말이다. 단지 모르는 줄만 알면 즉시 참 성품을 볼 수 있다는 뜻이다.

에픽테토스가 재산, 권력, 명예 등의 현상계 작용이 무상하여 내가 통제할 수 있는 영역이 아니므로 여기에 집착하지 않음으로써 고요하고 단단한 마음, 즉 평정심에 도달한다고 한 것은 바로 붓다 가르침과 본질에서 궤를 같이하는 것이다.

유교 철학의 기법

유교 철학의 핵심 테제는 천명天命을 따르는 삶을 살아서 군자가 되는 것이다. 하늘은 모든 아름다운 성품을 품수하고 있다. 인간은 수양을 통해 하늘의 이치天理를 따르는 것이 가장 바람직한 삶이라고 보았다. 천명지위성 솔성지위도天命之謂性 率性之謂道는 천명을 따르는 것이 성性이요, 그 법칙을 따르는 것이 도道이다. 즉, 유교 수양을 통해 낮은 차원의 인성을 극복하고 높은 차원의 원리를 구현하는 사람을 선비 혹은 군자라고 불렀다.

그림 1-6 마음의 구조: 천리와 인성

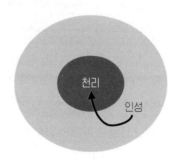

유교는 하늘의 작용이 한 치도 어긋남이 없이 인의예지를 준수하고 있다고 보았다. 봄이면 만물이 생동하고 여름이면 만개하며 가을이면 추수하고 겨울이면 다시금 생명을 안으로 갈무리하여 다음 봄을 기다린다고 했다. 춘하추동이 인의예지 작용으로 한시도 쉼 없이 움직이면서 음양의 이치를 준수하고 있다고 보았다. 인간도 하늘을 닮아 이처럼 인의예지를 준수해야 하며, 이를 위해서는 인간의 노력, 즉 격물치지格物致知와 함양체찰涵養體察이 필요하다고 보았다.

매사를 배우고 익히는 노력을 통해 지혜를 키우며, 올바른 습관과 행동을 통해 만사에 어긋남이 없도록 신독愼獨, 혼자 있을 때에도 삼가는 절제하고 성찰省察, 자신의 행위를 돌아보고 반성하는 행위를 통해 미덕을 길러야 한다는 것이다.

그림 1-7 천리의 구조: 인의예지

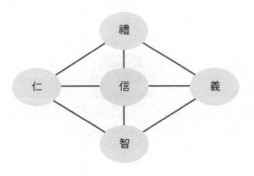

이러한 천리를 실천함에 있어서 낮은 차원의 기질을 희로애락으로 보았고, 높은 차원의 성품을 인의예지로 보았다. 부지런히 자신의 인성을 갈고 닦아 희로애락의 기운을 인의예지의 성품으로 한 차원 높이는 행위를 수행이라고 불렀다.

인도 철학의 기법

인도 철학의 핵심 테제는 브라흐만참나, 진아에 도달하는 것이다. 참자아는 모든 아름다운 성품을 품수하고 있다. 인간의 도리는 인간의 에고아트만를 극복하고 참자아의 상태브라흐만를 실현하느냐에 있다. 즉, 힌두교의 수행명상과 요가을 통해 인간의 에고를 극복하고 영원한 불변의 실체, 즉 참자아의 상태에 도달하는 것을 최고의 목표로 삼았다.

그림 1-8 마음의 구조: 참자아와 에고

인도 철학의 고전 『바가바드기타』에서는 우주의 근본, 순수의식을 참자아브라흐만, 프루샤라고 한다. 이러한 근본정신, 초월적 실재에서 최초의 물질 질료가 분파되어 나오는데, 이를 프라크리티라고 부른다. 우주의 순수의식에서 붓디buddhi라고 불리는 지성이 탄생하고, 여기에서 인간의 개체의식과 마음이 탄생했으며, 이러한 개체적 마음작용으로 생각, 감정, 오감이 탄생했다고 본다.

서양의 스토아 철학이 우주의 정신을 이데아로 보고, 이데아가 순수이성을 담고 있다고 본 것과 공통되는 것이다. 그런가 하면 유교의 성리학은 이를 천리天理라고 보고, 이것이 인의예지라고 불리는 순수성품을 담고 있다고 보았다. 인도 철학, 그리스 철학, 유교의 공통점이 발견되는 대목이다.

그런가 하면, 서양의 스토아 철학이 인간 이성의 힘으로 신의 법칙을 믿고 따름으로써 궁극적인 자유와 행복에 이르는 것을 최고의 지혜로 보았다면, 불교는 선정과 지혜의 힘을 길러 고요하고 기쁨이 넘치는 궁극의 자리, 열반에 이르는 것을 인생의 목적으로 보았다. 한편 유교 성리학은 격물치지와 거경궁리학문을 통해 사물의 이치를 바르게 앎 그리고 고요함 속에서 사물의 이치를 밝힘를 통해 천리의 성품을 지닌 하늘의 이치를 따르라고 주장했다.

동서양 철학의 공통분모

동서양 철학의 핵심사상에는 몇 가지 공통분모가 있으니 여기에서는 몇 가지만 짚어보기로 하자.

먼저, 서양의 스토아 철학이다. 스토아 철학은 세상에 실재하는 게 무엇인지를 연구해 보았는데, 그것은 우주자연이었다. 우주자연는 일정한 법칙을 지니고 있었는데, 우주자연의 일부인 인간 역시 그 법칙을 적용받고 있다. 특히 인간에게는 이성이라는 성품이 있는데 이것을 잘 계발하여 우주자연의 법칙을 따르는 삶이 가장 바람직한 삶이라고 보았다. 우주자연의 법칙을 다른 말로 하면 신의 법칙로고스이라고도 할 수 있는데, 신이란 외부에 따로 존재하는 게 아니라 만물에 내재하는 신이다.

불교에서도 마찬가지이다. 불교에서는 우주자연의 법칙을 진여불성眞如佛性이라고 보았고 인간에게 품수된 최고의 이성을 진여자성眞如自性이라고 보았다. 따라서 인간은 어떻게 하면 진여자성을 발견하여 진여불성에 부합되게 할 수 있을까 하는 것이 불교수행의 요체였다.

인도철학 또한 그렇다. 힌두교에서는 우주자연의 법칙을 브라흐만이라고 불렀고 인간에게 품수된 최고의 이성을 아트만이라고 불렀다. 이것은 인간의 에고를 극복할 때 발견될 수 있는 것이다. 따라서 인간은 어떻게 하면 에고를 극복하고 브라흐만에 부합되게 할 수 있을까 하는 것이 요가수행의 요체였다.

유교 역시 마찬가지이다. 유교에서는 우주자연의 법칙을 천리라고 불렀고 이것의 성품을 본연지성本然之性이라고 불렀다. 다만 인간에게는 기질지성氣質之性이 있어 사람에 따라 청탁수박淸濁秀薄이 있으니 어떻게 하면 인욕을 제거하고 천리를 보존하는 수양을 통해 하늘의 뜻을 따르는 삶을 살 것인가 하는 것이 유교 성리학의 핵심이었다.

이러한 공통점에도 불구하고 수행방법에서는 차이가 있었다.

먼저, 서양의 스토아 철학은 인간의 절제를 강조했다. 인간은 겸손하고 절제하는 삶을 살아야 하며, 스토아적 미덕을 통해 이성을 발현하고 신의 뜻법칙을 따라야 한다고 보았다. 겸손, 절제, 검약은 기독교 신앙과 결합되면서 서양철학의 근간이 되었고, 근대 자본주의의 프로테스탄트 윤리를 낳았다.

동양의 유교 역시 인욕의 절제를 강조했다. 다만 그 방법으로는 격물치지格物致知, 거경궁리居敬窮理를 강조했는데, 말하자면, "학문을 통해 사물의 이치를 바르게 앎" 그리고 "고요함 속에서 사물의 이치를 밝힘" 등의 수양법을 통해 내 안에 존재하는 인욕기질을 제거하고 밝은 성품천리을 함양하는 것이 유교수양의 요체였다存天理 去人欲.

인도철학은 인간 내면의 에고카르마를 정화하기 위한 방법으로 요가수행을 강조했다. 자신의 감각기관을 절제하는 노력과 함께 진정한 나는 누구인가라는 자아탐구의 수행을 계속해 나가다보면 영원한 불변의 실체, 즉 우주의 순수정신과 합일할 수 있다고 보았다.

마지막으로, 불교는 인간 마음에 내재하는 진여자성을 발견하는 방법으로 점법漸法과 돈법頓法을 동시에 강조했다. 인욕을 절제하기 위한 공부점법: 계정혜도 중요하지만, 사물의 이치는 모두가 마음心 하나로 모아지고 마음心 하나에서 펼쳐지므로 마음 닦는 공부가 핵심이라고 보았다. 특히 진여자성이 진여불성과 하나로 계합되는 자리, 즉 심心의 본체본성를 몰록홀연히 깨닫기 위한 공부돈법: 직지인심 견성성불가 핵심 요체라고 보았고, 이를 위해서는 참선수행간화선, 조사선 등이 필수적이라고 보았다. 참선수행이 잘되기 위해서는 평소 고요한 마음을 닦는 공부선정와 마음의 본성을 깨닫기 위한 노력지혜을 병행하는 정혜쌍수定慧雙修가 중요하다고 보았다.

그림 1-9 스토아철학, 불교철학, 유교철학, 인도철학

동서양의 고전적 철학은 모두 모든 존재 속에 현존하고 있는 보편적초월적 실체를 지적하고 있으며, 이를 신성神性이라고 보았다.

인간의 개체 자아 속에는 깨달음의 식별능력인 '붓디buddhi'가 있어 이성의 힘을 키우고 내면의 성품을 닦으면 신성에 부합할 수 있다고 본 것이다. 이처럼, 아트만과 신성은 본질적으로 하나이다.[17]

『우파니샤드』에서는 이렇게 묻고 있다. "만물의 참자아인 브라흐만 자리는 어디인가? 그것을 생각하는 자는 누구이며, 그는 어떻게 그것을 생각할 수 있는가?"[18]

철학에서 제시하는 인생의 목표는 신성불성, 근원과 순수하게 합일하는 것이다. 자신의 개체 속에 포함된 카르마를 모두 정화하여 우주의 순수정신과 합일하는 것이다. "마음을 안으로 돌리고 바깥 세계와 접촉하는 감각 기관을 제어하면서 진정한 자기 자신이 누구인지를 찾는 훈련을 계속하다 보면 자신의 참자아인 신성을 깨닫게 된다. 그리고 자신의 참자아가 곧 영원하고 불변의 실체인 우주적 본성이라는 사실도 깨닫고, 모든 차별과 이원성을 벗어 던진다. 이런 사람은 신과의 합일 상태에 머문다." 이것이 『바가바드기타』에서 말하는 모든 종교 수행의 핵심이다.[19]

"삶과 죽음은 마음속에 있으며 그 밖의 어디에도 없다"는 것은 불교철학의 혁명적인 통찰"[20]이다. "마음은 모든 것의 보편적인 토대로, 행복과 고통의 창조자이고 우리가 삶이라 부르고 죽음이라 일컫는 것의 창조자이다."[21] 더 나아가 "마음의 본성리그파의 광휘은 순수한, 때 묻지 않은 의식으로, 지적이고 인식능력이 있으며 항상 깨어 빛난다."[22]

이는 <그림 1-9>에서 보여주는 순수정신으로서의 이데아와 참자아이며, 불교에서 말하는 열반의 자리이다. 또한 유교 성리학에서 말하는 천리를 품고 있는 자리이다.

인생의 지혜는 "존재의 근원을 바로 보는 것"이다. 그리고 "자신
이 본성을 깨닫는 것"이다. 마음의 본성은 "영원하고 무한하며 흔
들리지 않는 영원한 토대이며, 존재들을 지탱하는 유지자이며, 모
든 존재의 가슴속에 머물고 있다. 그리고 모든 빛의 원천"[23]이다.

"깨달음은 실재한다. 누구든지 올바른 환경 속에서 바르게 수
행을 닦기만 하면 마음의 본성을 실현할 수 있고, 우리 안에
있는 죽지 않는 것과 영원히 순수한 것도 알게 된다."[24]

그렇다면 마음의 본성은 정확히 어디에 있는가? 그것은 우리
마음의 근원에 있다. 하늘처럼 열려 있고 자유롭고 아무 한계도
없는 본성은 생각과 인식의 근원이며 우리 존재의 근원이다. 정신
의 근원이며, 생각과 인식이 일어나기 이전의 근본 자리에 있다.
근본적으로 순수하고 자연스러워 결코 오염되거나 더럽혀질 수
없으며, 생겨나지 않았기에 없어지지도 않는다. 인식할 수 있으되
텅 비어 있고 늘 깨어 있다.

하지만 마음의 본성이 허공이나 하늘은 아니다. 허공이 지니지
못한 특성, 의식의 빛나는 명료함을 지녔기 때문이다. 심오하고
평온하고, 복잡함에서 벗어나 어떤 것과도 뒤섞임 없이 빛나는 명
료함, 그것은 다만 티 없는 깨끗함으로 자연스럽게 자신을 바라본
다. 즉, 깨어있는 순수의식이며, 알아차림으로 존재하는 순수 존재
감이다.

그대는 그대 안에서 초월적 실재를 보는가?
눈앞에 텅 비어 있고 깨어있는 의식을 보는가?
그리고 그것은 생생한가? 살아있는가?

평정심과 순수의식

현대적 의미의 마음 챙김

독자들은 스토아철학, 불교철학, 유교철학, 인도철학 등을 보고
서 과연 이러한 것들이 현대의 삶에 맞겠는가? 라는 의문을 품을
수도 있겠다. 즉, 이렇게 오래된 전통과 철학들이 요즘처럼 복잡
한 초현대인의 삶에 적용 가능하겠는가? 라고 하는 의문 말이다.
하지만 여기에 대한 답은 "그렇다"이다.

따라서 지금부터는 위에서 제시한 전통적 심리기법들을 현대적
언어로 살펴보기로 하자. 전통적 철학들이 지향하는 바를 한데 모
아 우리의 삶에 실제로 적용해보는 것이다. 귀에 익숙하지 않은
전문용어들이 한두 개 나올 테지만 크게 신경 쓸 일은 아니다. 분

야만 다를 뿐 모두 일맥상통하는 뜻을 가지고 있기 때문이다. 지향점은 결국 평정심이었다.

이들의 실효성은 상상 이상이다. 스트레스로 가득 찬 오늘날의 복잡다단한 삶 속에서 간단한 기법들 한두 개를 익혀서 순수의식에 접속할 수 있다면, 그리하여 고요하고 평화로운 삶을 유지할 수 있다면, 누가 마다하겠는가?

순수의식의 시작, 생각 버리기

우리의 고통은 생각과 감정의 찌꺼기들이 버티고 있어 순수의식이 드러나는 걸 방해한다.

우리의 순수의식은 생각이 일어나기 전의 침묵의 공간, 고요한 배경과 같다. 우리의 생각, 감정, 느낌을 발생시키는 잠재적 바탕인 것이다.

가령 책을 몰입해서 읽을 때 글자만 읽지 글자의 행간의 배경은 잘 인식하지 않는다. 글자를 있게 한 그 바탕 배경은 관심 사항이 아닌 것이다. 영화를 볼 때도 영화에 몰입하면 대상에만 집중하지 스크린을 인식하지 않는다. 고요한 거실에서 클래식 음악을 감상할 때에도 음악에 집중하지 음악이 흘러나오는 거실의 공간이나 배경에 관심을 두지는 않는다.

마찬가지로 우리가 삶이라는 공간 속에서 살아갈 때 삶과 삶

사이의 빈틈, 즉 바탕이 존재한다. 빈틈과 빈틈 사이에 고요한 배경으로서의 바탕이 존재한다.

우리의 삶을 가능케 만드는 고요한 배경이 존재한다. 우주라고 하는 거대한 생명 스크린이 있어 우리의 존재가 가능한 것이다. 아니, 우리의 존재는 의식이다. 고요한 배경에서 지금 이 순간에도 끊어짐 없이 제공하고 있는 알아차림이다. 그 바탕이 되는 고요한 배경을 순수의식이라고 한다.

순수의식에 대한 개념을 사전에서 찾아보면, "경험으로부터 독립되어 지배를 받지 않는 선천적인 의식"이라고 되어있다. 한 생각, 한 느낌이 탄생하기 이전의 고요한 배경을 순수의식이라고 한다.

앞에서 헨리 데이빗 소로우 이야기도 했지만, 그 역시 순수의식을 경험하고 싶어 월든 호숫가의 통나무집으로 들어갔다. 순수의식을 경험한 후에도 그 속에서 살기 위해 몇 년 동안 다시 노력하며 안간힘을 쓰는 경우도 있다. 지금 이 순간에도 영적 경험을 하기 위해 많은 시간을 투자하는 사람들이 많이 있다. 어떤 이들은 평생을 순수의식을 경험하기 위해 노력하는 사람도 있다. 하지만 정확한 지도와 내비게이션navigation만 있다면 그것은 정말 믿을 수 없이 간단하고 쉽다. 누구나 한순간에 순수의식을 경험할 수 있는 것이다.

한편, 이것을 경험하고 자신의 삶에 단단히 장착시킨 사람은 인생이라고 하는 망망대해의 고해를 헤쳐 나갈 수 있는 삶의 축을 얻게 될 것이다. 그는 이미 삶의 지혜를 얻었으며, 삶에 대한 중심축은 순수의식으로 옮겨졌기 때문이다. 고요한 평화 속에 은은한 희열, 순수의식과 평정심을 누리고 살 수 있게 된 것이다.

나이 역순으로 버리기

에리히 프롬Erich Fromm은 우리의 인격은 구조構造와 동기動機로 이루어져 있다고 한다. 구조적 측면은 천체별자리, 부모, 환경 등 구조적으로 주어진 것이지만, 동기적 측면은 잠재의식 속에서 행동 이면에 내재한 동기들로서 내가 그렇게 행동할 수밖에 없게 만드는 심리적 요인들을 말한다. 우리의 잠재의식과 무의식에 숨겨진, 행동 이면의 심리적 요인들을 알아차리고 해소하지 못한다면사실 이러한 것들이 업장(業障, Karma)이라고 불리는 것들이다, 진정한 의미에 있어서 의식의 발전이란 기대하기가 어렵다.[25]

우리가 감정의 왜곡과 뒤틀림 속에서 마음이 상하고 고통 받을 때 생각과 감정을 버리는 연습을 해보자. 물통을 비우는 것처럼 비워보자. 버리다 보면 빈 통이 되듯이, 우리네 감정도 버리다 보면 빈 통이 된다. 버리면 버려지고 비우면 비워진다. 신기하지만 사실이다.

나이 역순으로 버린다는 것이 무슨 말일까. 자신의 현재 나이에서 거꾸로 올라가면서 생각과 감정을 비워보라는 뜻이다. 고통, 슬픔, 외로움, 우울증 등 가장 격한 것들부터 버려서 생각이 나는 생애 첫 순간까지 거슬러 올라가 보자. 최근 일에서부터 아주 어렸을 때의 추억까지 내 기억 속에 묻은 감정의 때들을 하나하나 벗겨내 보자. 몸에서 느끼기 쉬운 감정적인 부분을 찾아보자.

"최근에 당황스러웠던 일, 후회스러웠던 일, 그것을 생각하면 아직도 황당하거나 불편한 일, 혹은 정신적으로 충격 받았던 일들을 떠올려 보자."[26]

때론 의식이 저항할 수도 있다. 자신의 아픈 부분을 떠올리기 싫어서 아무 일도 없었다는 듯 저항할 수도 있다. 에고는 원래 그런 것이다. 끝까지 저항한다. 하지만, 나이, 학년 순으로 내려가면서 우리를 가장 아프게 했던 통렬한 감정의 해 묵은 찌꺼기들을 버려보자. 힘들고 슬펐던 일, 아픔과 괴로움을 하나도 남김없이 비워내자.

또한 주제테마별로도 버려보자. 가족, 친구, 사랑, 이별, 열등감, 자존심 등을 떠올리면서 가장 후회스럽고 아팠던 감정들을 비워내자. 아버지, 어머니께 불효했던 일, 부부 사이에 안 좋았던 감정, 아쉬웠던 일과 미안함, 자녀에 대한 미안함과 고마움, 친구에게 섭섭했던 일, 따돌림 당해 속상했던 일, 자존심 상했던 일 등을 하나하나 떠올리면서 우주 공간 속으로 날려 보내자. 때로는 의식의 초점을 예리한 레이저 빛처럼 떠올려 감정 덩어리의 핵을 분쇄시켜 보자.

순수의식의 필드, 영점장

순수의식은 우주창조의 텅 빈 공간, 즉 영점장과의 접속 통로이다.

양자물리학은 기억이 일종의 '하드 드라이브'인 뇌 속에 저장된 이미지나 소리가 아니라는 점을 밝히고 있다. 뇌가 하드 드라이브처럼 작동하는 게 아니라 초고속 무선 인터넷처럼 순수의식의 필드field, 통일장unified field 혹은 영점장零點場과 접속되는 것이라는 점을 보여주고 있다. 이때 장은 과거와 미래와 모든 시공간을 포함한다.[27]

필드, 영점장은 창조적 의식과 지혜로 접속할 수 있는 길을 열어준다. 우리 몸에 남아 있던 감정적 "반응 에너지를 완전히 해소할 때, 침묵의 배경인 고요한 상태를 경험할 때"[28] 우리는 우리의 경험 에너지가 나오는 곳인 필드, 영점장과 쉽게 접속할 수 있다. 그곳에서 위파사나Vipassanā, 觀를 만난다. 위파사나는 판단의 지혜이다. 고요한 가운데 삼매에 들고, 고요한 삼매에서 판단의 힘과 지혜를 얻는 과정에서 성장할 수 있다.

보조국사는, 단지 모르는 줄만 알면 견성見性이라고 했다. 알면 대상에 빠지는데 모르는 그 자리가 전체의식이다. 사물과 대상의 객체에 빠지는 게 아니라 주객이 분리되기 이전, 생각이 나오기 이전의 고요한 배경이 견성자리라는 것이다. 그러한, 순수한 의식, 고요한 배경이 우리의 본성, 성품자리이다.

생각, 감정, 오감 등 새로운 경계가 벌어질 때마다, "몰라!" "STOP!" 혹은 "괜찮아!!"로 감정을 원점으로 리셋reset해보자.[29] 물론 전체가 텅 빈 전체의식을 깊이 있게 통각通覺 혹은 각성覺性하지 못하고는, "몰라!" "STOP!"만으로 순수의식의 텅 빈 자리에 들어가지 못한다고 비판할 수도 있다. 그래서 철학적 지혜와 연습이 필요하다. 중요한 것은 판단 정지이다 "STOP!" 명상이나 "몰라! 괜찮아!!"를 통해 진정한 판단정지에 들어가는 것이 중요하다. 그 렇게 할 수만 있다면, 그대는 나와 남, 시공을 초월한 순수한 본 성, 근원적 바탕자리에 들어갈 수 있을 것이다.

본서의 저자서문에는 이러한 문구가 나온다. "우리 내면에는 창 조적 에너지가 있다." 그것은 "건강, 행복, 내면의 평화만으로 설 명하기엔 한계가 있는 그야말로 위대한 에너지이며, 또한 물질입 자가 아닌 양자 형태로 존재하는 순수의식이다"라는 언급이 있다. 또한, 그것은 "우주를 창조하고 탄생시킨 위대한 힘과 잠재력을 그대로 온전히 간직한 근원 에너지이기에, 잠재 에너지를 깨우고 발현시켜야 한다"고 말했다. 그리고 "우주를 창조한 사랑의 힘을 실현시키기 위해서라도 우리는 깨어나야 한다"고 언급했다.

지금 그 문제에 대한 방법론 일부를 여기서 한번 고찰해 보기 로 하자.

우리 내면에는 순수한 에너지가 있다. 지금 이 순간 우리 마음 의 모든 번거로움을 정지시키고 내면의 고요한 자리에 들어가 보 라. 시공을 초월한 근원적 바탕자리는 모든 위대함을 함유하고 있 다. 순수한 에너지는 참다운 행복이면서, 존재함 그 자체이며, 모 든 창조를 가능케 하는 의식이다.[30] 마치 우주를 창조했던 에너지 가 위대했던 것처럼, 우리 내면에는 위대한, 동질의 순수 에너지 가 존재하는 것이다. 순수 비밀의 문으로 들어가는 비결은 어렵지 않다. 지금 이 순간 모든 분별과 망상을 중단시키는 것이다. 그리 고 믿음이다. 자신의 삶 속에서 실행과 체험을 통해 내면의 지혜를 더욱 키워나가는 것이다.

"STOP" 명상을 통해 생각을 정지시켜 보라. 순수의식의 텅 빈 공간, 그 고요함 속에서, 그대는 만물을 존재하게 만드는, 순수함과 창조의 근원을 만나게 될 것이다.

진동과 주파수 그리고 순수의식

세상에 존재하는 모든 것은 모두 입자로 이루어져 있다. 입자는 진동하는데 각각 고유한 주파수를 지니고 있다. 인간의 생각, 감정, 감각도 모두 고유한 주파수로 진동하고 있다. 이들을 개체라고 한다면, 세상의 모든 개체들은 각각의 주파수로 진동하고 있다. 뇌는 뇌파腦波로 진동하며, 심장은 심장 박동 수心搏數로 진동하고 있다.

그렇다면, 이러한 모든 개체들의 진동과 주파수를 근원적으로 가능케 하는 순수의식의 근원 필드가 있을까?

물론 있다. 고대로부터 지혜로운 자들은 이러한 초월적 의식 상태를 경험해 왔다. 켄 윌버에 따르면, 근대 이전의 심리학에서는 인간 의식의 상위차원이 하나의 보편적 현상으로 존재해왔고 또한 다루어졌으나, 근대 이후 학문의 실증주의 경향에 묻혀 사라지고 말았다고 한다. 그리하여 그는 이러한 초월적 의식 상태를 복원하여 심리학의 의식 스펙트럼으로 통합시키고 있다.[31]

그림 1-10 본성과 개체

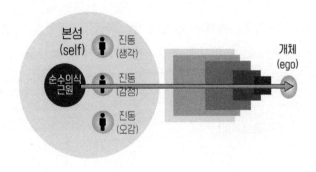

나의 육체와 마음, 개체적 주파수를 넘어선 순수의식의 장이 존재하고 있으며, 우리의 생각, 감정, 오감은 모두 근원 에너지 장이 있기에 생성되는 것이다. 또한 지금 이 순간도 실시간으로 접속되어 파동을 형성하고 있다. 우리 본성의 핵심은 순수의식으로 되어 있으며, 고유의 순수의식 주파수를 발산하고 있다. 우리의 개체들도 생각, 감정, 오감의 행위 속에서 고유한 진동 주파수를 발산하고 있는데, 우리의 마음이 고요하고 텅 빈 의식의 상태, 즉 높은 에너지의 초의식Super Consciousness 상태에 들어가면 순수의식의 근원과 본격적으로 접속하게 되는 것이다.

그 깊은 근원, 순수의식의 필드는 고요하고 텅 비어 있으며 신묘하게 알아차리고 있다. 이러한 의식 상태를 순수의식 혹은 참나 상태라고 부른다.

의식의 흐름과 시공간

　의식과 시공간의 관계는 무엇인가? 의식은 시공간을 포괄하는가, 아니면 시공간이 의식을 포괄하는가? 다시 말해, 시공간 안에 의식을 가둘 수 있을까?

그림 1-11 **의식과 시공간**

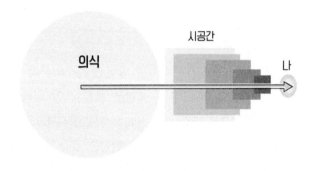

　<그림 1-11>의 가장 왼쪽에 있는 큰 원은 의식이다. 그리고 의식과 나의 육체 사이에 중간에 겹겹이 존재하는 네모박스는 시공간들이라고 생각해 보자. 그렇다면, 그림이 주는 핵심 시사점은, 의식이란 시공간을 포괄하는 더 크고 더 깊은 심층적인 존재実在라는 것이다.

　세계적인 양자물리학자 로버트 란자 교수는 자신의 저서 『바이오센트리즘: 왜 과학은 생명과 의식을 설명하지 못하는가?』에서 의식은 시공간을 포괄하며, 시공간으로 의식을 가둘 수 없다는 놀라운 과학적 결과를 발표했다.[32]

바이오센트리즘생명중심주의이라는 양자역학의 새로운 패러다임을 제시한 그는 기존의 물리학 패러다임으론 의식, 마음, 죽음에 대한 체계적 설명이 불가능하다는 점을 잘 보여주었다.

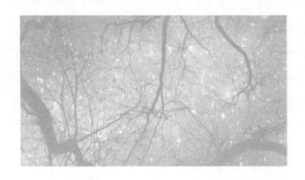

사진은 바이오센트리즘의 표지 디자인이다. 여러분들은 이것이 무엇으로 보이는가?

우주의 밤하늘, 그 광활한 공간을 빛나는 별들이 다이어몬드처럼 수놓고 있다. 거대한 무극의 공간이며, 생명을 잉태한 한 점, 태극의 공간처럼 보인다. 한편으로는, 우리 뇌 속에 들어와 있는 뉴런과 시냅스의 구조 속에서 통찰력으로 빛나는 의식의 흐름처럼 보이기도 한다.

어쩌면 우리들 순수의식의 영역, 시간과 공간을 초월하여 텅 빈, 그러나 순수한 알아차림으로 빛나는 무극이자 태극인 자리가 이처럼 생겼을까? 텅 비어 고요하나 신령스러운 지혜로 빛나는 의식의 광대무변한 공간이 이처럼 생겼을까?

의식과 존재는 시간, 공간, 나와 대상 등 상대적 이분법을 초월한 실재이다. 의식 안에서 시공간이 작동되고 시공간을 벗어나서도 의식은 여실히 실재한다.

지금 이 순간도 생생한 나의 의식은 깨어있음과 알아차림으로서 존재하며, 우주 삼라만상과 산하대지를 여실히 비추고 있다. 이러한 내 생명의 실재는 의식이며, 나의 자아이며 참나이며 우주적 본성Cosmic self이다. 존재의 중심이다. 텅 비어 있으되 고요하며, 평화로운 지복감의 흐름이다.

내면의 순수의식, 열반의 섬

나만의 열반의 섬island of nirvana을 만들자. 현상계에서 삶은 한시도 조용할 날이 없다. 기쁜 일이 있는가 싶으면 금방 시든다. 기분이 맑았다가 바로 우울해지기도 한다.

"무상, 고, 무아"이다. 한결같지 않고, 괴로우며, 나의 것이라고 할 만한 게 없다. 불변의 실체라고 할 만한 것이 없는 것이다. 현상계는 그렇다. 에고의 삶이 그런 것이다. 이러한 현상계의 감정들의 본질을 파악하고꿰뚫고, 이들을 싫어하여 떠나면 참 성품의 바탕에 들게 된다. 그게 열반의 섬이다.

그리하여 나만의 열반의 섬을 만들자. 괴롭고 슬픈 상황을 만나도 "STOP!"하고 나만의 섬으로 떠나라. 고요하고 평화로운, 그리고 텅 빈 순수의식의 공간, 나의 본질적 바탕자리로 떠나라. 나의 본성, 그 바탕자리에서 나의 존재감, 주체의식으로만 확연한, 생생한 나의 본질, 참자아를 만나라. 그곳이 그대만의 고요하고 단단한 평정심, 열반의 섬이다.

열반의 섬이라는 자리는 나의 내면의 순수의식이다. 그냥 '내'가 존재하는 자리이다. 주체적 존재감이자 성성적적惺惺寂寂과 공적영지空寂靈知이다. 텅 비어 있으면서 고요하고 깨어있는 자리이다.

나의 내면은 순수의식과 에고의식으로 이루어져 있다. 순수의식은 "스스로 존재하는 나"이다. 그것은 존재하는 의식 그 자체이다. 이곳은 나와 남이 없고 시공을 초월하는 근원적 의식 상태이다.

나의 내면의 순수의식은 감정의 상태, 꼬리표가 붙지 않은, 그냥 존재하는 마음이다. 한번 계합되면 사라지지 않는다. 늘 흐르는 자리이다. 즐거움이 늘 흐른다. 즐거움이 끊어지지 않는 불변의 실체, 열반의 자리이다.

멈추면 비로소 보이는 것들

"멈춤! STOP!!"이라고 자기에게 외쳐보자. 생각과 생각, 판단과 판단 사이에 멈춤이라는 틈이 존재한다. 멈춘 자리에서 여유가 생긴다. 순수의식이 보인다. 그곳이 평정심의 자리이다.

순수의식은 마음을 정화시키고 머리를 맑게 하여 올바른 판단을 내리게 한다. 중요한 판단일수록 감정에 휘말린 상태에서는 하지 말자. 양해를 구하라. 며칠, 혹은 하루만이라도 말미를 달라고 부탁하라. 고요한 가운데 자신의 텅 빈 내면으로 들어가라. 그 깊은 곳, 순수의식에게 답을 물어보자. 자명하고 모두에게 현명한 답이 떠오를 때까지 기다리라.

평정심의 자리, 그리고 순수의식의 자리, 멈추면 비로소 진실이
보이고 나와 남이 함께 할 수 있는 여유가 보이고 우리가 함께
행복할 수 있는 공간이 보인다.

감정에너지가 텅 빈 자리

순수의식은 우리의 본성이다. 본질적으로 경계가 없다. 무한히
확장되어 우주를 다 덮고도 남는다. 그것은 무한하다.
순수의식과 감정에너지를 분리시키는 연습을 해 보자.[33] 순수의
식은 그야말로 순수하며 고요한 침묵의 배경과도 같은 의식이다.
이것이 우리의 본성이며 참 주인이다.

감정에너지는 우리의 육체와 에고에서 생성된 마음의 한 형태
이다. 이것을 에너지라고 한 이유는 우리의 삶에 일정한때로는 상당한
지배력을 갖고 휘두르기 때문이다. 우리 마음에 일정한 기대와 투
사로 반영된 에너지는 우리에게 영향을 미친다. 조건반사, 무의식
에 기억된 정보, 충동, 과거에 안 좋았던 기억, 마음의 상처트라우마
등 왜곡된 감정에너지는 우리에게 심각한 영향을 미친다.

인간은 상상력을 동원하여 예술, 문학, 철학에서 새로운 작품을
창조할 뿐만 아니라, 생각과 감정을 통해 사념체thought form와 감정
체emotional form를 만들어내기도 한다. 인간의 생각과 감정이라는 것
은 머리와 가슴 속에서 한번 나타났다가 사라지는 것이 아니라,

형체를 가진 생명체가 되어 남게 된다. 특히 부정적인 생각의 지속은 집착, 콤플렉스, 우울증, 공포증으로 이어지는 감정에너지를 남긴다.[34]

가령 어떤 계기로 자존심에 상처를 입었다고 해보자. 그러면 상처 입은 자아는 삐치거나 화가 난 상태의 감정에너지를 남긴다어쩌면 엄청난 분노를 느낀 상태일 수도 있다.

그럴 때 멈춤, STOP 기술을 적용해 보자. 생각을 멈추고 판단을 멈추고 감정과 감정 사이에 틈을 한번 관찰해 보자. 틈은 있게 마련이다. 또한 자신의 육체를 둘러싸고 있는 감정과 분노의 에너지를 한번 느껴보자. 때론 상당히 큰 부피로 확장된 상태일 수도 있으리라. 관찰해 보라. 하지만 아무리 크다고 해도 우리의 순수의식만은 못하다. 순수의식의 위대함을 느끼길 바란다.

순수의식의 순수한 상태, 고요한 침묵의 배경과 왜곡된 감정에너지 사이의 경계틈를 파악해 보라. 당신의 감각 상태를 순수의식의 가장자리 끝으로까지 가져가 보라. 그리고 당신의 감정에너지가 스며든 경계선을 파악하고 순수의식과 비교해 보라. 본질적으로 순수의식은 엄청 크고 당신의 감정에너지는 일정 영역을 차지하고 있을 것이다. 그리고 그대의 감정에너지가 점차 축소될 수밖에 없는 운명이다.

최대한 편안한 자세를 취한 상태에서 놀란 감정을 다스려 보자. "몰라! 괜찮아!!"[35]의 STOP 명상기술을 적용하면서 순수의식의 위대함을 느껴보기 바란다. 순수의식은 우주이며 그대의 본성이며, 따라서 매우 장엄하고 위대하다. 반면, 감정에너지는 아무리 커도

축소될 수밖에 없는 한시적 운명임에 불과하다.

결국은 순수에너지의 순수성pureness과 위대성greatness이 이들을 덮어버리고, 나중에는 모두 정화되고 말 것이다. 그대의 감정에너지는 종국에는 흔적도 없이 사라져 버리고 어느덧 순수의식의 순백 상태, 고요한 침묵의 배경을 회복할 것이다. 그대는 그대의 순수한 의식, 청정한 자아의 상태가 될 것이다. 연습을 많이 하면 할수록 감정을 다스리는 달인까지도 될 수 있다. 삶은 더욱 고요해지고 평화로워질 것이다.

확장된 의식을 키워나가자. 확장된 의식은 고요하고 단단한 마음평정심을 더욱 견고하게 만들어 준다. 그렇게 되면 향후 비슷한 상황이 발생한다 해도 쉽게 그대의 감정을 다스릴 수 있게 될 것이다.

거듭 강조하지만, "멈춰, STOP!!"이라고 자기에게 외쳐보자. 순수의식은 마음을 정화시키고 머리를 맑게 해준다. 그것이 평정심이다.

생각의 잔상이 정리된 바탕

생각의 잔상殘像이 남아 있으면 우리는 불행을 느낀다. 우리의 존재는 순수의식이기 때문에 금방 알아차린다. 순수한 바탕, 알아차림의 상태에서 우리는 가장 큰 행복을 느낀다.

우리의 마음은 홀로그램처럼 작동한다. 의식의 흐름이 있고 주변에 생각과 감정의 파장들이 진동하는 형태이다. 생각과 감정의 잔상들이 생기면 우리의 순수한 의식 흐름은 방해를 받게 된다.

고요한 배경이 흐트러지고 왜곡된 상태가 되는 것이다.

그걸 또 우리의 의식은 금방 알아차린다. 명료하게, 때로는 명료하진 않지만 그걸 안다. 화난 상태, 불편한 상태, 자존감의 손상 등 모두 안다. 순수한 우리의 의식은 감정의 왜곡 상태를 금방 감지한다. 그리고 불편함을 느낀다.

어떤 계기로 생각이 혼란스럽거나 감정이 왜곡 상태혹은 마음에 상처를 입었다면라면 빨리 알아차리라. 그런 뒤 "몰라! 괜찮아!!" 혹은 "STOP!" 명상상태로 들어가라. 생각의 잔상, 감정의 왜곡된 에너지가 소멸된다고 생각하라. 그리고 지켜보라생각, 감정, 오감, 이러한 에고의 느낌들은 아무리 강도가 센 것도 영원하지 않다. 결국에는 사라질 수밖에 없는, 한시적 존재들에 불과하다.

비유 하나, 평화로운 해변에 몸을 맡기고, 맑고 청정한 바닷물이 그대의 생각과 감정을 말끔히 씻어낸다고 생각하라. 순수의식의 위대한 힘이 그대의 왜곡된 에너지를 모두 씻어낸다고 생각하라.

그대의 청정한 본성이 맑고 고요한 순수 상태로 회복될 때까지 명상을 계속하라.

마침내 그대의 마음은 아무 일도 없었던 것처럼 순수하고 청정한 본성을 회복하게 될 것이다. 마치 뜨겁고 시끄러웠던 여름날의 해수욕장이, 이젠 시간이 흘러 바닷가의 고요하고 평화로운 풍경을 회복하는 것처럼, 진짜 아무 일도 없었던 것처럼.

그대는 이러한 실험을 반복해보라하지만 가급적 사건은 적게 겪고 느끼길 바란다. 반복되는 과정에서 그대는 알게 될 것이다. 원래 청정한 그대의 본성은 어디로 오고가고 하는 것이 아니었다는 것을, 늘 그 자리에 있었다는 것을, 그렇다. 내 생각과 감정만 요동쳤을 뿐 순수한 본성은 늘 그 자리에 그대로 있었다. 지켜보고 있었다.

그건, 어디로 갈 수 있는 물건이 아니다. 그냥 그 자리에 있다. 존재하면서, 알아차리면서, 그냥 존재한다. 순수한, 텅 빈 의식, 허공과 같은 나의 의식, 알아차림의 본체.

지금 이 순간,
그대의 순수의식은 어디에 있는가?

우주의 거대한 망상

평정심에 이른 선각자들의 체험을 토대로 얘기를 풀어 가보자.

마야의 베일이 벗겨지면 그동안 감춰졌던 세상의 진실한 모습이 드러난다. 그렇게 찾고자하던 '나'의 참다운 모습이 드러나면 한바탕 웃음을 터뜨릴 수밖에 없다. 한참을 웃고 나면 나의 본모습은 허탈하리만큼 단순하다. 하지만, 이게 정말 내가 그토록 찾고자 애썼던 나의 참모습이었단 말인가?

그래서 옛 어른들은 세수하다 코 만지기처럼 쉬운 일이라고 했던가. 만공 스님은 간장 맛 짠 줄만 알면 견성見性한다고 했다. 허탈할 정도로 단순한, 어쩌면 그동안 내가 늘 인지하고 있었던, 그리고 한시도 나를 떠나 본 적이 없었던, 텅 빈 실상이 나의 참모습이란 말인가?

그리하여, 이건 우주의 거대한 쇼 혹은 망상이라고 부를 수밖에 없는 일이다. 찾고 나면 이토록 쉽고 명백하지만 찾기 전에는 도무지 알 수 없는, 때로는 찾으면 찾을수록 미궁迷宮으로 빠져드는 듯했던, 이건 가히 우주적 사건이요, 코미디라고 부를 수밖에 없다.

내가 이걸 찾으려고 그동안 그렇게 애썼나? 그렇게 찾아 헤맸던가? 그토록 찾고자 했던 게 고작 이거란 말인가? 싱겁기도 하고 우습기도 하다.

하지만 나의 본래 모습을 찾고 나면 신기할 것도 없고 특별히 내세울 것도 없지만 온 우주에 오직 '나'만 남게 되는 체험을 하게 될 것이다. 모든 이원성을 넘어 존재하는 '자者', 스스로 존재하는 '자者', 알아차리는 '의식意識'만이 실재함을 자각하게 될 것이다.

톨스토이는 이렇게 외쳤다.

"신이시여, 그동안 정말 너무하셨습니다. 왜 진작 제게 이러한 진실을 알려주시지 않으셨나요. 그동안은 저를 그냥 지켜보셨나요? "톨스토이, 너 정말 대단하구나. 전쟁과 평화, 안나 카레니나와 같은 당대 기념비와도 같은 문학작품을 쓰고, 엄청난 재산의 축적과 학술, 명예의 성공까지 이루다니 넌 정말 대단하구나"라고 하면서 하늘 저 위에서 지켜보셨습니까? 그래 그 놈 어디까지 가나보자 하고 지켜봤습니까? 그리하여 마침내 제가 죽음에 이르고 염라대왕의 심판대에 이르기까지 가만히 지켜보기로 했단 말입니까? 정말 너무 하십니다."

톨스토이의 고백은 진정한 구원에 대한 절박한 외침이기도 하지만 개체에 묶인 삶이 아닌 전체를 통찰하는 삶으로의 방향 전환이 얼마나 절실한 것인지를 잘 지적해 준다. 이러한 관점에서 다음과 같은 비유적 메모를 한번 살펴보기로 하자.

"내 방에는 어항이 있고 그 속에 예쁜 금붕어들이 몇 마리 살고 있다. 금붕어들은 수초 사이를 자유롭게 돌아다닌다.

하지만 물고기들은 자기 속에 갇혀 한 평생을 살아간다물론 정확히 대화는 안 해 봤지만 일단 그렇게 보인다. 개체에 묶인 것이다. 개체 속에서 사물과 대상을 바라보고, 개체 중심의 삶을 살아간다.

어느 날 금붕어에게 깨달음이 왔다. 어항 전체를 보기 시작한 것이다. 물 전체를 바라보고, 자기가 살아갈 운명을 바라보고, 어항 전체를 바라보는 안목이 생긴 것이다. 그동안은 내가 내 개체에 묶여 살면서 전체를 놓치고 있었다는 깨달음이 불현듯 온 것이다.

이를 깨달은 금붕어는 그 다음부터는 세상을 바라보는 시각이 달라져 있었다. 이젠 자기만 보는 것이 아니라 자기와 자기의 삶을 지탱해준 전체를 인식하기 시작했다. 전체를 하나의 통으로 보기 시작한 것이다. 나와 남, 사물과 대상을 분리할 수 없는, 불가역적인 프레임 전체로서 인식하기 시작했다. 전체를 하나의 틀로서, 분리할 수 없는 하나의 종합적인 존재로서 바라보았다.

마침내, 진정한 자유를 알게 되었고, 편안하고 영원한 삶이 무엇인지를 알게 되었다."

우리들 삶도 혹시 이와 비슷한 게 아닐까? 우리가 살아가면서 때론 삶에 매몰되어, 분리할 수 없는 전체로서의 전일성을 놓치는 것은 아닐까? 존재 그 자체에서 오는 삶의 아름다움과 전체성을 잊고 사는 것은 아닐까?

우리의 삶이 한편의 영화라면 그 영화를 근본적으로 가능케 만드는, 우주적 생명의 스크린을 놓치고 사는 것은 아닐까? 그리하여 그 스크린은 우리에게 생명도 주고, 삶도 주고, 삶의 연속성도 준 것인데, 정작 그런 중요한 본질적인 것들을 놓친 게 아닐까?

독서에 비유하자면, 글자를 읽는 데에만 집중하고 행간의 의미나 책 전체의 배경을 놓친 건 아닐까?

주관과 객관이 끊어진 배경은 지금도 이토록 늘 변함없이 고요
하다. 전체가 생생하게 살아있고 깨어있다.

마침 그친 빗줄기에
숲에서 재잘거리는 새들 울음소리가
오늘따라 유난히 다채롭다.
맑고 서늘한 공기는 청명하고 생기 있다.
전체적으로 살아 숨쉰다.
생생生生하고 청량清凉하다.

인생의 목적

지혜로운 삶의 완성

인생의 목적은 지혜로운 삶을 완성하는 데 있다. 에픽테토스의 경우를 다시 한 번 살펴보자. 그는 철저한 자기 절제와 엄격함을 통해 지혜로운 삶을 살면 진정한 자유와 행복에 도달할 수 있다고 생각했다. 그리하여 그의 최대 명제는 어떻게 하면 단단하고 고요한 마음, 즉 평정심을 가질 수 있을까 하는 것이었다.

에픽테토스는 매우 가난하고 신분도 미천했지만 결코 불행하지는 않았다. 그는 생각했다. "내가 통제할 수 있는 영역 안에서도 노력해야 할 일들은 너무나 많다. 어떤 상황에서도 욕심 내지 않기, 화 내지 않기, 평정심 유지하기, 고요하고 단단한 마음 기르기, 남에게 공손하기 등 모두 노력을 요구하는 일이다. 또한, 절제와 엄격함, 용기와 인내심, 고요한 성품과 미덕을 함양하기 등도 수양과 노력이 필요하다. 이러한 경지에 도달하는 것은 결코 쉬운 일도 아니니 인생의 목표로 삼고 노력해야겠다."

이렇게 생각한 그는 철저한 자기 절제와 엄격함을 통해 지혜로운 삶을 살고자 결심했고, 마침내 도달했다. 그리하여 진정한 자유와 궁극의 행복에 도달하게 되었다. 고요하고 단단한 평정심에 이르렀으며, 죽음마저도 초연해질 수 있는 마음의 경지에 도달하였다.

지혜로운 삶에 이르는 길, 무위법

지혜로운 삶에 이르는 길을 무위법이라고 한다. 무위법이란 해도 함이 없는 지혜를 의미한다. 무위법에 대칭되는 개념에는 유위법이 있다. 유위법이란 재산, 권력, 명예 등 이원성이 존재하는 현실 세계에서 '더 많이, 더 크게, 더 높게'를 추구하는 삶의 자세나 태도를 말한다. 더 많이 모으고, 더 높게 올라가고, 더 크게 떨치는 삶, 그 자체가 나쁘다고는 할 수 없지만 한 가지 분명한 것은, 이들은 모두 왔다가 사라진다는 것이다.

무위법이란 사라지지 않는 것, 즉 부서지지 않는 것을 의미한다. 사라지지 않고 부서지지 않는 것이란 무엇일까? 이는 지혜 혹은 진리를 추구하는 마음이다. 진리란 사라지거나 부서지지 않는 것이다. 몸에 대한 지혜를 닦고, 마음에 대한 지혜를 얻었다면 그것은 사라지거나 부서지지 않는다.

몸과 마음의 지혜를 얻는 삶을 인생의 목표로 삼는다면 사라지거나 부서지지 않는 행복을 얻을 수 있다. 지혜란 사라지거나 부서지지 않는 것이기 때문이다. 몸에 대한 지혜를 얻고 마음에 대한 지혜를 얻게 되면 평온하며 참다운 지식과 함께 고요한 마음을 얻게 되며, 넓은 안목과 통찰력이 길러지게 된다. 삶에 대한 어떠한 고난과 도전도 이겨낼 수 있는 문제해결 능력과 함께 힘이 길러진다. 몸과 마음은 시간이 갈수록 빛이 나고 지혜롭게 된다.

자신의 몸을 잘 관찰하면 어떻게 할 때 건강해지는지 알게 된다. 그리고 그러한 삶을 실천하게 된다면 몸의 지혜를 얻은 것이다. 관찰하여 파악하는 힘, 혹은 알지만 습관에 무너지는 패턴, 이 모든 것을 극복해야 한다. 마음도 그렇다. 자신이 화를 잘 낸다면 화라는 것은 한번 왔다가 사라지는 것이지 늘 있는 것이 아니라는 것을 경험을 통해 파악해 보는 것이다. 왔다가 사라지는 화나 욕망, 그런 게 아니라 늘 있는 그 마음, 고요한 그 바탕 마음이 무엇인지를 한번 깨달아 보는 것이다. 이 역시 관찰하여 파악하는 힘이 필요하고, 알지만 습관에 무너지는 패턴을 이겨내야 한다. 그것이 내공이고 진짜 힘이다.

그림 1-12 무위법과 유위법

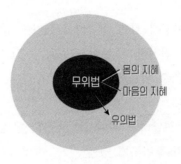

마음에 대한 지혜를 얻고자 노력하고, 그 마음의 지혜를 얻었다는 것은 무엇을 의미할까?

마음의 지혜를 얻었다는 것은 "마음은 어디로 사라지지 않는다는 것"을 알았다는 것이다. 마음에는 두 가지 마음이 있는데, 생각, 감정, 느낌을 모두 버려도 버려지지 않는 근원적본원적 마음과 근원에서 파생된 생각, 감정, 느낌 등으로 이루어진 일상적개체적 마음이 있다.[36] 우리는 보통 일상적 마음만을 내 마음이라고 알고 있고, 일상적 마음의 근원에 존재하는 근원적 마음, 즉 사라지지 않는 본질적 바탕자리는 놓치고 있다. 그것은 늘 여여如如하게 존재하고 있다.

내 마음의 근원적 바탕, 진실한 그 자리를 한번 직시해 보자. 그리고 그 자리가 생생하게 살아있고 깨어있다는 점을 인식해 보자. 그것이 마음의 근원根源이자 본체本體이다.

궁극의 행복에 이르는 길, 평정심

우리의 삶은 어떻게 하면 고요하고 편안한 삶을 누릴 수 있을까? 어떻게 하면 진정한 자유에 도달할 수 있을까? 그리고 궁극의 행복에 도달할 수 있을까?

궁극의 행복에 도달하기 위해서는 마음의 근원根源으로 들어서야한다. 몸과 마음의 주변부에 있는 것들, 재산, 권력, 명예 등과 같은 것으로는 궁극적 행복에 도달할 수 없다. 이는 한번 올라갔다면 언젠가는 내려가는 것들이다. 본질적으로 무상한 것들이며, 나의 것이라고 할 수 없는 것들이다.

궁극의 행복에 도달하기 위해서는 마음의 주변부에서 바로 자신의 근원根源으로 들어가야 한다.[37] 그곳에는 고요하고 평화로운 마음, 즉 평정심이 있다. 그곳은 영원하고 즐겁고 고요하며 불변의 실체라고 할 만한 곳이다.

에픽테토스가 주목한 부분도 그곳이다. 내면의 중심에서 순수의식과 평정심이 만나야 한다는 것이다. 그는 한 가지 특기사항을 발견했는데, 그것은 세상에서 내로라하는 권력자와 부를 소유한 자들도 궁극적 행복에 도달하지 못하더라는 점이다. 궁극은 고사하고 불안과 번민에 시달리고 있더라는 것이다. 자신의 정치적 입지, 재산 관리, 자녀 걱정 등 일상의 부침浮沈을 보통 사람들보다오히려 더 심하게 겪을 수도 있다.

그럼 어떻게 하면 세상사적인 굴곡과 부침에서 벗어날 수 있을까? 고요하고 걱정 없는 마음, 영원하고 궁극적인 행복에 도달할 수 있을까?

그 답은 평정심에 있다. 평정심이라는 마음의 경지에 도달하고, 평정심의 상태에서 세상을 바라보고 삶을 영위하면 그렇게 될 수 있다.

평정심이라는 마음의 경지가 있다. 부단한 연습을 통해 우리는 평정심이라는 마음의 상태에 이를 수 있다. 그곳에서 순수의식을 만나고, 순수의식의 관점에서 세상을 바라보고 우리의 삶을 주체적으로 경영할 수 있다.

이를 위해서 우리는 마음의 구조를 이해할 필요가 있다. 마음의 구조는 두 단계의 다른 차원으로 이루어져 있다. <그림 1-10>이 보여주듯이, 동심원 바깥쪽은 세상사의 부침으로 이루어져 있고유위법, 안쪽 근원에는 일상을 초월한 순수한 의식으로 이루어져 있다무위법.

우리는 이러한 개념적 구조를 통해 다음과 같은 점들을 깨달아야 한다.

그것은, 아무리 세상사적인 성취를 많이 이루더라도 평정심과는 거리가 먼 삶을 살 수 있다는 점과 고요하고 단단한 마음을 수련하여 평정심에 도달하게 된다면 진정한 자유와 궁극의 행복에 도달할 수 있다는 점이다.

평정심의 확장

생명 에너지의 연결고리

평정심을 확보하고 미덕을 실천하기 위해서는 고차원의 에너지
가 필요하다. 생명 에너지의 뒷받침이 없는 철학적 담론은 허상일
뿐이다.

빛나는 삶을 살기 위해서는 생명의 원리를 이해할 필요가 있는
바, 몸의 작용, 생명원리에 대한 메커니즘을 이해해보자. 그렇다
면, 우리가 어떻게 활기차게 에너지를 생성시켜 최상의 컨디션을
유지하고 맑고 건강한 삶 속에서 행복을 구가하며, 남에게 도움을
주며 빛나는 삶을 살 수 있을지를 이해할 수 있게 될 것이다.

이제 우리는 명확히 이해할 수 있다. 밝고 긍정적이며 활기찬 삶을 사는 사람들이 왜 스트레스를 통제하고 평정심을 확보할 수 있는지, 왜 그들은 더 높은 내면의 에너지를 보유할 수 있는지, 그리하여 평정심과 미덕의 실천 속에서 남에게 도움을 주는 빛나는 삶을 살면서도 더 행복한 인생을 살아갈 수 있는지를…

인간의 성품과 미덕의 이해

정신적 성품 차원에서 미덕의 함양은 평정심 확장에도 많은 도움을 준다. 평정심을 얻은 사람은 자신의 평정심 그 자체에만 머물러 있는 경우는 없다. 그들은 끊임없이 자신과 주변에 도움이 되는 행위를 실천한다. 계정혜戒定慧 삼학을 지키면서 인의예지와 육바라밀에 해당되는 행위를 실천한다. 대승의 삶을 실천하고 있는 것이다.

이는 억지로 하는 것이 아니다. 평정심을 얻은 사람은 평정심의 세계가 바라는 대로 실천한다. 자연스런 행위이다. 평정심의 세계는 주변을 사랑하고 배려하며 공평하게 대하며 지혜롭게 행동하라고 가르쳐 준다. 고요한 마음의 선정을 기르고 지혜를 증진시키며 선정으로 얻어진 지혜를 실천하는 삶을 살아가라고 한다.

정책학과 실천이성

이제 평정심에 대해 어느 정도 이해가 됐을 것이다. 그렇다면 개개인 차원의 평정심을 넘어 전체 사회, 우리의 공동체적 삶으로 확대시켜 보자.

　이런 의미에서의 평정심을 사회과학과 정책학에 적용하면 실천이성이 된다. 이러한 논의를 위해 우리가 사는 시대의 특성을 먼저 한번 조명해 보기로 하자.

그림 1-13　평정심과 실천이성

　우리가 사는 시대는 과연 어떤 시대일까? 많은 석학들은 이 세상을 선천先天과 후천後天으로 나누어서 21세기를 정신문명의 시대라고 예측한다. 선천이 인간의 진화발전 속에서 영혼의 지식을 키우고 키워 양적으로 성장하던 시기였다면, 후천은 양적으로 성장된 지식을 공유하고 융합하여 빛나는 시대를 열어야 한다고 주장한다. 지식이 양적으로 확대되는 것이 더 이상 큰 의미를 지니지 못하면 질적인 변화가 동반되어야 한다는 것이다. 즉 빛나야만 하는 시기로 빛나지 않으면 답답하고 갑갑하기 그지없는 시기인 것이다.

그런데 그것이 빛나고 존경받으려면 "남에게 이로운 삶"을 살아야 한다. 그것이 열쇠이다. "타인에게 도움이 되는 삶, 사회를 이롭게 하는 삶"만이 빛나고 존경받는 시대이다. 그렇지 못하면 자신과 재물과 지식에 갇혀 답답하고 갑갑한 삶을 살 수밖에 없다. 어쩌면 그보다 못해 나락으로 떨어지고 불명예가 올지도 모른다. 남에게 비난을 받고 그것만이 교훈으로 남는 삶이 될 지도 모르는 것이다.

한편 세기말적 암울한 상황도 함께 펼쳐지고 있다. 과학기술적으로는 4차 산업혁명이 진행되면서 로봇과 인공지능, 드론과 바이오, 빅 데이터와 나노혁명 등이 함께 압축적으로 그리고 지수함수적으로 급팽창하면서 인간의 수명연장과 영생추구 등 포스트-휴먼 post-human에 대한 담론이 한창 진행 중이다. 국제 정세로는 예루살렘을 둘러싼 기독교 문명과 이슬람 문명의 충돌 속에서 유럽과 아랍권을 중심으로 전쟁의 위험과 긴장이 고조되고 있다. 또 원자폭탄, 수소폭탄 등의 핵 실험 속에서 그 어느 때보다도 지정학적인 전쟁 위험도 고조되고 있다. 세계경제는 바야흐로 장기 저성장 뉴노멀new-normal 국면에 접어들었으며, 인구절벽과 함께 양극화 문제는 점점 더 심각해지고 있다.

자, 그럼 이런 시대에 우리는 과연 어떻게 살아야 하는 것일까? 인생의 목적이란 무엇이고 진정한 자유와 행복에 이르는 길이란 무엇일까? 정책학의 최고 명제인 인간의 존엄성을 실현하기 위한 방법은 어떤 것이 있을까?

그림 1-14 정책학과 실천이성

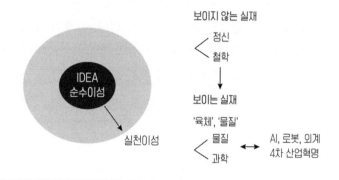

4차 산업혁명의 특징인 VUCAvolatility, uncertainty, complexity, ambiguity, 즉 변동성, 불확실성, 복합성, 모호성이 증대될수록 우리는 눈에 보이지 않는 실재에 대한 철학을 놓쳐선 안 된다. 눈에 보이지 않는 실재인 철학과 눈에 보이는 실재인 과학이 통합될 필요가 있다. 아울러 그러한 방향은 철학이 과학을 선도하는 방향으로, 인간의 존엄성을 담지하고 있는 정신이 물질세계를 선도하는 방향으로 움직여야 한다. 앞으로 AI, 로봇, 외계에 대한 담론들이 치열하게 전개될 때 인간의 존엄성과 실천이성을 담지하고 있는 정책학의 철학이 형이하학의 현상세계를 선도해 나갈 필요가 있는 것이다.

인간의 존엄성과 실천이성은 그리스 철학에서 보여주었던 이데아의 정신이 현실세계에 구현된 실천적 이성이라는 점에 주목할 필요가 있다. 민주사회의 보편적 시민이라면 누구나 갖고 있는또한 갖고 있어야 하는 공동체와 미래의 공동선에 대한 사유가 소중하며, 여기에 정부와 시민의 공공영역의 활성화와 숙의민주주의의 중요성이 강조되는 것이다.

정책학과 마음의 철학

동양철학으로서의 유교는 철학적 탐구를 통해 개인의 완성을 추구했던 수양의 학문이다. 하지만 현대의 바쁜 세상은 이러한 형이상학적 목표에 대해서 무관심하다. 개인의 완성을 통해 성인이 된다는 것도 매우 생소한 문제가 되고 있다. 따라서 유교의 수양론은 "그 가치만 확인되어 왔을 뿐 구체적으로 살아 있는 현재의 삶에 뿌리"[38]를 내리지 못했다.

한편, 마음의 철학은 현재의 삶을 개선시키고자 하는 정책학과도 분리되어 있다. 인간의 마음을 탐구하기 위해 과학적 방법을 사용했던 현대 심리학은 지나친 실증주의적 방법에 협소하게 매몰되었다는 비판을 받고 있는 것이다.

인간은 우주적 의미를 사유하는 존재이다. 인간의 자아는 원래 "정신적이고 도덕적인 대상"이다. 또한 자아는 "분해할 수 없는 전인격적 실체"[39]이다.

유교의 수양은 처음 출발부터 "자신이 어떤 존재인가"라는 질문에서 출발했다. 이 질문은 또다시 자신을 둘러싼 세계의 존재에 대한 질문으로 확장[40]되었다. 인간의 자아가 직면한 세계는 '생명을 가진 살아있는 전체로서의 우주'였기에, 인간이라는 존재는 "이미 주어진 우주의 의미와 가치, 즉 생명의 의미를 자각하고 그것을 실현해야 하는 사명"[41]을 띠고 있는 것이다.

따라서 인간은 몸과 마음의 존재로서, 몸과 마음 너머에 있는 정신의 뿌리와 본질에 대해서 탐구하지 않을 수 없다. "내적 자각으로 가는 길이 배움이고 학문이며 공부"이며, 학문과 철학은 이러한 성찰의 과정을 통해 "자신의 존재를 우주의 반열까지 고양시킬 수"[42] 있게 되는 것이다.

오늘날, 가변성이 높고 불확실한 4차 산업혁명 시대의 철학은 종래의 수양 철학만으로 대응하기에는 감당할 힘이 부족하다. 실용화의 명분으로 지나치게 현상세계의 주제만을 천착하는 경세치용의 실학만으로도 한계가 있다. 이에 우리에게는 자신의 자아와 우주 전체를 바라보는 전인격적인 학문을 소중히 여기고, 이를 실천세계의 사회과학에 접목시키는 안목과 지혜가 그 어느 때보다도 절실히 요구되고 있다.

정책학의 지혜: 평정심

'정책학'을 하나의 개체로 여길 때 '인간 존엄성의 실현'은 한 개체로서 '빛나는 삶'으로 표현할 수 있다. 혹은 몸과 마음이 건강하여 사회에 기여하는 삶, 즉 '덕성' 혹은 '성찰적 인간'이라고 할 수도 있다.

개체는 원래 공동체와 분리하여 생각할 수 없다. 개인의 배움은 "내면적 자아의 성찰에 그치지 않고, 개인과 우주의 자연적 질서와의 연관성, 또한 그것의 지상적 구현인 정치 공동체와의 연관성에 대한 자각"[43]이기 때문이다. "개인은 이미 공동체의 구성요소이며, 개인의 진정성 실현은 내면적 자아와 사회적 공동체와의 융합 속에서 가능"[44]한 것이다.

개인의 철학심리학과 통치의 과학정책학은 어떤 연결고리를 가지고 있는가? 특히 변동성과 모호성, 그리고 불확실성으로 대변되는 4차 산업혁명 시대의 정책학과 통치모형은 어떠해야 하며, 철학적 지향점이 되어야 할 휴머니즘은 어떻게 정립되어야 할 것인가?

만일 이렇게 사유한다면, 민주주의 정책학의 완성은 어쩌면 정책학이 추구해야 하는 '평정심'의 상태라고도 볼 수 있다. 정책과정은 형성 시기부터 복잡한 행위자들의 참여에 따른 다양성과 동태성 그리고 관계성 등을 가정하고 있으며, 정책내용과 실체 역시도 규제, 재분배, 배분, 구성 등 복잡한 유형들이 얽힌 구조라는 점에서, 정책을 통한 평정심과 성찰적 사회의 완성은 정책학의 이상이라고 할 수 있는 것이다.이상이란 원래 그런 것이다. 학술계에서 먼저 개념이 그려지고, 시간이 흐르면서 합의적 과정을 거친다면 현실에서의 구현방안이 마련되는 것이다.

'평정심'이라는 단어가 주는 함의metaphor인 '고요한, 청명한, 잔잔한, 명료한, 그리고 감동을 주는' 사회의 실현은 추상적이고 딱딱한 법률적 개념을 지닌 인간의 존엄성을 넘어선 것으로 볼 수 있다.

정책학의 정신: 문명화된 인간과 존엄의 실현

정책학의 정신은 무엇인가? 정책학은 어떤 정신적 가치를 보존하고 추구하는가?

정책학의 정신의 첫 출발점은 인간의 존엄성 실현이다. 즉, 문명화된 인간과 인간의 존엄을 실현코자 하는 것이 정책학의 정신이다. 자유민주주의라는 헌정질서 속에서 문명이라는 더 큰 헌정체제를 보존하고 추구하는 것이다.

개인이나 공공의 삶은 전통과 지혜에 따라 이루어져야 하며, 인간은 지혜와 미덕의 성장을 통해 더 나은 질서세계로 나아간다. 개인적 자유와 사유재산을 지킬 가치가 매우 높지만 교조주의적 지배는 조심스러운 개혁을 통해 혁신되어야 한다. 그리고 이러한 노력을 통해 보이는 세계와 보이지 않는 세계는 연결될 수 있을 것이다.

보이는 것이 전부가 아니며, 자연의 섭리와 우주의 법칙이 존재한다는 믿음은 '저기 하늘의 푸른 창공蒼空 만큼이나 오래된 것'이다. 가령 고대 그리스인들은 모든 인간이 정신적, 감정적, 영적, 도덕적으로 조화와 아름다움을 추구하려는 본능을 갖고 있으며, 하나됨The One-선The Good-아름다움The Beautiful의 삼위일체가 곧 신의 본질이라고 믿었다.

또한, "우주는 단계적으로 잠재력을 펼치면서 완벽의 경지에 도달하기 위해 창조되었고, 인간과 그의 삶도 그 과정의 일부이며, 세상 모든 것이 궁극의 선에 이르기 위해 협력"[45]하고 있다고 믿었다. 이것이 비단 서구뿐이겠는가?

우리나라도 눈에 보이지 않는 불문율이 역사와 국민들 정서 속에 면면히 계승되고 있다. 우리 민족에게는 유난히 체면과 양반정신, 인의예지가 살아 숨 쉬고 있다. 사람으로 태어나 부모님께 효도하는 일도 그렇거니와 국가는 국민의 생명과 재산을 지켜주고 국민은 나라를 충심으로 사랑하고 애국하는 것이다. 이와 같이 인류가 지켜온 사람으로서의 도리道理와 공동선共同善, 그리고 보편적 가치普遍的 價値는 지켜져야 한다.

진정한 도덕적 평등은 국민들을 보호하되 꾸준히 미덕을 통해 찾을 수 있는 행복을 추구하고 받아들일 수 있도록 도와주는 것이다. 하지만, 에드먼드 버크 경이 지적하듯이, "고된 삶의 불투명한 길을 걸어가야 할 운명을 타고난 사람들에게 거짓 관념과 헛된 기대를 불어넣으면 실질적인 불평등을 악화시키고 쓰라리게 만들 뿐이다. 그처럼 말도 안 되는 허구는 그들의 불평등을 절대 해소할 수 없다."[46]

대한민국의 헌정체제는 모든 한국 사람을 보호하며 자유, 법 앞의 평등, 품위 있게 살 수 있는 기회를 제공해주려고 존재한다. 물론 정책학은 국가주의적 경계를 넘어선 인간의 보편적 존엄성을 추구한다. 보다 큰 차원의 문명화된 인간의 자유와 법 앞의 평등, 인권을 추구하며, 문명화된 인간이 품위 있게 살 수 있는 기회를 제공하기 위해 노력하는 학문이 정책학이다.

인간의 존엄이 서구사회에서 도입된 법과 인권, 형평 등의 개념이 투영된 것이라면, 그리고 이에 기초한 민주주의 정책학이 과정과 절차의 민주성을 강조하는 개념이라면, 언제부터인가 우리 동양사회에서는 "정이 넘치고 서로 믿을 수 있고 서로를 위해주는" 사회의 실현을 꿈꿔왔다. 이해영2018: 8-9 교수는 "정책의 선에서 선은 국가주의의 정책개입을 정당화하면서, 정책의 본질적인 존재가치를 실현할 수 있는 규범적이고 가치판단적인 개념"으로 정의

하면서, 정책의 선의 요소로 좋음, 올바름, 정의, 인정과 배려, 전통 가치를 제안했다. 한편 공공선公共善은 공적 영역에서의 선을 의미하기에 법法의 선으로 이해하면서, 공동선共同善은 이와 구별되는 더 넓은 선으로서 좋음, 올바름, 정의, 인정과 배려, 전통 가치 등과 같은 정책의 선을 공동체에 적용하고 실천하는 개념으로 규정한 바 있다.[47]

라스웰H. Lasswell이 생각했던 민주주의 정책학의 완성은 내용과 과정을 강조하고 있다. 이는 다분히 서구의 현실세계에서 법치와 민주주의 제도에 기초한 모습을 이론으로 정립한 것이다. 하지만 향후 인류의 진화에 따라 인간에 대한 이해나 성숙도가 증진된다면, 정책학의 완성을 민주주의 정책학을 넘어 정책이론의 평정심까지도 확장하여 생각해 볼 수 있을 것이다. 말하자면, '정책학의 성찰성'과 더불어 '정책학의 평정심'까지 인식의 지평을 넓힐 수 있을 것이다.

후천 문명을 향한 어둠인가, 혼돈의 무질서인가?

많은 문명 연구가들은, 시기상 차이는 있지만, 물질이 중심을 이루던 선천시대가 막을 내리고 정신이 중심을 이루는 후천시대가 열릴 것으로 예측했다. 가령, 서양의 에드가 케이시Edgar Cayce나 한국의 탄허 스님은 일정한 고난과 문명 진통기를 거치면 지구의 자전축이 바로 서는 정역正易의 시대가 올 것으로 예견했다. 이 시기가 도래하면 소위 지상 낙원이 펼쳐지는 '상춘常春의 시대'가 열릴 것으로 보았는데, 지구의 근본 뿌리에 해당하는 한반도는 새로운 문명 건설의 중요한 축이 될 것으로 예견했다.

물론 거시적인 이야기다. 최근 사회상황을 보고 있노라면, 점점 심각해지는 미중G2 무역 및 군사 갈등, 세계경제 침체, 해외난민 문제뿐만 아니라, 국내적으로도 경기악화, 고용불안과 함께 사회적 갈등과 대립은 한 치의 양보도 없이 극으로 치닫는 형국이다. 경쟁적으로 다투듯이 보도하는 언론과 매체 간 경쟁은 국민들의 눈과 귀를 안정시키고 정화시키기보다는 '폭로하고, 고발하고, 부추기는 데' 몰두하는 듯하다.

과연 이러한 현상들은 후천 문명을 향한 동트기 전의 짙은 어둠인가, 아니면 방향성을 잃은 혼돈의 무질서인가?

공자님은 "국정질서를 형벌로만 다스리면 백성들의 마음이 교화되기보다는 불안과 혼란만 가중될 뿐이다"라고 말했다논어 위정편: "道之以政 齊之以刑 民免而無恥" "백성들을 오로지 정치와 형벌로 다스리면, 백성들은 그것을 피하고자 할 뿐 부끄러움이 없게 된다." 요순시대와 같은 태평성대에는 법이 있는지 없는지도 모르고 살았다. 군주는 도덕과 덕치로서 백성을 평안하게 해 주고 서로 마음을 열고 협력할 수 있는 환경을 만들어 주었던 것이다. 법과 정치 과잉으로 편을 가르고 이를 부추기면 국민의 마음도 갈라지고, 그 결과 신뢰자본이나 긍정심리와 같은 국가 창의성의 토대는 무너진다.

정신개벽이 이루어지는 후천시대에는 혹한酷寒과 혹서酷暑가 사라지고 사계절이 골고루 봄철처럼 따뜻하며, 음력과 양력이 일치하고 1년이 360일로 통일되는 평화시대의 개막이라고 했는데, 과연 이처럼 국민의 마음을 평안하고 밝은 세상으로 이끄는 인간존엄의 성찰사회는 오고 있는 것인가?

막연한 낙관도 위험하지만 단순한 비관 또한 금물이다. 오직 정책학과 개인의 깨어있는 정신으로 하루하루 맡은 바 임무가 필요할 뿐이다.

국정의 과제와 인간의 존엄을 연구하는 정책학은 동서양의 거시적, 문명사적 동향도 무시하지 말고, 이 시대가 직면하고 있는또한 정책학의 창시자 라스웰이 강조했던 근본적 문제fundamental problem에 대한 연구를 게을리 하지 말아야 할 것이다. 사회변동, 문명사적 갈등, 기후변화 및 인구문제, 국정의 기본질서와 같은 근본문제 말이다. 이들을 찾아서 문제지향성, 맥락지향성, 연합학문성이라는 정책학적 패러다임으로 접근해야 한다. 4차 산업혁명 역시 기존의 산업혁명과 달리 인간의 존재에 대한 질문을 던지고 있다는 점에서 새로운 패러다임으로 접근해야 한다.

개인과 시민 역시 깨어있는 정신으로 각자 자신과 주변 인연의 삶을 잘 갈무리하면서 자신에게 부과된 사회적 책무를 다해야 할 것이다.

아놀드 토인비Arnold Toynbee의 표현을 빌리자면, 역사문명의 흥망성쇠는 "도전과 응전challenge & response"의 기록이라고 했다. 후천 선경後天 仙境 시대는 우리가 넋 놓고 기다린다고 오지 않을 터이다.

PART

II

마음의 철학

진정한 주체

진정한 주체: 의미

철학의 핵심은 인생의 목적에 대한 탐구이다. 인간으로 태어나서 어떻게 살다가 죽어야 하는가 하는 질문이 핵심이다.

진정한 주체로 정립한다는 의미는 무엇일까?

진정한 주체란 존재이며 전체인 의식을 말한다. 청정한 본성을 말하는 것이며, 마음의 근원을 말하는 것이다. 이러한 마음의 본성을 되찾을 때 우린 비로소 진정한 주체가 된다. "인간의 근원은 본성이다. 인간은 태어날 때 존재의 전체성과 연결되어 있었다. 하지만 태어나 이름을 부여받고, 점차 사회적 존재가 되면서 '나'라는 인식과 자아 정체성이 생겨나게 된 것이다."[1] 또한, 치열한 삶의 현장에서 자신과 끝없는 투쟁을 하면서 존재인 전체로부터 분열과 분리는 심화된 것이다. 어떻게 하면 될까? 해답은 자신의 존재인 전체를 찾는 것이다. 그것은 자신의 마음의 근원이며 청정한 본성이다.

진정한 주체: 진아와 가아

진정한 주체를 알기 위해서는 마음의 구조를 파악해야 한다.

마음의 근원은 본성이다. 그것은 텅 비어있는 청정한 본성이다. 텅 비어 있되 신묘하게 알아차리는 깨어있는 마음이다. 마음의 근원적 본성은 청정하고 고요하며 텅 비어있는 마음이다. 이를 진아 Self 혹은 진여심이라 부른다. 진여의 마음은 영원하고 즐겁고 주체적이며 깨끗하다.

그림 2-1 진정한 주체: 진아 vs 가아

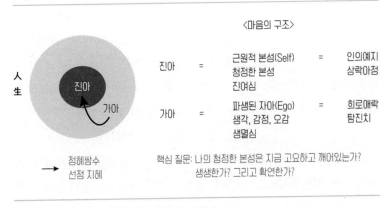

〈마음의 구조〉

人 生	진아	=	근원적 본성(Self) 청정한 본성 진여심	= 인의예지 상락아정
	가아	=	파생된 자아(Ego) 생각, 감정, 오감 생멸심	= 희로애락 탐진치

정혜쌍수
선정 지혜

핵심 질문: 나의 청정한 본성은 지금 고요하고 깨어있는가?
생생한가? 그리고 확연한가?

마음의 구조는 청정한 본성인 진아Self를 가아ego가 둘러싸고 있는 형국이다. 가아는 청정한 본성이 무명無明과 업식業識에 가려 망상과 분별을 일으키는 마음이다. 하지만, 자세히 보면 가아의 마음은 원래 실체가 없는 것이다. 하루에도 수 십 번 바뀌면서 수시로 생겨났다가 수시로 사라진다. 따라서 생멸심이라고 부른다.

우리가 흔히 마음이라고 부르는 것은 이러한 생멸심을 말한다. 생멸심은 실체가 없는 것이다. 그래서 뜬 구름 같다고 한다. 생각, 감정, 욕망, 느낌 등의 다발일 뿐이다. 그래서 마음은 고정된 것이 아니고 매순간 새로 생겨났다가 사라지니 허망한 것이다.

하지만 인간의 근원은 청정한 본성이다. 마음의 근원적 본성은 청정하고 고요하며 텅 비어있는 마음이다. 인간은 이처럼 순수하고 청정한 상태로 태어나지만 성장하면서 마음은 전체에서 분리되어 경계를 만든다. 소위 '자아'라는 것을 형성하는 것이다.2 하지만 이 모든 진실을 꿰뚫어 보고 자신을 직관한 사람은 청정한 본성을 보게 된다. 이것은 전체이며 존재이며 순수한 의식이다.

청정한 본성을 얻은 사람은 내면의 중심이 고요하다. 생각, 감정, 느낌을 주시하고는 있으나, 내면의 중심은 전체의 고요한 바탕자리에 있다. 그의 내면 풍경은 고요하고 안락하며 평화롭고 청정하다. 참되고 한결같으며 아무런 욕망과 고통이 없다.

비유를 들어보자. 붓다가 연꽃 한 송이를 들었을 때 가섭이 염화미소를 지었다世尊拈花. 진흙탕 속의 연꽃은 더러운 흙탕물에 뿌리를 내리고 있으나 물든 바가 없이 깨끗하고 청정하다.

마찬가지로, 우리의 청정한 본성은 육근에 뿌리를 내리고 있으나, 육근六根[3]과 오온五蘊에 물든 바가 없다.[4]

여기서 핵심 질문은 이것이다.

나의 청정한 본성은 지금 고요하고 깨어있는가?
생생한가? 그리고 확연한가?

진정한 주체: 청정심과 반연심

불교는 마음의 구조에 대해서 심층적으로 다루고 있는데, 그 중에서도 능엄경이 으뜸이다. 능엄경 역시 우리 마음을 둘로 나누고 있는데, 이름하여 진심眞心과 망심妄心이다. 이를 청정심淸淨心과 반연심攀緣心이라고도 부른다. 즉, 진정한 주체는 진심이요 청정심이다.

능엄경은 청정심을 청정체淸淨體로 표현하고 있다. 초기불교에서는 오온이 공空, 무아無我라는 점을 강조하여 열반을 실체로 보지 않는다. 하지만 능엄경에서는 열반을 실체로 보고 있다. 원효 스님의 탁월한 지적처럼, 바깥 경계에 끄달리면 허망한 생멸生滅이지만, 무경계에서는 실체인 진여眞如만 남는 것이다.

볼 것도 없고 이룰 것도 없는 그 자리!
이미 여기있는, 있다 없다 할 수 없는 그 자리!
고요하면서 고요하지도 않는 그 자리!
머무르면서 머묾도 없는 그 자리![5]

청정심淸淨心은 본래의 마음이니 영원하고 불변하여 진심眞心이라고 부른다.[6] 반연심攀緣心은 바깥 대상의 경계에 따라 끄달리고 수시로 변하는 허망한 것이며, 망심妄心이라고 부른다.

또한 청정심淸淨心은 마음의 원래 청정한 바탕이니 인간이 본래부터 갖추고 있는 청정한 마음이며, 반연심攀緣心은 바깥 경계의 육진을 반연하여 생기는 마음으로 일상에서 사용하는 변덕스런 마음이다.

사람이면 누구나 이 두 가지 마음을 가지고 있다. 이것을 정확하게 파악하는 것이 수행의 요체要諦이며, 청정심과 반연심, 혹은 진여심과 생멸심이라고 불리는 이종근본二種根本을 모르면 아무리 수행을 해도 큰 소용이 없다.[7]

여보게, 저승 갈 때 뭘 가지고 가지?

여기서 한 가지 짚고 넘어갈 게 있다. 불교에서 전해지는 유명한 이야기이다. 먼저 다음 질문을 한번 고찰해 보자.

과연 마음이라고 하면 하루에도 열두 번 바뀌는 게 마음인데 저승 갈 때 가져가는 마음은 어느 때의 마음인가? 차원계次元界에서 윤회할 때 판단 근거가 되는 결정적인 마음은 어느 때의 어떤 마음인가?

능가경 강의로 유명한 황정원 교수가 해 준 이야기이다. 부산의 어떤 거사 한분이 백봉 김기추 선생 문하에서 공부를 열심히 해

견처見處를 얻었다고 한다. 평소 지병을 가지고 있던 그는 어느 날 당신의 목숨이 얼마 남지 않았음을 인지하고는 동료들에게 말했다. "나는 일주일 있다 가겠네… 몸을 바꾸어야겠어." 일주일간 식음을 전폐한 그는 깊은 선정에 들어 맑은 의식으로 열반涅槃에 들었다.

또 다른 이야기는 『조화로운 삶』으로 유명한 스콧 니어링 역시 100세가 되던 해 자신의 운명이 다했음을 깨달았다. 일주일간 가벼운 물과 주스만 마시던 그는 일주일이 지난 후에는 그것마저 허용하지 않았으며 보름 뒤 맑은 정신으로 소천昭天했다.

이러한 이야기의 핵심은 무엇인가? 우선 육신의 식정識精이 끊어질 때의 마지막 의식이 중요하다는 점이다. 마지막 순간의 정신이 혼미昏迷하거나 공포恐怖에 빠져 있으면 안 된다. 치매에 걸려 우왕좌왕하거나 질병으로 혼미해서도 안 되지만, 죽음에 대한 막연한 두려움이나 공포도 안 된다.

또한 자신의 생生에 대한 집착執着이나 여한餘恨이 남아있어도 안 된다. 의료기술이나 약품에 의지해서 수명을 연장하는 방식과 같은 수동적인 자세나 태도 역시 바람직하지 않다. 삶의 무게나 고통, 혹은 질병, 그 어떤 것이 온다 하더라도 미리 겁먹고 끌려가서는 안 되는 것이다.

그렇다면 어떻게 해야 하는가?

평소 수행을 통해 자신의 견처見處를 명료하게 확보해야 한다.

우리 마음의 청정한 본성 자리, 청정심清淨心을 확인해야 한다. 그리고 공부를 깊이 해 나가야 한다. 행여 인연이 다해서 자신의 성명性命이 다한 시점이 도래한다면 무엇보다도 주변을 정리하고 명료한 견처見處에 머물러야 한다.

깨어있는 정신

정신이 깨어있다는 의미는 정신이 살아있다는 것이다. 정신이 살아있기에 깨어있고, 깨어있기에 생생하고 확연하다. 죽은 물질이 아니고 살아있는 생명이다. 그리고 전체가 한 통이다. 공간적으로 안과 밖이 없고, 시간적으로 앞과 뒤가 없기에 한 통이다.

타성일편打成一片

보는 자는 누구인가? 누가 보고 있는가? 겉과 속이 있는가? 테두리가 있는가?
보는 자도, 보이는 대상도 없다. 오직 참 정신이 실재할 뿐이다.

정신이 깨어있으면 모아진다. 깨어있고 모아지면 정신력이 깨어난다. 정신력이 깨어난 사람은 참 성품의 위대성을 본다. 그리고 그 위대성 속에서 산다.

자아의 열림

자아의 의미

자아란 무엇일까?

자아는 무엇이기에 내가 살아있음을 느낄까?

내 자아는 무엇으로 구성되어 있기에 행복과 불행을 느끼는 것일까?

내가 존재하고 있음을 의식하는 자아는 어디에 있기에 때론 개체를, 때론 전체를 인지하는 것일까?

여러 가지 견해가 있겠으나,[8] 본서가 제시하는 해석은 다음과 같다.

자아自我, ego란 "생각, 감정 등을 통해 외부세계와 접촉하는 행동의 주체로서 '작은' '나'"를 말한다. 혹은 "자신이 자기에 대해 스스로 지각된 전체"를 의미한다.

이때 '나'는 두 차원으로 구성되어 있다. 순수한 존재인 참나Self를 개체적 에고ego가 둘러싸고 있는 형국이다. 순수한 존재는 마음의 근원이며 청정한 본성이다. 그것은 알아차리고 있는 순수한 의식이며 전체와 연결된 존재이다. 이에 반해, 개체적 에고는 생각, 감정, 욕망, 느낌 등으로 구성되어 있으나, 실체가 없는 것이다.

이러한 논리를 뒷받침하는 좋은 연구가 있다. 그것은 심리학자 전제남 선생의 연구이다. 그는 자아와 근원에 대해서 많은 연구를 심층적으로 제시한 바 있는데, 그의 심리학적 연구에 따르면, "인간의 근원은 본성이다. 인간은 태어날 때 존재의 전체성과 연결되어 있다. 하지만 태어나 이름을 부여받고, 점차 이성이 발달함에 따라 '나'라는 생각과 느낌과 감정이 생겨나게 되었다."[9] 그러면서 자아의 이미지가 형성되고 강화되어 온 것이라는 것이다.

즉, "인간은 순수한 상태로 태어난다. 그렇지만 인간은 자아의 굴레 속에서 자신과 끝없는 투쟁을 하며 살아간다. 또한 존재인 전체로부터 분열과 분리를 시도한다. 따라서 자아란 실체가 아니다. 마음 작용의 한 부분으로서, 전체에서 이탈한 마음이 독립된 개체를 형성하기 위해 후천적으로 형성된 가짜 주체일 뿐이다."[10]

하지만 우리는 이것을 모르고 있다. 자아는 "마음을 생성하고 유지하는 가짜 주체일 뿐인데 우리는 자신의 존립을 지키기 위해 자아를 주장하고 점점 더 강화"[11]시켜 나가는 우愚를 범하고 있는 것이다.

인간의 근원은 청정한 본성이다. "자아는 후천적으로 생긴 것이다. 전체인 존재를 떠나 방황하던 마음이 만들어낸 표상이 자아"[12]이다. 인간은 성장하면서 마음은 전체에서 분리되어 경계를 만들고 자아를 형성하게 된 것이다. 따라서 인간은 본래 "부분적인 개체가 아니라 통합된 전체적 존재"[13]이다. 하지만 전체에서 이탈하여 분열된 개체인 자아를 '나'라고 인식하면서 '나'라는 경계와 굴레가 생겨났다."[14] 참다운 성품으로서의 존재에서 벗어나 불안정하고 불합리한 고뇌의 삶을 살게 된 것이다. 이것이 인간이 원초적으로 지닌 불행의 태생적 근거이다.

우리는 우리가 온 곳을 본능적으로 알고 있다. 마음의 고향을 늘 그리워하고 있으며, 그곳으로 돌아가기를 염원하고 있다. 그곳은 갈등과 분열이 없으며, 분리와 소외가 없는 곳이었다. 고요하고 평화로운 의식의 필드였으며, 하나의 전체로서 분리감이 없는 곳이었다. 하지만 돌아가는 방법을 몰라 인생의 여정에서 길을 잃고 헤매고 있는 것이다. 이것은 본서를 집필하게 된 핵심 동기이기도 하다. 다양한 방법으로 그 길을 제시하고자 동서양 고전들을 정리해 보았다.

"정신이 깨어있다" 혹은 "또렷해서 맑다"는 것은 내 마음의 중심이 근원에 가 있다는 뜻이다. 생각, 감정, 오감에 집착하지 않고, 텅 비고 고요한 가운데 신령스럽게 알아차리는 마음에 중심을 두는 것이다. 이때의 의식 상태는 순수의식이며, 위에서 표현한 마음의 고향이다. 이것은 작은 자아처럼 특정한 생각, 감정, 느낌 등에 분별하고 집착하는 에고와는 다른 것이다. 허공처럼 광활하게 텅 비어 있으며, 전체와 연결된 마음으로서 지혜로우며 순수하게 맑은 의식 상태이다. 이것이 <마음의 근원>의 순수의식 상태이다.

우린 각자 자신의 마음이라는 렌즈Virtual Reality를 끼고 세상을 본다. 자신의 의식상태가 있는 그대로 렌즈에 반영되는 것이다. 순수하고 맑은 렌즈를 낄 것인가, 탐욕과 혼탁한 렌즈를 낄 것인가도 순전히 자기 몫이다.

참된 내면의 중심을 얻은 사람은 세상이 고요하고 평화로우며 행복하겠지만, 자기중심적이고 분노하는 의식 상태에서는 세상은 늘 투쟁적이고 시끄러우며, 또 한편 두렵고 불안한 곳일 것이다.

우리는 평소 생각, 감정, 느낌에 실체적 의미를 부여하는 동안 우리의 청정한 본성을 잃어버렸다. 전체와 연결된 진정한 존재의 의미를 잃어버렸다. 그대가 산사의 아름다운 풍경, 서산에 지는 저녁노을, 맑고 고운 새소리, 시냇물 소리, 혹은 "대자연의 어떤 풍광이나 음악의 아름다움, 대양의 초월적 아름다움이나 예술과 조각의 아름다움, 빛나는 것, 강력한 것에 대한 의식"[15]에 사로잡힐 때 그대는 문득 자신을 잊게 된다. 그때 그대는 자기를 망각하고 전체와 연결된 진정한 존재로 돌아가게 된다. 그곳이 그대의 참모습이며, 청정한 본성이다. 그대는 그대의 본향本鄕으로 돌아가고 싶어 한다.

김상운 작가는 다음과 같이 표현했다.[16]

영혼은 늘 사랑과 평화가 흐르는 영원한 빛의 고향으로 돌아가고 싶어 한다. 휴가철마다 사람들이 넓은 바다나 들판으로, 그리고 먼 곳으로 여행을 떠나는 건 왜일까? 남의 강요를 벗어나고 싶어 하는 건 왜일까? 영혼은 빛의 세계에서 누리던 무한한 자유로움과 끝없는 공간을 그리워하는 것이다.

평소에는 참다운 존재를 찾고 자각하는 공부의 중요성을 인식하지 못할지도 모른다. 그리고 공부를 하건 안하건 큰 차이가 없어 보일 수도 있다. 하지만 질병, 죽음과 같은 인생의 실존적 어려움에 처하게 된다면 뒤늦게 후회할지도 모른다. 자신의 내면 공부가 부족했음을 깨닫고, 진정한 존재를 자각하지 못한 대가가 이렇게 무서운 것이었나 하고 뼈저리게 후회할지도 모른다.

자아 열림의 의미

자아의 열림은 무슨 뜻일까?

자아가 열린다는 것은 자신의 의식이 열린다는 것, 긍정성이 확장된다는 뜻이다. 자신의 안목이 열려서 좁은 견해를 고집하지 않는다는 것, 열린 자세로 임한다는 것, 즉 세상을 넓고 유연한 자세로 바라보고 일을 처리한다는 것이다.

자아가 닫힌 사람과 열린 사람이 있다. 자아가 닫힌 사람은 편견과 무지, 오만과 독선이 심해서 자신이 믿는 바가 전부인 줄 안다. 그리고 절대로 고집을 꺾지 않는다.

이에 반해 자아가 열린 사람은 세상은 변하고 있으며 자신의 견해도 틀릴 수 있음을 알기에 고집하지 않는다. 상대방의 처지를 이해하는 역지사지易地思之의 마음이 확대되며 순수의식의 관점에서

세상을 본다. 평정심의 상태에서 현상과 사물을 관찰하며, 직관과
영감, 창조력은 올라간다.

마음의 의식이 올라가면 에너지 상태가 고조된다. 밀도는 옅어
지면서 진동은 고조되는 것이다. 우주는 모두 하나의 질료로 이루
어져 있다. 진동수의 높고 낮음에 따라 차원이 정해진다.[17] 질료가
둔탁하게 진동하는 낮은 차원의 세상에서는 물질로 보이지만, 질
료가 맑고 가볍게 진동하는 높은 파동의 세상에서는 높은 차원의
순수의식으로 진입한다.[18] 파동이 고조되면서 열린 사고를 한다.
우리의 참된 본성인 순수의식 관점에서 세상을 보게 된다.

자아 열림의 단계[19]

불교 철학의 핵심은 가짜의 나(가아, 제7식) 중심에서 참다운 나(진아, 제
8식) 중심으로 전환하는 것이다. 불교 수행을 통해 제7식 중심의 삶
이 허망하다는 것을 통렬히 자각하게 되면 제8식 중심의 청정한
본성이 전면에 드러난다.

자아의 열림을 체계적으로 살펴보기 위해 <그림 2-2>를 한번
살펴보자.

그림 2-2 자아의 열림: 3단계의 열림

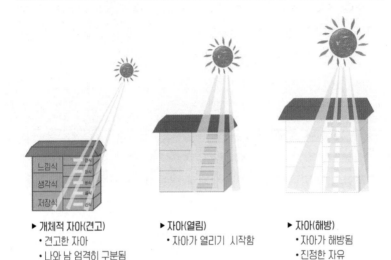

▶ **개체적 자아(견고)**
- 견고한 자아
- 나와 남 엄격히 구분됨
- 나와 세상 엄격히 구분됨
- 생존, 경쟁, 고립의 나

▶ **자아(열림)**
- 자아가 열리기 시작함

▶ **자아(해방)**
- 자아가 해방됨
- 진정한 자유

왼쪽 그림은 막힌 통나무집처럼 개체적 자아가 견고하다. 폐쇄적이고 답답한 자아의 상태이며, 태양으로 상징되는 진리가 들어와도 별 소용이 없다. 진리에 대해 알아차릴 여유도 없이 자신의 개체적 삶에 매몰된 채 하루하루를 살아나간다. 세상은 생존과 투쟁의 장이며, 나와 남은 엄격히 구분되어 있다. 당연히 자아는 불안하고 초조하며 바깥의 자극에 예민하게 대응할 수밖에 없다.

그러다가 진리를 만나게 되면 빛이 들어오게 된다. 점차 자아는 열려가며 마침내 열린 자아의 형태를 띠게 된다. 개방성과 유연성 속에서 열린 사고와 확장된 사고를 하게 된다.

최종적인 상태의 오른쪽 그림은 완전히 열린 구조의 자아를 보여준다. 이 상태에서는 '존재'로부터 오는 평온함과 감사함 그리고 행복감에 젖는다. 자아가 해방되었으며, 개체가 전체이며, 평정심과 함께 진정한 자유를 얻게 된다.

자아 열림의 단계적 고찰

자아의 열림 현상을 한번 체계적으로 살펴보자<그림 2-3> 참조.

그림 2-3 자아의 열림: 6단계의 열림, 불교유식이론

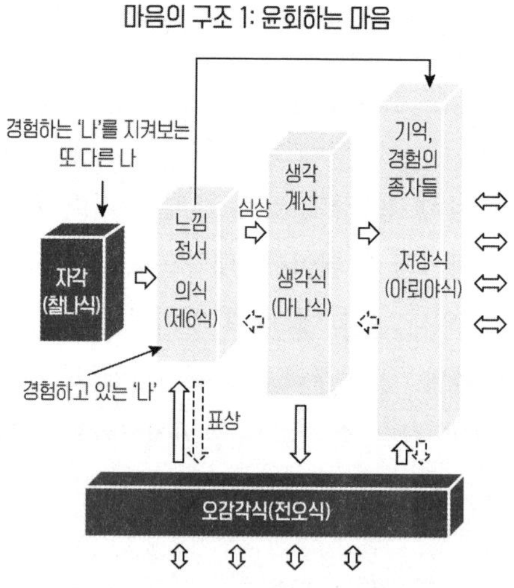

마음의 구조 1: 윤회하는 마음

경험하는 '나'를 지켜보는 또 다른 나

자각 (찰나식)

느낌 정서 의식 (제6식)

심상

생각 계산

생각식 (마나식)

기억, 경험의 종자들

저장식 (아뢰야식)

경험하고 있는 '나'

표상

오감각식(전오식)

마음의 수행을 시작하지 않은 상태로 자각능력은 매우 약하며, 환경과 자극에 수동적으로 반응한다.

마음의 구조 2: 깨달음을 향한 노력

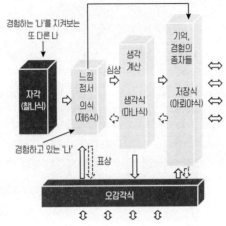

마음의 작용을 이해하고 고통으로부터 해방하고자 하는 열망을 일으켜
자각능력이 작동하기 시작한 마음의 구조

마음의 구조 3: 의식을 관통하는 자각

경험하는 '나'를 지켜보는
또 다른 나

경험하는 '나'를 지켜보는
또 다른 나

자각
(찰나식)

느낌
정서

의식
(제6식)

심상

생각
계산

생각식
(마나식)

기억,
경험의
종자들

저장식
(아뢰야식)

경험하고 있는 '나'

표상

오감각식

의식수준에서 감정이 일어남과 동시에 자각되기 때문에 감정이 더 이상 힘을 발휘하지
못하고 사그라지며, 의식에서 일어나는 일체의 느낌, 감정 등이 곧바로 자각된다.

마음의 구조 4: 생각식을 관통한 자각

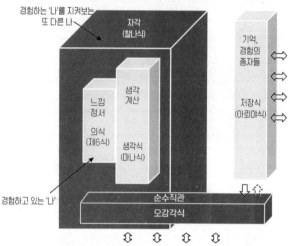

자각이 생각식을 관통함으로써 생각식의 작용이 멈추어지고 자극으로 병합되어 의식과 오감각식에 미치는 생각식의 영향력이 완전히 사라진 상태다. 저장식은 여전히 작용하고 있기 때문에 완전하게 있는 그대로의 실상, 진리를 보는 단계는 아니다.

마음의 구조 5: 저장식을 관통한 자각

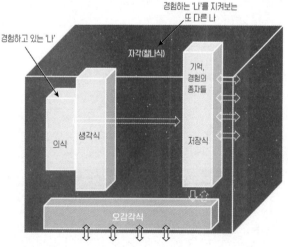

자각능력이 극도로 확대되어 마침내 저장식을 관통함으로써 저장식의 영향권에 있던 오감각식의 나머지 부분도 자각에 병합 된다. 따라서 저장식과 의식, 오감감식 모두가 더 이상 무지에 가려져 있지 않고 모두 각성을 이루고 있는 상태다.

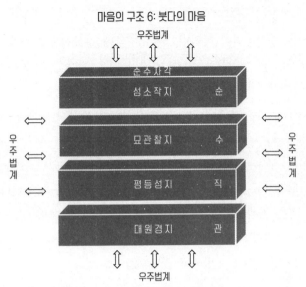

마음의 구조 6: 붓다의 마음

우주법계

순수자각

성소작지 순

묘관찰지 수

평등성지 직

대원경지 관

우주법계

우주법계

우주법계

경험의 주체와 경험의 대상이 완전히 사라져버린 상태로 아는 자와 알려지는 자의 주객 대립이 사라져 버렸기 때문에 마음의 작용 또한 흔적 없이 사라져 버린 상태다. 우주와 완전히 하나가 되어 우주와 자아와의 경계가 없어졌다.

자료: 현대심리학으로 풀어본 유식 30송(불광출판사)

첫 번째 그림은 윤회하는 마음이다. <그림 2-2>의 폐쇄된 통나무집과 유사한 상황이다. 아我와 피아彼我, 자아와 타자 사이의 경계는 엄격하게 분리되어 있다. 보고, 듣고, 냄새 맡고, 맛보고, 느끼는 오감전오식을 통해서 들어오는 정보를 대상으로 제6식인 의식은 종합적으로 판단하는데, 이때 제7식인 말나식은 자신의 개체적 자아에게 유리한 방향으로 생각과 계산을 하게 된다. 이러한 생각과 경험의 종자들은 제8식인 아뢰야식에 저장된다.

첫 번째 단계에서는 찰나식경험하고 있는 '나'를 지켜보는 또 다른 '나'인 자각이 약하다는 것이다위 첫 번째 그림에서 자각(찰나식)이 작다는 것을 인지하라. 이 단계는 아직 사람들이 마음의 수행이 시작되지 않은 상태로 나와 세상을 관찰하는 자각능력이 약하며, 외부 자극에 수동적으로 반응한다.

자성自性, 즉 깨달음을 얻기 위해 노력을 할수록 자각찰나식은 계속 확장된다. 자각은 계속 커져 의식느낌, 정서을 관통하고, 생각식말나식을 관통할 때까지 확장되다가 저장식아뢰야식까지 관통한다.

마음의 구조를 이해하고 자신의 삶을 옥죄고 있던 것들로부터 해방하고자 하는 진지한 열망으로부터 자각능력이 발아된다. <그림 2-3>은 자각능력이 최초로 작동되는 단계 마음의 구조 2-1부터, 자각능력이 확장되어 저장식까지 관통함으로써 모든 의식이 각성되는 단계까지 설명하고 있다마음의 구조 2-5.

최종적인 상태로서 여섯 번째 그림은 붓다의 마음을 보여준다. 여기에서는 경험의 주체와 경험의 대상이 완전히 사라져버린 상태이다. 아는 자와 알려지는 자, 주체와 객체, 주관과 대상이 모두 사라져버렸기 때문에 마음의 작용 또한 흔적 없이 사라지고, 우주와 완전히 하나가 되어 우주와 자아의 경계가 없어진 상태이다梵我一體.

우주와 같은 마음으로 크고 둥근 거울과 같은 지혜大圓鏡智, 일체의 모든 법과 만물의 성품이 평등함을 깨달은 지혜平等性智, 평등한 성품의 바탕 위에 펼쳐지는 온갖 법의 차별상을 잘 관찰하는 지혜妙觀察智, 만물을 이롭게 하는 생각과 말과 행동으로 뜻하는 바를 모두 성취하는 지혜成所作智를 모두 원만하게 갖추게 된다.

의식의 확장과 마나스(Manas)

다른 각도에서도 한번 살펴보자. 위에서 제시된 6단계의 설명을 3단계로 줄이면 〈그림 2-4〉가 된다.

그림 2-4 자아의 열림: 원인체(의식)의 성숙단계

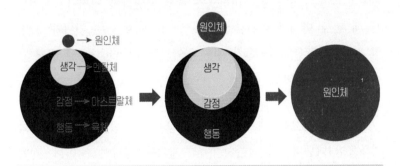

자료: Story4u, "욕망 카르마 해탈"에서 수정 인용

〈그림 2-4〉 왼쪽부터 보면 세 단계의 몸이 있다. 맨 바깥 검은색 원은 육체, 중간의 회색은 감정아스트랄체, 맨 안쪽 위 연한 보라색은 생각멘탈체이다. 각각 육체, 감정, 생각을 나타낸다. 삼차원의 그림 꼭대기의 진한 보라색 원이 원인체인과체이다. 원인체는 신성으로 이루어진 순수의식[20]에 개체성id이 부여된 것이다. 인간으로 탄생할 때 원인체부터 생성되는데, 이로부터 개체의식인 마나스Manas, 정신가 발생하는 것이다.[21]

그림은 나를 자각하는 원인체Manas가 매우 작은 원이었다가 오른쪽으로 갈수록 점점 더 커지고 있음을 보여주고 있다. 유식이론 〈그림 2-3〉에서는 자각과 찰나식이라고 표현되어 있는데, 같은

말이다. 이러한 자각과 통찰력이 증대함에 따라 나의 감정Astral은 점점 더 정화되고, 생각Mental은 점점 더 투명해지며, 그 결과 마나스Manas도 점점 더 커지게 된다.

사람이 살아가면서 명상이나 영적 수행 등을 통해 깨어남의 정도가 깊어지면 마나스원인체가 그만큼 더 깨어난다. 그림에서 보는 것처럼 보통의 경우에는 마나스가 매우 작았다가 점점 더 커지면서 세 번째 단계의 완전한 마나스로 성장하게 되는 것이다. 감정의 정화와 지성의 성숙도가 매우 높아지면서 마나스는 세 번째 단계와 같이 확대된다.

생각체는 사고와 생각, 감정체는 감정과 느낌, 육체는 욕망과 행동을 나타낸다. 이는 한의학에서 말하는 정기신精氣神이니, 정은 육체의 건강, 기는 감정의 건강, 신은 정신의 건강을 의미한다그림 2-5 참조.

그림 2-5 인간의 3단계 신체(정기신)와 의식

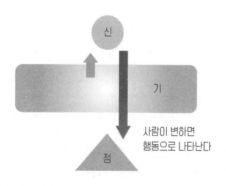

자료: Story4u, "욕망 카르마 해탈"에서 수정 인용

이것은 모두 우리의 삶속에서 정화의 중요성을 말해주고 있다.

첫째, 감정체氣에 담긴 나의 부정적 감정을 정화함으로써 감정
　　작용을 맑게 해야 한다.

둘째, 정신체神에 담긴 나의 부정적 생각을 정화함으로써 사고와
　　판단을 바르게 해야 한다.

셋째, 육체精에 담긴 나의 부정적 욕망을 정화함으로써 행동을
　　바르게 해야 한다.

우리는 말과 행동을 보면 그 사람의 정신과 욕망을 알 수 있다.

마음의 원리

마음의 구조

마음의 근원은 본성이다. 그것은 텅 비어 있고 열려있으며 전체와 연결되어 있다. 그것은 또한 나의 청정한 본성이며, 나와 남이 구분되지 않은 전체이다.

이것을 우주적 자아Self라고 부를 수 있겠다. 이 자리에서 개체적 자아ego가 나왔다. 생각, 감정, 느낌 등의 개체적 마음이 형성되었다. 하지만 이런 개체적 마음은 실체가 없는 것이다. 매순간 새로 생겨났다가 금방 사라진다. 수시로 생겨나고 수시로 사라진다. 따라서 "한 여름 밤의 꿈"처럼, 본질적으로 허망한 것이다.

그림 2-6 우주적 자아와 개체적 자아[22]

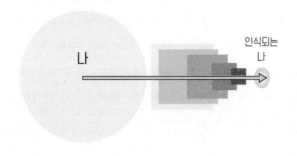

자료: Story4u, "욕망 카르마 해탈"에서 수정 인용

<그림 2-6>에서 보듯이 인간의 근원은 본성이다. 나의 본성Self
은 광활하고 텅 빈, 그리고 늘 비추는 존재이다. 텅 비어 있되 신
묘하게 알아차리는 마음이다. 나와 남이 구분되지 않는 전체이며,
존재 그 자체이다. 우리는 태어날 때 이처럼 청정한 본성을 지녔
다. 하지만 살아오면서 자신이 처한 다양한 처지와 개념가령, 나이, 성
별, 국적, 사회적 계층 등들이 다양한 프레임으로 작용하면서 '자아'라는 관
념이 형성되게 되었다. 그 결과 현재 인식되는 나는 매우 작은 나
ego로 전락해 버렸다.

"나는 누구인가?"라는 본질적 성찰을 해본 지도 오래 되었을지
모른다. 참된 본성은 어느새 잊어버리고, 가령 "나는 남자다. 나는
40대의 직장인이다. 나는 40대의 이혼한 사람이다." 등 성별, 나
이, 국적, 신분 등이 나의 프레임으로 덧 씌워져 나를 매우 작게
만들게 되는 것이다.

이처럼 나이, 성별, 국적과 같은 객관적 프레임만 있다면 양호

하겠지만, 어쩌면 무의식 속 깊은 곳에는 지금까지 살아오면서 생긴 부정적인 생각, 비관적인 생각, 우울한 생각, 혹은 우쭐한 생각과 관념들이 켜켜이 쌓여 '나'라는 부정적인 자아상을 만들고 있는 것이다. 이러한 생각과 관념들은 우리를 구속하고 있다. 아침에 일어나면서부터 최근에 나를 괴롭히는 생각이나 감정에 사로잡힐지도 모른다. 스트레스 상태에서 벗어나려고 안간힘을 써보지만, 곧 또다시 유사한 과제에 직면한다.

마음의 원리

마음의 작동원리를 좀 더 구체적으로 살펴보자.

마음은 어떻게 작동하는가?

마음은 우선 대상을 보고 분별한다. 마음은 생각이라는 도구를 통해 분별하며, 학문, 예술, 철학 등 모든 분별력 있는 정신활동을 통해 지식을 창조한다. 인류 역사의 진보도 이러한 정신적 창조행위를 통해 이루어져 왔다.

하지만 여기에서 문제가 발생한다. 인간은 아침에 깨어나면 바로 생각부터 발생하기에 인간의 24시간 정신활동은 생각 → 행위 → 수면 등으로 이어지는 '작위'의 연속이다. 인간의 뇌파를 추적해보면 양(+)의 뇌파와 음(-)의 뇌파의 연속이다. 번뇌와 산란散亂은 양의 뇌파인 반면 무기와 혼침惛沈은 음의 뇌파를 보여주는데, 물결의 파동처럼 플러스(+)와 마이너스(-) 작용을 반복한다. 이는 살아있다는 증거이기도 하지만, 계속 발생하는 마음 작용은 번뇌와 혼침을 넘어선 "고요하고 청정한 자리"에 들어가 보질 못하게 만든다.

생각이 멈춘 그곳, 생각이 그친 그곳, 생각_{인식} 발생 이전의 자리에 들어가야 자신의 참 성품을 볼 수 있는데, 바쁜 현대 사회는 내 마음 공간으로 들어가 청정한 본성을 볼 여유를 주지 않는다. 이처럼 텅 빈 가운데 고요를 맛보고, 고요한 가운데 참다운 성품을 발견하는 것이 중요하다.

텅 빈 가운데 고요를 맛볼 수 있는 곳, 그곳은 나의 청정한 공간이다. 그 청정한 공간은 생각이 멈춘 곳이며, 고요한 가운데 평화가 깃든 곳이다. 한결같은 고요, 한결같은 깨어있음으로 이루어져 있다.

내 마음의 공간은 크고 넓으며 본바탕은 청정한 본성이다. 이러한 이해를 바탕으로 내 마음 속에서 발생된 감정과 생각을 주시해야 한다. 마음은 파동과 극성으로 이루어져 있기에 내 마음 속에서 발생하는 에고적_{부정적} 감정들은 모두가 생성되었다가 소멸되는 작은 에너지에 불과한 것임을 알아야 한다. 그리고 그들을 깨어있는 인식으로 바라보아야 한다.

이러한 마음의 속성을 명확하게 이해하는 것이 중요하다. 이를 좀 더 살펴보기 위해 먼저 고대 헤르메스 가르침을 통한 마음의 7대 원리를 제시하면 다음과 같다.[23]

헤르메스의 가르침: 마음의 원리

"7개의 참된 원리가 있다. 이것을 이해하고 아는 사람은 사원의 문들을 여는 마법의 열쇠를 소유하게 된다."

모든 헤르메스 철학의 근간이 되는 것이 헤르메스 7대 원리이다. 그것은 다음과 같다.[24]

1. 유심론의 원리
2. 상응의 원리
3. 진동의 원리
4. 극성의 원리
5. 리듬의 원리
6. 원인과 결과의 원리
7. 성의 원리

이러한 헤르메스의 7대 원리를 토대로 마음의 원리를 5대 원리로 요약하여 보다 함축적으로 살펴보면 다음과 같다.

마음의 원리(1): 마음은 파동으로 이루어져 있다

마음은 파동으로 이루어져 있다. 마음은 수시로 생겼다가 수시로 사라진다. 매순간 새로 생겨났다가 금방 사라진다. 이처럼 변덕스럽게 생성과 소멸을 반복하는 마음을 가만히 살펴보면 하나의 파동처럼 움직인다. 마치 바다의 물결이 올라갔다 내려갔다 하듯이 우리의 마음도 파동을 그리며 진행된다.

마음의 원리(2): 마음은 극성을 띤다

마음은 극성을 띤다. 마음은 파동으로 움직이는데 올라갈 때의 감정은 플러스이고 내려갈 때의 감정은 마이너스이다. 이처럼 마음은 파동에너지이며 언제나 극성을 띤다.

가령, 땅을 파서 언덕을 만들면 언덕은 플러스이지만 땅을 파서 생긴 웅덩이는 마이너스이다. 기분 좋은 감정이 고조되어 상승될 때는 플러스이지만, 다시 하락할 때는 마이너스가 된다. 기쁨이 온 뒤에는 슬픔이 오고, 우월감이 온 뒤에는 열등감이 밀려온다. 기쁨, 우월감, 환희, 사랑, 평화가 플러스 에너지라면, 슬픔, 열등감, 비탄, 결별, 공포는 마이너스 에너지이다. 한번 플러스 감정에 매몰되면 반드시 마이너스 감정이 몰려온다.

하지만 마음의 강력한 공간 속에서 본성의 힘으로 이들을 알아차린다면 굳이 감정에너지의 롤러코스터를 탈 필요가 없다. 기쁨도 나의 일부요, 슬픔도 나의 일부이니 기쁨이 오면 기쁨을 알아차리면서 즐기고, 슬픔이 오면 슬픔도 알아차리면서 수용한다. 그렇게 되면 더 강렬한 행복감을 누리되 요동치지 않는다.

한편 슬픔, 열등감, 비탄, 결별, 공포의 에너지는 청정한 마음에 묻은 때이다. 불안감, 외로움, 열등감, 우울함 등도 마찬가지이다. 이러한 관념과 때들은 청정한 본성을 왜곡시키며 결국에는 고통을 가져온다. 이들을 없애야 되는데 그 중 가장 좋은 방법은 알아차림과 주시의 힘을 활용하는 것이다.

마음의 원리(3): 알아차림과 주시의 힘

주시란 응시, 관찰이다. 내가 개체로 떨어져서 주관과 객관이 분리되어 보는 것은 응시가 아니다. 주관과 객관, 주체와 객체로서의 이분법이 아닌 전체적인 바탕의 힘으로 보는 것을 응시 혹은 주시라고 한다. 그리고 그 전체를 이루는 바탕을 본성이라고 한다.

세상을 이루는 만상 만물은 입자로 이루어져 있는데, 입자들은 결국 진동하는 파동이다. 이 파동을 이루는 근원적 힘 혹은 전체적 바탕은 마음이다. 마찬가지로 우리의 육체 역시 입자로 이루어져 있는데, 입자들은 결국 플러스와 마이너스로 진동하는 파동이며, 이 파동을 이루는 근원적인 힘 혹은 전체적 바탕을 마음이라고 부른다.

우리의 마음의 바탕은 원래 청정하여 깨끗하므로 깨끗한 마음, 본래 마음, 근원적 마음 혹은 청정한 본성이라고 한다. 하지만 자신의 무의식에 저장된 업식業識이나 살아오면서 생긴 관념때은 청정한 본성을 왜곡시키며 그릇된 생각과 행동을 통해 잘못된 결과와 고통을 초래한다.

따라서 마음속에 저장된 때들을 없애야 되는데 가장 좋은 방법은 우리 마음의 청정한 본성의 힘을 활용하여 알아차림과 주시하는 것이다. 알아차림과 주시의 힘은 매우 크다. 청정한 본성의 힘을 통해 알아차리고 주시하는 것이기에 그러하다. 감정과 생각이 다 비워진 힘, 텅 빈 바탕 그곳에 청정한 본성이 있다. 청정한 본성을 청정심淸淨心, 반야심般若心 혹은 금강심金剛心이라고 부르는데, 그 힘은 매우 강력하다.

청정심의 에너지는 맑고 강력하여 금강 다이아몬드에 비유할 수 있다. 우리 마음속에서 일어난 소소한 감정에너지와는 비할 수도 없이 강력하다. 굳이 비유하자면 청정심의 에너지는 지구상의 모든 핵폭탄을 터뜨려도, 혹은 우주의 가장 강력한 블랙홀에도 영향을 받지 않는다. 그 이유는 청정심은 이들과는 비교할 수 없을 정도로 강력하기 때문이다. 무엇보다도 이들과는 차원 자체가 다르다. 청정심의 정신에너지는 그 어떤 물질에너지와 비교할 수 없을 정도로 강력하다.

따라서 청정한 본성의 힘으로 부정적 감정과 생각을 알아차리고 주시한다면 작은 감정에너지들은 마치 뜨거운 화롯불에 눈 녹듯이 모두 말끔히 소멸된다. 이때 주시의 힘을 키워주는 것은 호흡이다. 평소 깊은 호흡과 함께 청정한 본성에 대한 주시의 힘을 키워나간다면 부정적 감정에너지들은 우리 마음 공간에 발붙일 곳이 없게 될 것이다.

이처럼, 우리의 마음에 있는 에고적부정적 감정체들을 모두 닦아 나간다면, 우리의 청정한 본성에서 나오는 정신의 힘은 점점 더 강력해질 것이다. 이럴 때 우리의 청정심에서 나오는 정신의 지혜는 다이아몬드처럼 맑고 투명해지며, 집중력과 실행력은 배가되며,

사랑과 자비의 마음은 증진되는 것이다. 말하자면 대혜지혜, 대덕사랑, 대력권능의 힘이 강력해 진다.

마음의 원리(4): 이발의 마음과 미발의 마음

마음에는 이발已發의 마음과 미발未發의 마음이 있다. 우리가 흔히 알고 있는 마음은 이발의 마음이다. 즉, 생각이 발생한 이후 온갖 분별이 발생한 상태인 것이다. 생각이 발생하면서 나주체와 대상객체이 분리되는데 그러면서 온갖 현상들이 발생하게 된다. 따라서 이를 분별지分別智라고 한다.

하지만, 언급한 것처럼, 참다운 마음의 지혜를 알기 위해서는 생각 이전의 마음을 알아야 하는데, 이는 미발의 마음이다. 생각이 일어나기 이전에는 나주체와 대상객체이 분리되지 않는데, 그곳에는 텅 비고 멈춘 가운데 오롯이 알아차리는 당체만이 존재한다. 생각이 텅 비고 멈춘 자리에서 참다운 지혜가 발생하는데, 이를 무분별지無分別智라고 한다.

화엄경의 큰 스승이셨던 탄허呑虛 스님은 평소에 늘 이렇게 강조했다. "성인의 공부는 생각이 없는 공부에 있습니다. 생각이 있는 공부는 사량분별思量分別에 관한 지식에 불과합니다. 생각이 없는 공부가 진짜 공부입니다." 이것은 무분별지無分別智를 강조하신 것이다.

무분별지는 텅 비고 멈춘 자리에서 발생한다. 텅 비고 멈춘 자리를 여래장如來藏이라 하고, 그 자리에서 나온 참다운 성품을 진여

眞如라고 한다. 인연 화합으로 이루어진 오온五蘊 혹은 일체 유위법
有爲法은 허망하여 곧 사라지니 참되고 영원한 가운데 오고 감이 없
는 진실되고 변함없는 성품을 진여라고 한다. 이는 인연이 화합하
여 허망하게 생긴 것이 아니며, 깨달음과 미혹함, 나고 죽음이 없
는 것이니, "항상 머무르는 것이며, 오묘하고 밝은 것이며, 흔들리
지 않으며, 두루 원만하고 오묘한 가운데 참답고 변함없는 성품"
인 것이다.[25]

마음의 원리(5): 제7식의 마음과 제8식의 마음

마음에는 제7식의 마음과 제8식의 마음이 있다. 이를 한번 살
펴보기로 하자.

생각은 자신의 창조적 상상이나 과거의 기억 혹은 바깥 대상에
서 오감을 통해 자극이 올 때 발생한다. 특히 시각視覺, 청각聽覺, 후
각嗅覺, 미각味覺, 촉각觸覺 등 다섯 가지 감각기관을 통해 외부 정보
가 들어올 때 주로 발생한다.

가령, 외부에서 맛있는 냄새가 나거나 혹은 반대로 불쾌한 광경
이나 역겨운 냄새가 자극할 경우에는 곧 바로 생각, 감정, 느낌 등
이 발생하게 된다. 이처럼 생각과 감정이 전개될 때 내면의 목소
리가 전체 상황을 한번 통합적으로 잡아주는 경우와 그렇지 못한
경우는 향후 사건의 전개에 있어 그 양상이 크게 달라지게 된다.

그림 2-7   내면의 목소리 유무

내면의 목소리 있음

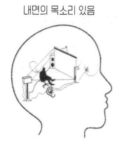

내면의 목소리 없음

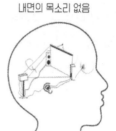

출처: 유튜브, Story4u, "NPC 이론: 내면의 목소리"에서 수정 인용.

　〈그림 2-7〉은 오감을 통해 정보가 들어올 때 내면의 목소리가 있는 경우와 없는 경우를 대비해서 보여주고 있다.[26] 내면의 목소리는 영혼 혹은 양심의 통합자가 작동하느냐의 여부를 말한다. 왼쪽 그림은 영혼의 통합자가 있고, 오른쪽 그림은 없는 경우이다. 영혼이 없는 사람이야 없겠지만 양심의 감각이 무뎌져서 윤리 의식이 실종된 개념 없는 경우를 말한다.

　왼쪽 그림처럼 내면의 통합자가 가장 깊이 있게 작동하는 경우는 제8식진여, 여래장이 주체가 된 상태이다. 오른쪽 그림처럼 내면의 통합자가 작동하지 않는 경우는 제7식이기적인 자아이 거짓으로 주체 노릇을 하고 있는 상태이다. 이 경우에는 분별과 집착의 자아가 달라붙어 호好, 좋다 불호不好, 싫다의 감각적 판단을 주로 내리게 된다. 또한 "이것은 내 것이다. 내 견해가 옳다. 내 이익만을 먼저 챙겨야 한다" 등의 탐욕과 번뇌의 원인이 된다.

그림 2-8 내면의 목소리가 살아있는 세상과 깨진 세상

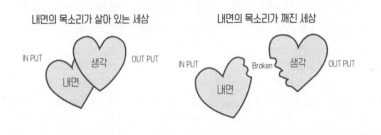

내면의 목소리가 살아 있는 세상   내면의 목소리가 깨진 세상

IN PUT 생각 OUT PUT   IN PUT Broken 생각 OUT PUT
내면   내면

출처: 유튜브, Story4u, "NPC 이론: 내면의 목소리"에서 수정 인용.

<그림 2-8>의 왼쪽 그림은 내면과 생각이 조화를 이룬 경우라면, 오른쪽 그림은 내면과 생각이 찢어져서 불협화음을 겪고 있다. 이 경우 본능과 오감의 감각으로만 사는 인간은 내면과 생각이 갈등과 불협화음을 보이게 되며, 분열된 작은 자아들만이 존재하는 매우 불안한 환경을 인식하게 된다. 그렇게 되면 우리가 사는 세상은 본능이 지배하는 감각적 세상으로 전락하게 되는 것이다.

우리 내면의 가장 깊은 곳에는 참된 마음眞心이 존재한다. 순수한 의식의 바탕이며, 전체와 연결된 존재의 중심이다. 또한, 알아차림으로만 존재하는 순수한 공심空心이다. 이처럼 우리 깊은 내면의 풍경은 맑고 고요하며 순수하고 평화롭다. 이러한 텅 비어 고요한, 순수한 의식의 장에서 한 '생각'이 탄생하는 것이다.

우리가 마음공부를 하고 수행을 하는 이유도 본질적으로는 제7식 위주의 삶에서 제8식 위주의 삶으로 의식 전환을 하기 위함이다. 단순한 본능과 오감 중심의 감각적 삶에서 벗어나, 존재가 주

체가 되는 삶, 전체의식이 깨어있는 삶으로 전환하기 위함이다. 그것은 넓은 시야와 안목, 전체적 통찰과 지혜를 가져와 나와 남이 함께 공존하고 행복을 구현하는 세상을 가져다 줄 것이다.

마음의 수행방법

감정은 늘 쌍으로 움직인다. 기쁨과 슬픔, 쾌락과 우울, 사랑과 미움 등 감정의 파고가 한 쪽이 높으면 반드시 반대쪽으로 내려간다. 한 쪽의 감정에 매몰된 후에는 반드시 반대쪽 감정으로 상응하는 결과가 나타난다. 산이 높으면 골이 깊은 법이다. 따라서 우리는 감정에 매몰되어 감정과 내가 하나 되는 것은 안 좋은 일이다. 감정은 느낌과 생각을 동반하면서 경험에 묻어 있는 에너지인데, 플러스 에너지는 꼭 마이너스 에너지로 보상되어야 한다. 다시 말해 우리가 하는 모든 경험은 느낌과 생각을 동반하는데 이는 우리의 마음 공간에 저장되었다가 반드시 현실로 나타나는 것이다.

감정은 나의 일부분이지 결코 나 자체는 아니다. 감정은 나라는 존재의 마음 공간의 일부분을 차지하는 감정 공간에서 발생한다. 감정 공간에서 일어나는 극히 부분적 현상에 지나지 않는 것이다. 나라는 존재는 매우 크다. 존재는 마음이며, 마음은 육체와는 비할 수 없을 정도로 크다. 마음은 육체 이면에 존재하는 파동이며, 바탕 전체를 이루는 근원적인 힘이다.

마음을 수행하는 방법도 마음의 전체적 바탕에서 오는 근원적 힘을 활용하여 마음에 묻은 때를 제거하는 것이다. 그 근원적 힘이 청정한 본성이다. 청정한 본성의 힘을 활용하여 내 마음 속에서 일어나는 감정의 파동을 알아차리며 주시하는 것이다. 청정한 본성의 힘으로 부정적 감정들을 알아차리고 주시한다면 작은 파동들은 봄 눈 녹듯이 모두 말끔히 사라질 것이다.

이때 함께 수행하면 좋은 것이 호흡 수행이다. 자신의 리듬에 맞춰 깊은 호흡을 하는 수행을 병행한다면 주시의 힘은 점점 더 증진될 것이다. 이와 같은 방식으로 청정한 본성에 대한 주시의 힘을 평소 키워나간다면 부정적 감정의 파동들은 우리 마음 공간에 발붙일 수 없게 된다.

깨어있음과 주시가 가장 좋은 방법이지만, 이것이 안 되는 단계도 있을 수 있다. 마음이 차분하고 고요하게 가라앉으면서 집중과 함께 깨어있을 수 있어야 하는데 아직은 감정의 파동이 너무 격한 경우이다. 이런 경우에는 자신의 내면에 잠재된 감정의 응어리를 찾아서 발산시키거나 반대의 감정으로 상쇄시키는 수련을 해야 한다. 마음은 "살아온 삶의 기억된 일체"이다. 자신이 지금껏 살아오면서 기억에 묻어있는 감정 응어리를 찾아 "버리고 비우고 발산시키는" 수련을 하는 것이다.

또한, 앞에서 언급한 것처럼 감정 응어리는 파동과 양극성으로 이루어진다. 따라서 자신에게 잠재된 문제의 감정을 찾아 반대의 에너지를 보내주는 방법이다. 진정한 참회 속에 자신을 되돌아보는 성찰의 과정을 거쳐본다. 깊이 생각해 본다면 왜 그런 감정이 발생했는지를 역지사지의 심정으로 알 수 있게 된다. 마음속의 반성과 화해, 혹은 참회 속에서 자신에게 내재된 미움의 응어리는 눈물과 사랑을 통해 모두 수용하고 녹일 수 있다. 하지만 이러한 수련으로 우리의 마음 공간이 모두 청정해지지는 않는다.

따라서 마음수행의 마지막 단계는 "깨어있음과 주시"이다. 청정한 본성의 힘으로 자신의 마음을 알아차리며 주시하는 것이다. 이것은 마치 뜨거운 태양의 힘으로 물방울을 모두 증발시키듯이, 청정한 본성의 힘으로 자신의 감정과 생각, 마음의 파동을 주시하며 깨어있는 마음으로 알아차리는 것이다. 깨어있는 마음이 청정한 본성의 상태이다. 따라서 청정한 본성의 상태에서 깨어있는 것이다.

한편, 김상운 작가는 "왓칭WATCHING"의 방법으로 내 감정의 파동을 무한한 공간, 무한한 시간으로 확장된 마음의 공간에서 주시하라고 권한다.27 내 마음의 공간을 공간적으로 확대하고 시간적으로 확대된 상태에서 감정의 응어리들을 바라보는 것이 "왓칭WATCHIN"이다. "왓칭WATCHING"을 하게 되면 감정의 응어리만 녹는 것이 아니라 우리의 학습능력, 창의성, 심지어는 천재성까지 계발될 수 있다는 것이다. 시간적, 공간적으로 끝없이 확대된 나의 큰 마음이 청정한 본성이다. 티 없이 맑고 텅 빈 순수함, 그 공空의 극치무한대, 극한가 청정한 본성이다. 따라서 마음공부의 마지막은 결국 깨어있음과 알아차림이다. 깨어있는 마음으로 알아차리며, 자신의 청정한 본성을 지키는 것이다. 일이 없을 때에는 청정한 본성에 머물고, 일이 발생한 때에는 청정한 본성에서 나오는 판단과 지혜의 힘으로 처리하는 것이다. 이렇게 된다면, 고요한 가운데 평정심을 유지하고, 자유와 행복과 신명나는 삶을 구가하며 나날이 새로운 향상심向上心의 인생을 살아갈 수 있게 된다.

잠정적 결론: 마음의 명제들

자 그럼 한번 정리해보자. 이러한 정리들은 잠정적 결론이며, 다음과 같은 마음의 명제들로 요약할 수 있다.

마음의 명제(1): 마음은 육체보다 크다

마음의 명제(2): 마음은 육체를 넘어 감정 공간, 생각 공간, 원인 공간 등으로 이루어져 있다

따라서 마음은 매우 큰 공간이며, 감정, 생각, 원인너머에는 빛으로 이루어진 영의 공간이 있다. 이 모든 공간들을 합쳐서 마음이라고 한다. 또한, 마음은 시간적으로 무한하다. 마음은 시간과 공간이 없기에 무한한 것이며, 부피, 질량 등을 잴 수 없기에 줄어들지도 늘어나지도 않는다.

마음의 명제(3): 마음의 본성은 영원하며 완전하며 살아있는 생명이다

모든 것이 텅 비워진 마음의 근원적 모습을 청정한 본성이라고 한다.[28] 청정한 본성의 모습은 고요하고 텅 비어있지만 늘 명료하게 깨어있고 알아차리고 있다. 전체적으로 이어진 마음의 본성은 만생 만물을 존재하게 하는 근원적 힘이다.

마음의 명제(4): 사람은 살아가면서 마음의 때가 끼는데, 때의 종류는 다양하다

마음의 때는 우리가 살면서 겪는 잘못된 경험으로부터 오는 억눌린 기억이나 감정으로서 우리의 청정한 본성을 가리거나 왜곡시킨다. 가령, 놀라고 억울한 일을 당하거나 무시와 증오를 받았다면 잠재의식은 억울함과 미운 감정이 응집되게 된다. 이러한 부정적 염체들은 잠재의식에 저장되어 사람의 인식을 왜곡시키는데, 그 종류는 불교에서 말하듯이 108번뇌가 있다. 크게 보면, 소지장 생각에서 오는 번뇌. 무과 번뇌장느낌에서 오는 번뇌. 아으로 나눌 수 있는데, 이러한 잘못된 느낌과 생각은 우리의 청정한 본성을 가리어 나에게 고통을 주며, 더 나아가 잘못된 판단과 행동으로 이어져 더 큰 업보業報를 짓게 한다.

마음의 명제(5): 마음은 파동으로 이루어져 있다

마음의 본성도 파동으로 이루어져 있지만, 마음의 부정적 관념들도 모두 파동으로 이루어져 있다.[29] 자신의 크고 넓은 청정한 본성을 깨닫지 못하게 되면 자신의 육체가 전부인 줄로 착각하여 지나친 이기심이나 욕심과 같은 잘못된 결과를 낳는다. 이처럼 잘못된 감정에 집착하게 되면 반드시 반대적 파장으로 인한 고통을 겪게 된다.

또한 마음속의 생각이나 느낌은 현실로 나타나게 된다. 따라서 한 사람의 삶에서 가장 중요한 것은 그 사람의 생각과 느낌으로 이루어진 믿음과 정신력, 그리고 정신적 태도이다. 동일한 사건과 사물을 대하더라도 긍정적인 믿음으로 삶을 신명나게 창조하는 사람이 있는가 하면, 부정적인 태도로 불행한 삶을 자초하는 사람이 있다.

자신의 청정한 본성에 대한 믿음은 가장 강한 형태의 정신력이다. 어떤 사람이 만약 자신의 청정한 본성에 대해서 깨어 있는 마음을 유지한다면, 그 사람의 자아상은 매우 긍정적이고 적극적이며 창조적인 것이 될 것이다. 또한, 긍정적이고 창조적인 자아상을 가진 사람은 현실에서도 자유롭고 행복하며 신명나는 삶을 살아가게 될 것이다. 이것이 마음, 믿음과 정신력, 그리고 현실의 관계이다. 깨끗하고 청정한 본성의 마음은 강한 믿음과 정신력을 낳고, 이는 다시 현실에서도 긍정적 창조로 이어지게 되는 것이다.

마음의 명제(6): 몸 또한 파동으로 이루어져 있다.

몸 역시 파동으로 이루어져 있다. 우리 개체 몸개체 나에 들어온 질병 또한 파동으로 이루어져 있다. 마음에 들어온 질병이 정신질환이라면, 몸에 들어온 질병은 육체질환이다. 들어온 곳이 있으면 나가는 곳도 있는 법이다.

이미 깊숙이 진행된 경우라면 병원과 현대의학의 도움을 받아야 하겠지만, 그렇지 않은 경우라면 자신의 몸에 이상이 생긴 근본 원인을 자신의 습관 등에서 찾아서 파동을 바로 잡아 주면 낫는다. 음주, 흡연, 음식, 운동 등 평소 생활습관으로부터 먼저 근본 원인을 찾아보아야 한다.

뱃살이나 비만이 생겨서 다이어트를 하더라도 나는 원래 무한하고 텅 빈 빛의 공간전체 나, 무한한 빛의 입자이었음을 자각하고, 순수하고 텅 빈 자신의 이미지를 상상한다면 효과는 극대화될 것이다. 마찬가지로 몸이 불편한 경우에도 원래의 나는 무한하고 텅 빈 빛의 공간전체 나, 무한한 빛의 입자이었음을 자각하고, 순수하고 완전한 자신의 이미지를 상상한다면 완전함으로 더 빨리 회복하게 될 것이다<그림 3-13> 참조.

마음의 명제(7): 마음 공간에 잠재된 부정적 감정의 때들은 상쇄의 힘
을 통해 제거할 수 있다.

가령, 누군가를 미워하게 되었다면 사랑의 힘으로 용서하고 자
신마저 그러한 결과를 초래한 근본적인 원인에 대해 참회함으로
써 마음의 평형을 이루어야 한다. 다시 말해, 마음의 파동은 반대
파동을 불러 일으켜서 상쇄시켜 주어야 한다. 예를 들어, 미움은
사랑과 용서로, 슬픔은 기쁨으로, 부끄러움은 당당함으로 대치시
켜 원래의 부정적 감정을 상쇄시켜 주게 되면 소멸된다.

마음의 명제(8): 가장 차원 높은 강력한 힘은 깨어있음과 주시로부터
온다.

깨어있음은 알아차림이다. 깨어있는 마음으로 파수꾼처럼 자신
의 마음 공간을 지켜나가야 한다. 마음에서 발생하는 다양한 형태
의 부정적 감정들을 알아차리는 한편 강력한 믿음과 신념 그리고
정신력을 토대로 긍정적인 자아상을 키워나가야 한다.

깨어있음은 청정한 마음인데, 이러한 청정심은 다이아몬드처럼
강하고 에너지가 강력하다.[30] 따라서 깨어있는 청정한 마음으로
주시하면 내 마음 공간에 감정의 때는 모두 소멸되며 다시 붙을
자리가 없다.

마음의 명제(9): 주시는 응시이며 관찰이니 깨어있는 마음의 힘이다.

주시는 내가 주체가 되어 상대를 마주보는 것이 아니다. 내 마
음의 텅 빈 공간, 그 청정한 힘으로 나와 남, 나와 대상 전체를 응
시하는 것이다. 청정한 본성의 힘으로 깨어있는 것이다. 청정한 본
성의 힘으로 깨어있는 사람은 긍정적인 생각과 태도를 유지하며,
긍정적인 자아상은 다시 현실에서도 창조적 결과를 낳는다. 긍정적

인 자아상은 자유롭고 행복하며 신명나는 삶을 창조한다.

용기 있게 나로 살아가는 자유

그대는 지금 자유롭고 행복하고 신명나는 삶을 살고 있는가?

『용기 있게 나로 살아가는 자유』라는 책이 있다. 유지오 작가의 자전적 수필이다. 저자는 이 책에서 꿈, 희망, 용기, 그리고 선택이라는 자유의지를 말한다.

용기 있는 선택과 자유의지가 가장 중요하다. 나는 실로 위대한 존재이다. 내 마음은 우주를 품고 있고, 나의 본성은 청정하고 강력하다.

무엇이 두려운가? 두려움을 직시하고 근본원인을 찾아 해결하라.
현실의 여건이 부족한가? 다시 하나하나 복원해 나가자.
자신이 무능하다고 느끼는가? 다시 한 땀 한 땀 채워 나가자.
그 땀이 영글어 꽃을 피울 때 우리의 자신감도 샘솟게 되리라.

용기 있는 선택을 통해 내 마음의 자유와 풍요 그리고 행복을 향해 나아가라. 재미있고 흥미로운 신명나는 삶을 선택하라.
그대는 원래 자유롭고 무한한 의지를 가진 존재이다.

꿈과 희망, 그리고 행복

그대는 진정 꿈꾸는 삶을 살고 있는가?

꿈은 행복이다. 꿈을 꾸는 것만으로도 설레며 행복하다. 꿈꾸는 자는 정신이 맑아진다. 몸과 마음을 아름답게 갖춰나갈 의지가 생기기 때문이다.

꿈은 희망이다. 꿈은 어떤 조건과 상태에서도 꿀 수 있다. 자신이 가장 행복한 상태를 상상하면서 한발 한발 다가가는 것이다.

꿈은 약속이다. 믿음과 사랑과 의지를 가지고 한발 한발 다가가는 것이다. 그대가 꿈과 희망과 긍정으로 마음을 가득 채울 때 희망은 실현될 것이다. 모두가 꿈꿀 수 있는 세상이 아름답다.

마음의 철학

마음의 철학: 의미

마음이 무엇인가? 하는 주제는 동서고금을 막론하고 가장 중요한 연구대상이다. 인간은 마음이 있기에 사유하고 철학하는 존재가 된다. 또한 마음은 육과 영을 매개한다. 영靈이라고 하는 보편적 에너지Self와 육肉이라고 하는 개체적 에너지ego를 연결한다.

인간은 마음이라는 도구가 있어 자연을 인식하고 사유한다. 마음이 있기에 생각하고 분별하며 감정을 느낀다. 예술을 창조하고 철학적으로 사유하며 창조적 문화유산을 남긴다. 나무나 돌, 물과 바위는 생각하지 못한다.

동양철학은 예로부터 자연과 인간을 탐구해 왔는데, 이 둘을 분리된 것으로 보지 않았다. 자연과 인간은 곧 천天과 인人이다. 인간은 '최후의 자연last nature'으로서 자연에서 가장 귀한 존재最貴者이다.[31] 이런 관점에서 성리학은 어떻게 하면 인간이 자연과의 조화와 합일을 이룰 수 있을까를 고민했고, 더 나아가 자연 속에서 인간이 사회와 공동체를 구성함으로써 아름다운 문화를 꽃피울 수 있을까를 탐구했다.

성리학의 편제는 우주론, 심성론, 수양론으로 구성되어 있다. 즉, 우주는 무엇으로 구성되어 있고 그 본질은 무엇인가? 우주 안에 가장 귀한 존재인 인간의 심성마음의 본질은 무엇인가? 더 나아가 인간의 심성마음이 가장 존귀한 본성을 닮기 위해서는 어떤 수양을 해야 할 것인가이다.

마음이 차지하는 위치는 그 중에서도 가장 중심에 있었다. 즉, 성리학의 핵심은 우주 속에 존재하는 인간의 마음과 심성에 대한 탐구였던 것이다.

마음의 근원은 본성이다. 성리학에서는 이것을 이理라고 불렀다. 우주의 본질에 대한 전체적 자각을 말한다. 이러한 우주적 본질을 근원으로 하여 인간이라는 개체가 나오게 되었다. 개체가 탄생하면서 '자아'가 형성되고, 이런 과정에서 생각, 감정, 느낌, 욕망과 같은 개체적 마음이 발생하게 되었다. 하지만 자세히 관찰해 보면 이러한 개체적 마음은 실체가 없다. 생각의 다발일 뿐, 수시로 생겨나고 수시로 사라진다. 봄날의 아지랑이 같은 존재여서 있는듯 하면서도 없는 것이다. 새벽의 이슬처럼 잠시 있다가 사라지는 존재이다. 그리고 "한 여름 밤의 꿈"처럼 공허한 것이다.

좀 전에도 언급했지만, 유교의 철학적 체계화를 시도한 성리학에서 마음에 관한 연구는 핵심적 위치를 차지한다. 성리학에서는 근원적 마음을 이理라고 불렀고, 개체적 마음을 기氣라고 불렀다. 퇴계는 이理와 기氣를 서로 다르면서도 하나이며, 하나이지만 분명히 서로 다른 것으로 보았다. 전문 용어를 빌리자면 "불상리 불상잡不相離 不相雜. 서로 분리될 수 없지만, 하지만 서로 섞일 수는 없는"의 특성을 지닌 것으로 파악했다.

퇴계의 마음학: 이(理)와 기(氣)

퇴계는 일생동안 이理란 무엇인가를 탐구했다. 이理는 학문적 주제였고 평생 동안의 화두였다. 그는 12세에 한학을 공부하던 중 스승께 물었다. "스승님, 이理란 무엇입니까?"

그림 2-9 마음의 철학: 이理와 기氣

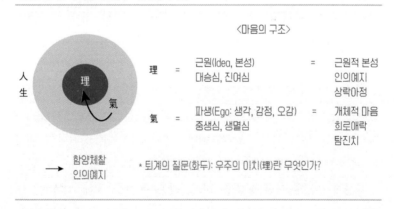

〈마음의 구조〉

| 理 | = | 근원(Idea, 본성)
대승심, 진여심 | = | 근원적 본성
인의예지
상락아정 |
| 氣 | = | 파생(Ego: 생각, 감정, 오감)
중생심, 생멸심 | = | 개체적 마음
희로애락
탐진치 |

함양체찰
인의예지

* 퇴계의 질문(화두): 우주의 이치(理)란 무엇인가?

퇴계에게 이理란 우주의 이치이며, 하늘의 운영 원리였다. 플라톤이 이데아IDEA라고 불렀던 바로 그 이理이다. 이理는 춘하추동, 사시사철 어김없이 돌아가는 자연의 이치인 것이다. 또한 사람이 본받아야 할 하늘의 원리, 즉 인의예지仁義禮智였다. 마음의 텅 빈 근원적 자리는 늘 고요하고 깨어있는 불변의 실체인 것이다.

퇴계에게 기氣란 인간의 낮은 차원의 기질이며, 인간의 욕망과 성정이었다. 인간 욕망과 성정은 희로애락애오욕과 같은 인간의 거친 칠정七情을 의미한다. 낮은 차원의 기질은 경敬과 성誠의 자세로 통제를 해야 하며, 이를 통해 높은 차원의 이理를 구현해야 한다고 보았다.

인간의 이성은 하늘의 본성과 통한다. 하지만 인간에게는 탐진치貪瞋痴와 같은 원시적 욕망이 있기에 부족함을 갈고 닦아야 한다. 하늘의 본성과 계합하도록 노력하지 않으면 안 된다. 늘 삼가는 마음으로 함양涵養과 체찰體察을 해야 하는 것이다. 그리고 마침내 하늘의 본성에 계합된 자, 영원하고 안락한 경지를 얻는 것이다性通功完者 朝永得快樂, 성통공완자 조영득쾌락.

퇴계는 본성에 계합하기 위한 방법으로 거경궁리居敬窮理를 강조했다. 즉, 2단계로 정리했는데, 고요함과 몰입에 머무르면서거경, 居敬 사리판단과 분석사고궁리, 窮理를 해야 한다는 것이다. 성리학의 대가인 주자는 하루 종일 반일정좌, 반일독서라고 하여, 하루의 반은 정좌하여 '나'에 대한 몰입을 하고, 반은 독서를 통해 '대상'에 대해 몰입하고, 그 결과물을 집필에 쏟아 부음으로써 주자학이라는 유교철학을 완성시킬 수 있었다.

퇴계 역시 하루 종일 한 일은 거경居敬과 궁리窮理 이 둘로 요약되는데, 일 없으면 고요함에 머물고, 일 생기면 나아가 판단하여 처리하는 것이었다. 고요함 속에서 판단하여 양심에 부합하는 행위는 적극 실천하고, 양심에 어긋난 일은 추호도 하지 않았다.

또한, 한 평생 "이理란 무엇인가?"를 궁리하고 천착하여, 집필로 정리함으로써『성학십도』,『주자서절요』등 인류문화에 빛나는 작품들을 후세에 남길 수 있었다.[32]

퇴계의 마음학: 경(敬)과 주일무적(主一無適)

퇴계는 평생 "마음이란 무엇이고 어떻게 수양해야 하는가?"라는 철학적 과제에 천착했다. 『심경』을 통해 '심학'의 연원과 심법의 정미함을 깨달았다. 유교의 철학적 체계는 성리학으로 완성되었고, 성리학의 중심에는 『심경』에 있었다.[33]

아침에 깨어나면 『심경』을 낭랑하게 읊는 것으로 하루를 시작했다. 그는 『심경』을 신명처럼 믿었고 엄부처럼 공경했다.[34]

퇴계는 조선 성리학을 깊이 있게 완성시킨 학문의 태두였을 뿐 아니라 평소 몸과 마음을 절제하고 수양하여 심도 있는 철학의 경지를 보여준 대학자였다. 그리하여 공부가 부동심, 즉 '흔들리지 않는 부동의 경지'에 이르게 되었다고 평가받는 도학의 완성자였다.

퇴계는 수양의 방법론으로서 경敬과 주일무적主一無適을 강조했다.

경敬을 영어로 표현하면, "Mindfulness, Awareness"로 나타낼 수 있는데, "사물에 대하여 조심스러움과 두려움을 가지고 주의하는 것"[35]을 뜻한다. 이것은 마음을 집중하고 몰입하는 것을 말하는데, 이러한 마음의 상태는 고요함과 움직임을 동시에 지니고 있다. 즉, 움직이지 않을 때, "심체心體가 허명虛明하고 본령本領이 깊이 순수하게"[36] 머물게 되며, 움직일 때에는 "하나에 집중하면서도 모든 이치를 포함하고 모든 일에 유연하게 대응"[37]한다.

이것이 주일무적主一無適이다. 그것은 "하나에 집중하면서도 만 가지 일을 당해 낼 수 있는"[38] 이치가 된다. 그 이유는 본래 "사람의 마음은 허령하여 측량할 수 없고 만 가지 이치가 본래 그 속에 갖춰져 있기"[39] 때문이다. 또한 마음은 "사물에 감응하기 이전에 이미 지각이 어둡지 않기"[40] 때문인 것이다.

퇴계의 공부가 얼마나 깊었는지는 다산의 퇴계 평가를 통해서도 잘 알 수 있다.

내가 퇴계를 사숙하고 흠모한 까닭은 다음과 같다. 퇴계가 임금께 올린 진언, 진퇴에 대한 선택, 공정한 인물평, 소인을 멀리한 일, 정신을 한 곳에 쏟아 흐트러지지 않는 수양 공부, 겸양하는 태도, 진리추구와 이를 위한 쉼 없는 연구, 저술에 대한 겸손, 정존靜存과 통찰洞察, 심오한 학문, 순수하고 지극한 정성, 바르고 곧고 엄격하고 과단성 있는 점, 마음을 다스리는 수양 공부, 조심해서 몸을 바르게 지니며 이치를 궁구함, 비판 정신과 위대한 교육 등이다.[41]

퇴계는 평소 "나에겐 나의 길, 오사吾事가 있다"라고 말했다. "내

가 이번 생에 태어나 오사, 즉 내가 하고 가야할 일"이 있다는 뜻
이다. 그 일은 세속과 벼슬에 얽매이지 않고, 하늘과 마음의 이치,
즉 철학을 정립하여 당시 혼탁해진 사림과 시대의 정신을 바로
잡는 것이었다. 그리하여 청정한 나의 본성이 곧 우주의 본체임을
깨닫게 하는 데 있었다. 또한 위로는 임금과 아래로는 문무백관들
이 그 뜻을 받들어 몸과 마음을 수양하고 실천해 주길 바라는 마
음이었다. 이를 통해 도덕과 정의를 바르게 정립하여 백성들을 널
리 이롭게 하는 정치를 해주었으면 하는 것이 그의 바람이었다.
그것이 그의 천명天命이라고 생각했다.

　퇴계가 선조에게 바친 글, 『성학십도』가 퇴계 철학의 핵심이었
다. <그림 2-10>은 성학십도 원전 그대로 가져온 것이다.[42]

그림 2-10　성학십도: 퇴계의 마음학

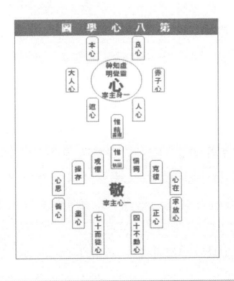

퇴계의 마음학: 성학십도

퇴계의 성학십도를 여기에서 모두 논의하는 일은 쉽지 않다. 하지만 핵심 요지만을 살펴보자면 다음과 같다.[43]

성학십도는 우주의 본체, 인간의 소명, 교육의 전략, 마음의 수련방법, 주시와 집중의 힘, 선비의 자세 등에 대해 10개의 장으로 정리되어 있다. 한마디로, 우주의 구조와 인간의 기원에 대한 형이상학적 도설에서 출발하여 인간의 윤리와 심성, 교육과 마음의 훈련, 그리고 리더의 자세에 대한 형이하학적 방법론을 총괄하고 있다.

"영원의 중심이 있다. 그 의지 아닌 의지로 우주가 움직이기 시작했다."[44]

우주의 중심을 태극이라 한다. 그 중심은 무극이라 보이지 않고 시간과 공간을 초월해 있다. "테두리, 즉 형상이 없는 무극無極, 그럼에도 분명한 세계의 중심太極"[45]에서 만상 만물이 모두 탄생했다. 세계의 중심인 태극이 '변화'를 만들어냈다. 그로써 장엄한 세계가 펼쳐졌다.[46]

하지만 우주의 만상 만물에도 우열과 청탁이 있으니, 인간의 성품은 우주적 본성을 빼닮았다. 즉, 인간의 본성은 우주 전체의 생명에 닿아 있고, 인간의 성은 우주적 본성을 분유分有하고 있다.[47]

그럼에도 인간의 욕망과 본성 사이에 간극이 있으니 인간은 끊임없이 수양하여 "인간의 소명"을 잊지 말고 자신에게 본래 설정된 성장의 방향과 목표를 향해 노력해야 한다. 그것은 하늘의 원리에 새겨진 로고스, 즉 인의예지이다.

공부하는 방법에 달리 뾰족한 것은 없으나, 꾸준히 "성性을 보살피고養性, 정情을 절제約制해 나가야 한다." 우주의 본성性은 고요하며, 따라서 잠재적 에너지의 바다는 본래 고요하다. 하지만 여기에 사물과 대상, 주관과 객관이라는 이분법적 자극이 오면, 바다는 다양한 파도를 만들어낸다.[48]

내 마음이 내 몸을 주관하는 주인이자 모든 행위와 일의 궁극적 책임자이다. 우주의 가장 뛰어난 기氣로 만들어진 심心은 허령지각虛靈知覺의 특성을 갖는다. 텅 비어 고요하나 신령스럽게 알아차리는 통찰력을 가지고 있다.

이러한 마음의 본체를 깨치는 방법으로는 특별한 묘책이 있는 것은 아니나, "주시注視와 집중集中의 힘"이 중요하다. "갈라지지 않고, 흐트러지지 않는 마음의 중심에서야, 내가 현재 처한 위상과 주어진 사태를 거울처럼 투명하게 알 수 있고, 그래야만 판단이 건전해 지고 행동이 적절할 수 있다… 마음을 현재에 '집중專一'하라. 그래야만 마음의 중심敬을 잡을 수 있다."[49]

이처럼 퇴계의 마음 깨치는 방법론은 '경敬'이라는 한 글자로 요약할 수 있다. 그리고 '경敬' 공부의 핵심은 '주일무적主一無適'에 있다고 보았다.

퇴계의 마음학: 관점의 보완

이상에서는 퇴계의 마음학을 성학십도를 중심으로 간략하게 고찰해 보았다.

그런데 여기에 퇴계의 마음학과 관련하여 한 가지 보완되어야 할 사항이 있다. 마음학 체계도에서 마음의 본체道心와 사람의 인심人心을 정확하게 개념화하지 못한 문제점을 지적해야 하겠는데, 존심과 존양의 개념을 분명하게 구분하는 것으로 보완하는 한편 두 가지는 차원에 관해 명확하게 정리해 두기로 하자.

<그림 2-10>은 존심과 존양, 심과 경, 마음과 실천이 병렬적으로 나열되어 있고 서로 섞여 있어 혼란스럽다. 가령, 그림의 아래쪽 '경'의 공부를 열심히 하다가 보면 '심'의 자리에 들어갈 수 있는 것인지? '심'이 일심주재의 자리이고, '경'이 일신주재의 자리인데 개념상 서로 바뀐 것은 아닌지? 등의 비판이 생길 수 있는 것이다. 또한, '심'과 '경'을 두 차원으로 명확하게 구분한다면 '심' 차원은 진여문인데, 진여문眞如門 차원에는 생멸문生滅門인 인심이 들어설 자리가 없다그런데 그림에는 인심(人心)으로 되어 있다.[50] 따라서 그림에 배치된 인심人心은 진심眞心으로 바뀌어야 하는 것이다.

<그림 2-10>에서 보면 퇴계는 위에 심心, 一身主宰의 자리을 두고, 아래에 경敬, 一身主宰의 자리을 두고 있다. 이것은 본성, 몸, 마음이라는 구도를 명확히 밝히지 못한 데서 오는 오류이다. 위에 본성근본마음, 心, 一心主宰의 자리을 두고, 아래에 경敬, 一身主宰의 자리을 두어야 한다. 마음의 본성知, 알아차림을 먼저 깨닫고, 개체적 몸과 마음을 가지런하게

하고신독 삼가는 행위계유 등을 공부함으로써 개체에 남은 습기를 모두 닦아내고 이론 체계를 명확하게 정립해야 한다. 전자인 마음의 본성은 전체의 자리理, 性, 절대정신이고, 후자의 몸과 마음은 개체의 자리이다이때 후자의 마음이란 개체적 마음이며, 이것은 몸(개체)이 곧 나의 전부라고 생각하는 개체적 에고를 의미한다. 이렇게 정립할 때 전자는 이理 혹은 心(본성) 중심의 본체론에 해당되고, 후자는 경敬 혹은 몸과 개체마음 중심의 공부론수양론에 해당되는 것으로 이해할 수 있을 것이다<그림 2-11> 참조.

그림 2-11 성학십도: 마음학 수정본

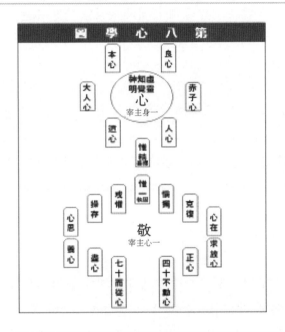

왜 이러한 오해가 발생했을까? 그것은 '심', 즉 존심存心의 자리와 '경', 즉 존양存養의 일들을 명확히 구분해두지 못했기 때문이다.

존심의 자리에 들었지만 존양의 공부를 하고, 존양의 공부를 하다가 존심의 자리에 들어가는 등 두 가지 일을 병렬적으로 이해했기 때문에 이러한 결과가 발생했다.

사실, 퇴계와 같은 대학자는 존심의 공부와 존양의 공부를 병행해도 큰 문제가 발생하지는 않는다. 그것도 공부의 한 접근법이라고 볼 수도 있다. 하지만 바쁜 생활을 하는 현대인에게 있어서는 존심과 존양의 구분을 명확히 해두는 게 좋을 것이다. 즉, 분명히 해두자면, 존심의 자리를 깨친 연후에 존양의 노력들이 따를 수는 있지만, 존양의 노력을 통해 존심의 자리를 깨칠 수는 없다는 점을 말해 두어야겠다. 즉, 존심과 존양은 차원이 다른 것으로 이해되어야 한다.

존양存養의 공부가 하나의 일상적 노력의 축적과도 같은 것이라면, 존심存心의 깨달음은 하나의 근본적 패러다임 전환과도 같다. 패러다임이란 "동 시대를 살아가는 사람들의 생각이나 관점을 근본적으로 규정하는 인식적 체계a Set of Cognitive system that fundamentally defines the view and thoughts of people in a certain age"이다. 하나의 기본 틀과 근본적 관점에 해당하는 것이다.

존심存心의 깨달음은 우주 존재의 본성과 본체, 본심과 근원에 대한 근본적 자각과도 같다. 문득 그리고 홀연히 오는 것으로서 통각統覺과 같은 것이다. 따라서 '경'과 존양의 노력, 혹은 윤리적 행위의 축적의 연장선상에서 오는 것은 아니다.

먼저 '참나 각성'을 통해 존재의 본성과 근원에 대한 자각이 근본적으로 정립되어야 한다. 존재의 근원에 대한 시각 전환이 일어 난다면 '경' 즉 존양의 일들이 상대적으로 쉬워진다. 그때부터는 존심일심주재의 자리에 맡길 수 있기 때문이다. 이른바 '무위의 행', '닦음이 없는 닦음', '오후悟後 수행'이 되는 것이다.

존양存養만의 방법론으로는 세월을 기약하기 어렵다. 즉, 얼마나 걸릴지, 언제 가능할지조차도 알 수 없다. 몸과 마음을 가지런하게 하고신독 두려워하고 삼가는 행위계유, 청빈하여 마음을 흔들리지 않게 하고부동심 하늘의 이치를 수용하는종심 행위, 즉 이러한 윤리적 행위로는 마음의 본체에 도달할 수 없다.[51]

주자학의 맹점은 이 자리를 바로 직시하는 방법론이 약했다는 점이다. 선비들이 했던 격물치지와 함양체찰, 즉 '존양'의 공부만으로는 매우 오래 걸리거나 비효율적이다. 길을 가는 도중에 지칠 수도 있고 길을 잃어버릴 수도 있다.

양명학은 이러한 맹점을 알았던 것 같다. 그리하여 양명학은 마음의 본체적 자리를 참된 앎, 즉 양지良知라고 명명했다. 양지는 '심즉리心卽理'를 잊지 않는 삶의 태도를 의미한다. 양지를 추구하면서 지행합일에 힘쓰면 결국 만물이 일체임을 깨닫게 된다. 즉, 양지란 지행의 주체로서 스스로 결단하고 판단하는 영명靈明이며, 이는 우리에게 본래부터 내재해 있는 것이다. <그림 2-11>로 본다면 '존심'에 해당하는 자리가 '양지良知'라고 하겠다.

퇴계의 공부: 마음(心)의 본체와 허령지각

퇴계 역시 마음心의 본체, 즉 허령지각虛靈知覺의 자리를 체득했던 것으로 보인다. 가령, 퇴계의 일기에 보면 다음과 같은 구절이 나온다.

홀로 숲속에서 만권의 책을 사랑하여
한결같은 마음으로 십년을 지내왔네
근래에 마음의 근원처를 깨달은 듯하니
내 마음 전체를 태허로 보았노라.

퇴계는 성학십도를 바침에 있어 선조에게 다음과 같이 당부한다.

군주시여! 일상日常에서 외경畏敬을 놓치지 마십시오. 언제나 '두려운 마음'으로 자신을 돌아보십시오. … 사람들과의 관계에서 균형 잡힌 선택과 행동을 해나가십시오. 그때 천인합일天人合一, 자신이 우주적 중심과 연결되는 것을 느낄 것입니다.[52]

또한 다음과 같이 말했다.

공부가 충분히 익어 어느 날 '우주의 근원일원'에 가닿게 되면, 이른바, "진리를 탐색하고, 본성과 대면, 마침내 존재의 근원에 이르게 될 것입니다.[53]

존재의 근원

마음心의 본체는 텅 비어 있어 본래 고요하나 신령스럽게 알아차리고 있다. 우주의 중심을 태극이라 한다. 하지만 그 중심은 무극이라, 보이지 않고, 시간과 공간을 초월해 있다. "테두리, 즉 형상이 없는無極, 그럼에도 분명한 세계의 중심太極이다."[54] 세계의 중심인 태극이 변화, 즉 역易을 만들어냈다. 영원의 중심이 있다. 지금도 그 자리는 우리와 함께 존재한다. 존재의 본체를 각성하라! 나는 누구인가?

따라서 우리는 이렇게 말할 수 있다. '참나 각성'을 통해 존재의 본성을 깨달은 뒤 참나가 주체가 되는 삶을 영위해 나가라. '일심주재一心主宰'의 참나가 주체가 되는 삶을 얻는다면 그대의 삶은 '향상일로向上一路'의 삶을 구현할 수 있게 될 것이다. 즉, 매일 매일이 새롭고 더 향상되는 삶을 구현하게 될 것이다.

마음의 본체

우주의 구성도: 마음의 본체를 중심으로 그 주변을 도는 전자구름

　마음心의 본체를 중심으로 한 우주 구성도를 한번 정립해 보기로 하자. 그것은 마음의 근원을 중심으로 주변을 도는 전자구름과도 같은 것이니 <그림 2-12>는 이를 잘 보여준다.

그림 2-12 마음心의 본체를 중심으로 한 우주 구성도

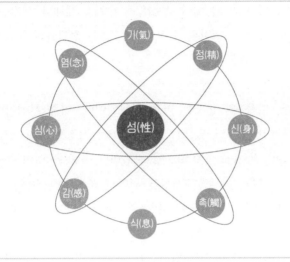

그림을 중심으로 몇 가지 중요한 개념을 정리해 보자.

첫째, 마음心의 본체는 성性이다. 존재의 근원이다. 천명지위성天命 之謂性.

둘째, 마음心의 본체는 마음의 근원이다. 이것은 존재의 근원과 같다. 여기로부터 일상적인 생각, 감정, 느낌, 기운 등이 탄생된다. 따라서 마음의 근원과 일상적 마음은 차원이 다른 것이다. 이것은 매우 중요한 개념 구분이다.

셋째, 마음心의 본체에서 한 생각이 일어나면 다양한 현상계의 차원들이 펼쳐지는 것이니, 이름하여 생각, 감정, 기운, 느낌 등이 다. 이는 그림의 바깥 쪽 차원을 구성하고 있는 현상對象들이다.

넷째, 마음心에는 층위가 있다. 마음心의 본체는 마음의 근원이자 중심이다. 마음心의 본체인 성性을 중심으로 개체적 생각念-감정感-느낌觸-의지氣 등이 하나의 전리층처럼, 혹은 전자들의 구름처럼 층위를 이루고 있다.

다섯째, 마음心의 본체는 마음의 근원이다. 이를 본성이라고 부른다. 다양한 이름이 있으니, 진여심眞如心, 청정체淸淨體, 여래장如來藏이다. 또한, 진여眞如, 진아眞我, 참 자아이다. 이것은 이미 우주의 본성天命과도 같은 말이니 개체성을 넘어서 초월성을 지닌다. 우리가 견성見性이라고 할 때 개체적인 몸과 마음, 사대로 이루어진 색신과 오온의 허망함을 깨닫고 마음의 본성 자리를 본다는 뜻이다. 유교식으로 이야기하면 허령지각虛靈知覺의 자리이며, 불교식으로 이야기하면 공적영지空寂靈知와 성성적적惺惺寂寂의 자리이다.

여섯째, 이처럼 우리는 마음을 논할 때 마음心의 근원본체과 마음의 파생개체을 분명하게 구분해야 한다.

일곱째, 마음心의 근원이 개체를 낳으니, 이름하여 심心과 신身이다. 이때의 심心과 신身은 개체성을 띤다心과 身은 그림에서 소문자로 처리되어 있다.

여덟째, 마음心의 개체心는 생각念, 감정感, 오감觸으로 이루어져 있고, 몸의 개체身는 몸체精, 호흡息, 기운氣 등으로 이루어져 있다心과 身은 그림에서 소문자로 처리되어 있다.

존심과 존양: 마음의 구성

마음은 이원론으로 구성된다. 마음心의 본체와 개체가 그것이다. 마음心의 본체에 해당하는 공부를 존심存心이라고 하고, 마음心의 개체에 해당하는 공부를 존양存養의 공부라고 부르기로 하자.

그림 2-13 마음의 구성: 존심心과 존양敬

존심의 공부: 돈오(참나각성)	존양의 공부: 점수(참나실현)
(1) 개념: 진여, 본체	(1) 개념: 가아, 에고
(2) 존재: 일심주재(알아차림)	(2) 존재: 일신주재(육근, 오온)
(3) 특성: 허령지각, 공적영지	(3) 특성: 무상, 고, 무아
(4) 방법: 직지인심, 돈오본체	(4) 방법: 함양체찰, 계유신독

존심은 마음心의 본체에 해당하는 공부로서 우주의 본성에 해당하는 진심眞心, 본체本體를 규명하는 공부를 말한다. 존양은 마음心의 개체에 해당하는 공부로서 개체적 몸과 관련된 수양을 의미한다. 이것은 가아假我와 에고ego의 무상함과 허망함을 깨닫는 공부이다. 따라서 존심은 참나각성돈오, 존양은 참나실현점수이라고 표현할 수 있다.

존심存心은 일심주재一心主宰의 자리이며, 알아차림으로 존재한다. 텅 비어 있으나 알아차리는 허령지각虛靈知覺의 자리이며, 신령스럽고 밝은 신명神明의 자리이다.

존심에 들어가는 방법론으로는 직지인심直指人心과 돈오본체頓悟本體의 방법이 있다. 마음을 산란하지 않게 하여 고요한 가운데 또렷하고 광명하여 불멸의 한 성품이 있음을 단번에 알아차리는 것이다. 마음의 본체에 바로 들어가 진여의 본체를 바로 자각하는 것이다.

존양存養은 일신주재一身主宰의 자리이며, 개체적 몸과 마음의 상태이다. 영원한 것이 없는 무상無常, 고苦, 무아無我의 상태로서, 시시각각 변하며 본질적으로 내 것이라 할 것이 아무것도 없다. 괴로움의 발생 원인이다. 이처럼 무상한 내 몸과 마음은 본질적으로 공空함을 체득해야 한다.

유교에서 말하는 존양存養의 공부는 함양체찰涵養體察과 계유신독戒喩愼獨이다. 몸과 마음을 삼가고 성실하게 가꾸는 것을 함양체찰이라고 하며, 항상 과욕을 부리지 않고 삼가는 마음계유과 방일하지 않는 마음구방심을 꾸준히 닦는 것을 계유신독이라고 한다.

존심의 공부 vs. 존양의 공부

참나 각성이 일어난 뒤에 하는 존양의 공부는 존심의 공부와는 차원이 다르다. 존심의 공부가 초월계의 자리를 단번에 깨닫는 것이라면, 존양의 공부는 현상계에서 우리의 개체적인 몸과 마음을 부지런히 갈고 닦는 것을 의미한다. 따라서 존양은 육근 혹은 오온을 그 대상으로 한다.

존심의 공부가 이理 중심의 본체론이라면, 존양의 공부는 경敬 중심의 공부론에 해당한다. 이는 매우 중요한 논점이다.

<그림 2-14>에서 보듯이, 서양의 분석적 관점은 마음이 우주

속에 포함된 개체에 불과하지만 동양의 직관적 관점은 마음이 우주보다 더 크다.[55] 따라서 동양철학에서의 이理 중심의 본체론은 마음心 중심의 본체론이기도 하다. 물론 이때의 마음心은 개체의 심이 아니라 본체의 심을 의미한다. 대상에 대한 직관지 혹은 전체적 통찰을 의미하며, 인식생각 이전의 단계, '직관지直觀知' 혹은 '무분별지無分別知'를 의미한다.[56] 탄허 스님은 '생각 이전의 공부', '대상을 알아가는 공부가 아닌 지식 이전의 모르는 공부'라고 표현했다.

그림 2-14 서양과 동양의 마음에 대한 관점

우주(서양)   마음(동양)

개체   VS   우주

• 대상에 대한 直觀知, 전체적 통찰
• 인식 이전의 단계, '直觀知(스피노자)'

마음의 본성은 시공을 초월한 존재여서 크기가 없다. 따라서 크다, 작다 분별을 떠나 있지만, 굳이 따지자면 우주와 삼라만상을 모두 포괄하고도 남음이 있다.[57] 마음의 본성은 나의 인식의 창窓인 것이다. 내가 주체가 되어 인식을 열 때 온 세상은 모두 내 마음 속에서 펼쳐지는 것이다. 내가 아침에 눈을 뜨면 세상이 열리고, 내가 잠자면 세상이 닫히는 것이다. 마찬가지로 내가 생을 마감하고 눈을 감으면 이 세상의 창이 닫히고 또 다른 가능성이 열린다. 이런 관점에서 불교에서는 깨친 자의 삶을 주체적 삶, 호연탕탕한 대장부의 삶이라고 보았던 것이다.

그림 2-15   이(理) 중심의 본체론 vs 경(敬) 중심의 공부론

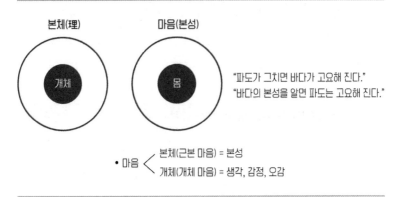

내 마음의 본성은 광활하고 크다. 내 마음의 본바탕은 시공을 초월한 존재여서 크기가 없으므로 온 우주를 포괄하고도 남는다. 다만 일반적으로 내 마음을 내 개체에 연결된 생각, 감정, 느낌으로 혼동하기에 오해를 낳는다. 내 몸과 연결된 생각, 감정, 느낌은 생각의 다발들로서 생겨 났다가 사라지는, 그야말로 뜬 구름과도 같은 것들이다. 즉, 실체自性가 없다. 마음의 본성에 대한 전체적인 직관지直觀知가 있으면 분별이나 망상과 같은 습기들은 차차 가라앉는다. 파도가 그치면 바다가 고요해 지듯이, 바다의 본성을 알면 파도는 그친다. 같은 이치로, 마음의 본성을 알면 습기들은 점차 고요해진다.

마음공부의 차원성: 본체공부와 개체공부

좀 더 들어가 보자.

본체공부와 개체공부가 있다. 전자는 천天, 리理, 성性에 해당하는 마음의 근원에 해당한다면, 후자는 인人, 기氣, 정情에 해당하는 개체의 수양에 해당한다.

마음의 본성은 천天, 리理, 성性으로 요약된다. 인人, 기氣, 정情보다 더 높은 차원이다. 본성은 개체의 바탕자리이다. 개체에서 나온 생각, 감정, 느낌은 모두 실체自性가 없다. 이들은 마음의 본바탕인 본성에 의존해 있다. 오직 내 마음의 본성만이 영원히 변치 않는다. 고요하며 상주한다. "볼 것도 없고 이룰 것도 없는 그 자리! 이미 여기 있는, 있다 없다 할 수 없는 그 자리!"[58]라는 표현은 본성을 노래한 것이다.

그렇다면 본질적으로 우리의 마음은 어디에 있을까? 흔히 나의 개체적 몸 안에 있는 것으로 착각한다. 하지만 본질적으로 우리의 의식은 몸 안에도, 밖에도, 그 중간에도 있는 존재가 아니다. 즉, 시간, 공간, 위치를 지정할 수 없다. 굳이 표현하자면, 우주에 편재하며 시공을 초월해서 존재한다. 하지만 현상과 사건과 감각에 즉각 반응한다. 육근六根이 육진六塵을 만나면 육식六識이 발생한다. 그뿐이다.

마음의 근본 자리는 깨어있는 우주의식이며, 살아있는 생명인데, 우리에게는 순수한 존재감 혹은 순수한 알아차림으로 나타난다. 우주전체가 살아있으므로 그 자체가 불가분不可分, 불가해不可解한

하나의 실재인 것이다.

하지만 우리의 본성자리를 찾는 것은 결코 어려운 개념이 아니다. 또한 죽어있는 개념이 되어서는 의미가 없다. 나에게 살아있는 지혜가 되어야 한다. 지금 이 순간, 내가 존재하고 있는 순수 존재감, 알아차림의 상태가 내 본성이다.

지금 이 순간, 내가 존재하고 있는 순수한 상태로 머물러 있어 보자. 내 이름도 모르고 내 나이도 모르는, 판단 중지의 상태, 생각과 인식 이전의 상태로 들어가 보자. 거기엔 순수한 의식 상태만이 존재한다. 그것은 의식이며, 지복이며, 실재이다. 그것이 참나 상태이며, 진여眞如, 불성佛性의 자리이다. 우주의 본성이며, 동시에 내 마음의 본성이다. 이처럼 내 마음의 본성 자리, 참나 각성을 이루는 것을 존심의 공부라고 한다.

마음공부의 차원성: 존심과 존양

이처럼 존심心의 공부와 존양敬의 공부는 그 차원이 다르다. 존심의 공부가 마음의 본성, 심心의 본체에 관한 깨달음이라면, 존양의 공부는 개체적 몸과 마음의 습기를 닦아내는 공부이다.

퇴계가 계유戒喻, 신독愼獨, 극복克復, 심재心在, 구방심求放心, 정심正心, 부동심不動心, 종심從心, 진심眞心, 양심養心, 심사心思, 조존操存이라고 표현한 것은 모두가 존양敬의 공부에 해당한다. 몸을 조신하게 하고 마음을 경계하는 몸과 마음의 수양인 것이다.

그림 2-16 존심의 공부 vs 존양의 공부

핵심질문: 참나의 본체를 어떻게 단번에 직시하여 깨달음을 얻을 것인가?

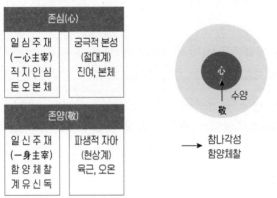

존양의 공부도 물론 소중하다. 과다한 욕심과 사적 충동人欲을 막고遏 우주적 본질天理을 체화하기存 위한 공부이다. 원래 공자가 말했던 자기실현의 학문爲己之學을 닦기 위한 여러 가지 수양론에 해당하는 것이었다. 자기 자신의 마음을 항상 반성적으로 성찰하고戒愼, 본성을 기르며養性, 남들이 보지 않는 곳에서도 스스로를 신중히 하는 것愼獨 등이 그것이다.

하지만, 모두 오후悟後 수행에 해당하는 방법론들이다. 자신의 성품 자리를 단번에 문득 그리고 홀연히 깨닫는 일, 전체적으로 통각統覺하는 일, 즉 돈오하여 본성 자리를 직관하는 존심의 공부가 우선이다. 존심存心이 선행된 후에 존양存養의 공부로 들어가는 일이 무엇보다도 소중하다. 위에서 퇴계의 성학십도를 굳이 비판적으로 고찰한 이유도 바로 이 점을 분명하게 하기 위함이다.

퇴계 선생이 '심'은 일신을 주재하는 자리이며, '경'은 일심을 주재하는 방법이라고 한 취지도 이해는 된다. 마음이 몸을 주재하는 것이며, 공경하고 삼가는 '경'의 방법으로 마음을 닦아나가는 수양의 방법론을 제시한 것이다.[59]

거경居敬의 방법론은 윤리적 관점에서 매우 훌륭하다는 점을 먼저 지적해 두기로 하자. ① 정신을 하나로 모아 집중하고구방심求放心과 응신應神, ② 정신을 하나로 모으면 마음도 모이며응신應神과 응심應心, ③ 마음이 하나로 모이면 평상심 속에서 생각과 감정이 절제되며평상심平常心과 제심制心, ④ 사람과 사물을 대할 때에는 상황에 맞게 대하고 온전하게 처리한다응사접물應事接物. 즉, 마땅함과 온전함을 유지한다는 것이다. 이는 현대 생활에 있어서도 꾸준히 하면 몸과 마음에 변화가 오고, 오감의 알아차림 속에서 마음 챙김 명상을 하는 데 있어서도 많은 도움이 된다.

하지만 거기까지이다. 앞에서도 강조했듯이 수양과 존양의 방법론을 통해서 일심의 주재 자리를 전체적으로 통각統覺한다는 것은 멀고도 먼 길이기도 하거니와, 마음의 본성으로서의 '심'의 차원과 몸 혹은 몸과 관련된 개체적 마음과 연결되는 '경'의 공부는 존재론적 차원이 다른 것임을 인지할 필요가 있다.

청정한 본체를 바로 직시하고 깨달아 순수의식의 바탕 자리를 각성한 연후에 수양과 존양의 방법론으로 몸과 마음을 보임保任해 나갈 필요가 있다. 보임은 보호임지保護任持의 준말로서 '단번에 궁극적인 본성을 깨닫고, 이를 통해 찾은 본성을 잘 보호하여 지킨다'는 뜻이다.

존양(敬)의 공부: 윤리성 규명

다시 '존存'이라는 단어에 집중해보자. '존存'이란 "우주적 본질天理에 체화"[60]한다는 의미이다. '양養'이란 몸과 마음을 수양함이다. 따라서 존양存養이란 몸과 마음을 수양하여 우주적 본질에 체화하는 노력을 의미한다. 즉, 몸과 마음을 수양하여 정도가 극에 다다라 생각하지 않아도 행동으로 나오는 경지를 말한다. 말하자면, 공경이나 수양의 정도가 우리 몸에 습관으로 익은 상태이다. 공경하고 성실하며, 혼자 있을 때조차도 늘 삼가고 절제하는 윤리가 몸에 밴 상태, 그리하여 의식하지 않아도 저절로 "행行해지는" 경지를 말한다.

공경, 성실, 절제, 정직 등은 마음과 관련된 윤리이지만, 또한 몸이 따라주지 않으면 안 되는 몸의 윤리이기도 하다. 이처럼 존양이란 몸과 마음의 습관을 닦아나가는 수양, 즉 윤리적 차원의 의미를 지닌다.

몸과 마음을 바르게 닦아 나가는 윤리적 수행은 깨달음을 동반하는 것일까? 몸과 마음의 행실이 바르고 고요하게 하는 윤리적 노력을 계속해 나가다 보면 마음의 청정한 본성에 대한 각성은 자연스럽게 나타날까?

쉽지 않다. 다만 상대적으로 유리할 수는 있다. 고요한 마음의 상태가 지속되고 성찰이 깊어지다 보면 마음의 본성을 깨칠 수는 있다. 하지만 쉽지 않을 것이다. 왜냐하면 고요한 상태가 곧 마음의 본성은 아니기 때문이며, 또한 두 상태는 서로 차원이 다르기 때문이다. 비유컨대, 본질적으로 벽돌을 갈아 거울을 만들려는 시도로 볼 수도 있는 것이다. 존양과 존심의 두 차원이 서로 다르기 때문이다.

존심存心의 자리에서 찾아야 하는 청정한 자성은 심心의 본체에 있다. 육근에 물들지 않지만 떠나서 있지도 않은초월성과 내재성, 원래부터 무형이고 불멸의 성품자리이다. 눈앞에 또렷하고 광명하며, 태어나지도 죽지도 않지만, 늘어나지도 줄지도 않는다. 이는 분할할 수 없는 전인격적 실체인 것이다.

초월계의 청정한 자성은 현상계의 뿌리이지만 다른 차원에 속한다.

다른 차원이라고 해서 어디 멀리 있거나 도달하기 어려운 곳은 아니다. 한 생각 돌이키면 바로 그곳이지만, 보통은 그 한 생각 돌이키기가 그렇게 쉽지 않다. 그리하여 몸과 마음을 닦는 수양의 노력만으로는 마음의 청정한 본성을 쉽게 깨치기 어렵다. 청정한 본성을 찾는 '존심'의 공부는 다른 시각과 관점을 필요로 한다.

존양(敬)의 공부: 개체의 공부

다시 한 번 개체의 공부와 본성의 공부를 분명하게 규명하기로 하자. 개체는 몸과 마음을 말하며, 본성은 개체를 넘어선 청정한 본성을 말한다. 우리는 모두 개체의 몸을 가지고 있으며 생각, 감정, 느낌과 같은 정신작용을 한다. 그런데 이러한 정신작용은 평소에 개체의 몸과 많이 밀착되어 있다. 가령 생각과 몸은 거의 붙어있다. 우리의 청정한 본성은 이러한 개체적 몸과 마음작용 너머에 있다.

개체의 생각과 몸이 붙어있는 상황에서 몸과 마음을 강화시키는 공부는 자칫 자신의 개체성에고성을 강화시킬 수 있다. 몸을 더 강하게 만들고 마음의 내구성耐久性을 강화시키는 일은 세상살이에 필요한 일이지만, 우리의 청정한 본성을 발견하는 것과는 관련이 없다. 따라서 평소 개체의 몸과 마음에 관련된 공부를 열심히 해서 좀 더 도덕적인 사람이 된다는 것과 청정한 본성을 발견한다는 것은 다른 차원의 이야기가 된다. 즉, 자신의 개체적 몸과 마음 너머에 있는 본성을 찾는 공부는 별도로 필요하다.

그림 2-17 개체의 공부 vs. 본성의 공부

┌─ 몸·마음을 강화시키는 공부 ─
• 몸(체력): 무술, 체력단련
• 마음(지성): 지식, 마음수련(단단함, 평정심)

┌─ 몸·마음을 넘어서는 공부 ─
• 개체(몸, 마음) → 생각, 감정, 오감(느낌, 의지)
　　　　　　　　　 → 말, 행동
• 생각, 감정, 오감을 넘어선 곳에 청정한 본성은 있는가?

• 방하착
　- 병상, 기도(주일무적)
　- 생각(인식) 이전의 자리
　- 생각, 감정, 오감 이전의 자리
　- 생각 없는 공부(생각 이전의 공부, 무분별지)
• 청정한 본성, 그것은 어디에 있는가?

<그림 2-17>에서 보듯이, 몸과 마음을 강화시키는 공부는 몸과 마음을 넘어서는 공부와 다르다. 몸과 마음을 넘어서는 공부는 방하착放下著이라고 한다. 방하착放下著이란 몸과 마음을 모두 다 내려놓으라는 뜻이다.

방하착 공부는 '몸五蘊이 나'라는 생각에서 벗어나는 공부이다. 그리하여 생각, 감정, 오감 이전의 자리에 들어가는 공부이다. 생각인식

이전의 자리에 들어가 참다운 성품을 발견하는 공부인 것이다.

생각인식 이전의 공부는 무분별지無分別智를 닦는 공부이다. 이것은 생사生死를 가르는 공부이며, 죽음을 초월하는 공부이며, 근본적인 영성의 본체로 진입하는 공부이다. 또한 인간 존재의 실존적 차원의 공부이며, 이런 의미에서 생각 이후의 분별지分別智 공부보다 더 중요하다.

자, 한번 정리해 보자. 그대가 방하착할 때몸과 마음의 무거운 짐을 다 내려놓을 때 텅 빈 허공 같은 청정한 본성은 드러나게 된다.[61] '몸이 나'라는 생각을 모두 내려놓아보라. 그대의 순수하고 청정한 본성이 드러나게 될 것이다. 그 자리는 순수의식이 공성空性으로 드러난 자리이며, 전체의식이 '하나의 마음'으로 깨어난 자리이다.

존심(心)의 공부: 청정한 본성을 깨닫는 방법

그렇다면 청정한 본성을 깨닫는 방법에 대해 좀 더 직접적으로 알아보자.

지금 바로 마음을 고요하게 하고 '내'가 지금 존재하고 있음에 주목하라. 그리고 생각과 지각이 일어나는 고요한 배경을 인지하라. 그곳에서 알아차림이 발생한다. '깨어있는 의식'을 의식하는 '깨어있는 의식이 그대의 순수의식이다. 그곳을 주시하고 자각하라. 그것이 청정한 본성, 즉 궁극의 자아를 깨닫는 방법이다. 참나 각성의 방법이요 돈오본체의 길이다.

깨어있는 의식이 의식하는 깨어있는 의식, 동어 반복처럼 보이는 이 표현을 잘 새겨보라. 앞의 '깨어있는 의식주어'이 뒤의 '깨어있는 의식대상'을 알아차리고인식하고 있다 AM THAT I AM. '내'가 '나'를 알아차리고 있는 것이다. 깨어있는 의식이 순수의식이다.

가령, "불이 내 몸을 꿰뚫고 환하게 비추었다. … 사람과 하늘 안과 밖 사이에 아무런 틈이 없었다. … 나는 전 우주가 나의 마음이며, 그 영역이 나의 몸이고, 그 고장이 나의 마음이라는 것을 깨달았다"[62]라고 할 때 이것은 모든 것이 일체가 된 것을 말한다. 순수의식을 문학적으로 표현한 것이다.

지금 그 순수의식을 자각하라. 내가 존재한다는 것은 내 의식이 알아차리고 있다는 뜻이다. 내 성품 자리가 알아차리고 있다는 뜻이다. 알아차림의 자리를 주목하라! 텅 비어있지만 알아차리는 자리, 그 고요한 배경을 단번에 자각하라!

이것이 무엇인가? 그리고 '나'는 누구인가?

지금 바로 참나진여의 본체를 직시해 보자. 참나 각성으로 단번에 마음의 청정한 본성 자리를 깨닫는 일은 앞에서도 강조했듯이 인간 존재의 실존적 의미를 지닌다. 따라서 그 어느 것과도 대체할 수 없다.

사단칠정 논쟁에 대한 새로운 고찰

유교 성리학에서 가장 중요한 학술적 논쟁 중의 하나가 퇴계와 율곡의 사단칠정 논쟁이다.

퇴계는 선비의 마음이라고 할 수 있는 사단인의예지은 존귀한 것이므로 순선무악純善無惡이라고 보았다. 그리고 이것은 이理의 발현으로 보았다.

이에 반해 일반인들의 일상적 마음이라고 할 수 있는 칠정희로애락애오욕은 가선가악可善可惡이라고 보았다. 좋은 것일 수도 있고 나쁜 것일 수도 있다는 것인데, 이는 기氣의 발현으로 보았다. 즉, 이理는 존귀한 성품이며, 기氣는 절제해야 할 대상으로 본 것이다理貴氣賤.

가령, 남을 사랑하고 배려하고 공평하게 대하고 지혜롭게 분별하는 마음은 고귀한 마음이다純善無惡. 하지만 누군가와 이별하여 슬퍼하는 감정과 같은 희로애락은 적절하다면 괜찮지만 그 정도가 지나치다면 나쁜 것이라고 본 것이다可善可惡.

우주의 본연지성을 이理, 기질지성을 기氣로 나누었듯이, 인간의 감정도 고매한 성품인 사단은 이理의 발현으로, 칠정은 기氣의 발현으로 보아야 한다는 것이다.

퇴계의 논리는 정교한 것으로 보인다. 근본적으로 이와 기를 동일시하고 싶지 않았던 것이다. 불상리不相離 불상잡不相雜, 서로 분리되지는 않지만 그렇다고 서로 섞을 수도 없다. 하지만 여기에 대해 고봉 기대승, 율곡 이이 같은 학자들의 강한 반론이 있었다.

여기서 이러한 논의를 다시 꺼내는 이유는 굳이 사단칠정 논쟁을 다시 하고자 함이 아니다. 다만 원효 스님의 불교이론을 빌려 새로운 각도에서 한번 조명해 보고자 한다. 그렇게 함으로써 인간 마음본성의 가장 깊은 차원을 재조명할 수 있기 때문이다.

원효 스님의 진여문과 생멸문 관점에서 인간 마음본성을 한번 재조명해 보기로 하자.

진여는 청정한 본성의 진체眞體를 의미하며, 순수하게 깨어있는 의식이며 알아차림이다. 또한 동시에 우주의 성품에 대해 전체적으로 꿰뚫는 직관지直觀知이다. 가장 높은 차원의 정신에너지이며, 인간이라는 존재의 가장 깊은 내면에 위치하는 존재론적 순수의식이다. 한 생각, 한 분별이 터럭만큼이라도 일어나기 이전의 자리이다. 시공이 벌어지기 이전의 자리인 것이다. 여기에서 한 생각이 일어나면서 나와 너라는 분별이 생겨나고 좋음과 싫음好惡의 집착이 생겨난다. 개체적 자아에고의 탄생이며, 나와 너가 쪼개지고, 시간과 공간이 탄생하며, 사량분별思量分別이 발생하는 분기점이 된다.

이와 같은 진여문眞如門의 논리에서 보면, 사단도 칠정도 모두가 한 생각의 표현이다. 이미 사량분별思量分別 이후의 세계인 것이다.[63] 조금 더 선한 생각이냐 아니냐, 혹은 조금 더 높은 차원의 에너지냐 아니냐의 차이일 뿐 이들은 모두가 분별分別의 세계이다. 원효의 표현대로라면 생멸문生滅門의 세계인 것이다.

나의 존재에서 나온 생각, 감정이 발생하기 이전 자리, 그러니까 분별 이전의 자리를 찾아 들어가서, 청정한 진여眞如를 찾아야 한다. 한 생각인식이 일어나기 전 순수한 청정심淸淨心 자리를 찾아야만 본질적 문제가 해결될 수 있다. 그렇지 못하다면 아무리 멋있는 윤리적 담론을 정립한다 해도 실존적 문제에 도움을 주지 못할 것이다. 깊이 참구參究할 일이다!

마음의 근원

마음의 근원

　마음이란 실체가 없는 것이다. 그래서 뜬 구름 같다고 한다. 마음은 생각, 감정, 욕망, 느낌 등의 다발일 뿐 실체가 없다. 그래서 수시로 생겨나고 수시로 사라진다.

　마음은 고정된 것이 아니고 매순간 새로 생겨난다. 그래서 항상 불안정하고 유동적이다. 마음은 자아와 동일시하여 나와 남을 구분 짓는다.[64] 마음은 한 순간도 가만있지 않고, 우리를 충동하여 요동치게 만든다. "마음은 고정된 중심이 없다. 그래서 상반되는 양 극 사이를 오고간다. 그 결과 인간은 어느 한편으로 치우치거나 기울어져 불안정한 삶을 살게 된다… 끊임없이 자아를 자극하고, 감정의 파도를 일으켜 요동搖動치게 만든다."[65] 그리하여 고요함을 방해하고 침묵을 허용하지 않는다. 우리가 마음을 멈추려하면 온갖 잡념을 일으켜 방해한다. 깊은 명상 혹은 인식과 성찰 속에서 참 자기를 발견하려하면 갖은 수단을 동원하여 방해하고 요동친다. 따라서 마음은 "욕망이 타오르는 불꽃이다."[66]

그래서 마음은 "인간문제의 근원이고 핵심"이다.[67] 이러한 마음의 속성에서 벗어나려면 참 자기를 깨달아야 한다. 참 자기의 이름은 참나, 진아, 진여, 또는 존재이다. 생각이 멈추고 인식이 그친 그곳에서 <마음의 근원>을 만나야 한다. 그곳이 마음의 청정한 본성이며 근원이다.

우리는 우리가 온 곳을 본능적으로 알고 있으며, 그곳을 늘 그리워하고 있다. 그곳은 갈등과 분열이 없으며, 고요하고 평화로운 의식의 근원이다. 전체로서 분리감이 없으며, 존재로서 만족할 수 있는 순수한 안식처이다.

마음은 뜬 구름 같고 실체가 없다면서 마음의 근원은 또 무엇인가? 라는 의문이 들 수도 있겠다. 하지만, 근원은 또 다른 차원이다. 생각이 멈춘 자리이며, 인식이 그친 자리이다. 그 자리는 텅비어 있되 깨어 있다. 알아차림으로 존재한다.

그 자리가 <마음의 근원>이다. 이것은 일상적 '마음'과는 다른 개념이다. 용어도 다른데, 참 자기, 참나, 진아, 진여, 존재 등으로 다르게 지칭한다. 망심妄心과 생멸심生滅心에 대칭시켜, 진심眞心 혹은 진여심眞如心이라고 부르기도 한다. 이것은 뜬 구름이나 망상, 미혹이 아닌 청정한 본성의 참다운 실체이다.

온갖 망상과 미혹으로 벌어진 구름과 같은 허상들이 모두 가라앉고 생각이 그치면 맑게 개인 청정한 하늘이 드러난다. 청정한 하늘은 우리의 본성이며 광활하게 열려있는 전체이다. 그것은 순수한 의식이며, 맑고 청정한 존재감이다. 알아차림으로 맑게 깨어 있으며, <나는 존재한다>는 느낌만이 존재한다. 이것이 <마음의 근원>을 밝게 비춰본 참다운 실상이다.

의식 스펙트럼: 켄 윌버의 초월심리학

켄 윌버Ken Wilber는 의식의 스펙트럼을 연구하여 통합심리학의 새로운 지평을 연 학자이다. 또한 인간의 심층의식을 연구하여 초월심리학으로 발전시켰으며, 심층의식을 다른 심리 층들과 통합시킨 공로를 인정받았다. 어떤 사람들은 그를 현대 심리학계의 아인슈타인이라고 칭송하기도 한다.

켄 윌버는, 우리 내면의 가장 깊은 심층의식에는 참 '나'가 있으며, 그것은 나의 개체성을 넘어서는 큰마음이라고 보았다. 큰마음은 "하나이면서 전지하고 실로 전체를 의식하고 있다."[68] 즉, 초월성을 갖는 것이다. 하지만 초월성은 곧 내재성을 동시에 지니는 것으로 나의 참 성품인 것이다. "인간 내면의 높은 잠재력은 각성, 자유, 깨달음의 길에 대한 추구를 원하는 누구에게나 열려 있기에"[69] 이는 누구에게나 공유될 수 있는 참 성품인 것이다. 또한, 참 '나'를 'I AM...ness'로 표현했는데, 나의 생각, 감정, 오감 등 대상을 모두 지워버리면 남는 텅 빈 순수의식이기 때문이다. 우주처럼 광활하며, 텅 비어 있되 알아차리며, 순수하게 빛나는 진여眞如, 그것을 큰마음, 진리의 영 혹은 참 '나'라고 불렀다.

켄 윌버에게 있어서, 의식의 상위 차원의 존재, 즉 영성이라는 개념은 매우 중요하다. 그가 내린 영성에 대한 정의는, "개인의 가슴과 의식에 직접적이면서 친밀하게 드러나며, 부지런하고 신실하며 오랜 기간 지속되는 살아 있는 실재를 직접적으로 경험하는 것"[70]이다. 특히 주목할 만한 대목은, 그가 영성을 언급하면서 신뢰할 수 있는 영성이란 "의식 내면의 변화"를 동반해야만 한다고 보았다는 점이다. 지식이나 인지적 노력만으로 내적 의식이 변화되지는 않는다. 분명 "내적 발달은 인지적 측면뿐만 아니라, 도덕적, 정서적, 영적 측면을 모두 포괄하는 것"[71]이며, 그것은 "영적 수행이 뒷받침되는 직접적 체험"[72]을 통해서만 도달할 수 있다.

하지만, 그는 이러한 의식의 상위 차원이 근대에 이르러 실증주의라는 과학의 미명하에 짓밟혀 버리고 말았다고 한탄한다. 뇌 과학의 일부 현상으로 환원되고 말았다는 것이다. 그리하여 "붓다나 예수, 그 밖의 성인들이 도달하였다고 알려진 인간 의식의 상위 차원 역시 객관적으로 증명할 수 없고 관찰 불가능하다는 이유로"[73] 실종되고 말았다고 한다. 그 결과, "유물론적 과학의 독백적 응시, 아름다움도 풍요로움도 찾을 수 없는 평원 속에서 결국 인간은 온 우주의 다차원적 하모니를 잃어버리고 물질적 우주의 단조로운 멜로디"만으로 전락해 버리고 말았다는 것이다.[74]

<그림 2-18>은 켄 윌버의 의식 스펙트럼을 수정한 것이다. 켄 윌버는 물질Matter을 가장 안쪽에 그렸으나, 우리 의식의 가장 심층적 내면에는 영Spirit이 존재하므로 영성을 가장 안쪽에 그리는 것이 옳을 것이다. 즉, 영성Spirit이 가장 높은 차원이며, 영혼, 마음, 육체, 물질 등의 순서로 차원이 낮아진다. 높은 차원은 낮은 차원을 포용하며, 따라서 윌버의 표현대로 초월성transpersonal과 내

재성inclusiveness을 갖는 것이다.

그림 2-18　의식 스펙트럼: 켄 윌버의 초월 심리학

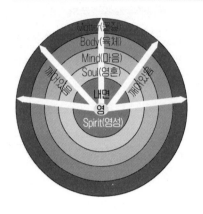

Spirit(영성)=신비주의(영성학)
Soul(영혼)=종교학(신학)
Mind(마음)=심리학
Body(육체)=생물학
Matter(물질)=물리학

켄 윌버가 제시한 의식의 스펙트럼을 다섯 가지 차원으로 나누어 설명하면 다음과 같다.

첫째, 우리 내면의 가장 깊은 곳은 진리의 영이 계시는 곳으로서 영성Spirit의 영역이다. 동일한 측면을 동양에서는 큰마음, 진여, 참 '나'라고 불렀다. 이는 가장 깊은 내면에 존재하는 '나'이기에 참 '나'이다. 초월성을 지니지만 나의 가장 깊은 모습이기도 하다. 초월성이면서 나와 둘이 아닌 내재성을 지닌다.

이는 신비주의, 초월주의, 영성학이 담당하는 영역이다. 유대교 신비주의 카발라Kabala에서는 이를 무한존재아인 소프; Ain Sof, 기독교에서는 하나님, 불교에서는 불성진여, 힌두교에서는 아트만이라고 불렀다. 철학에서도 다루었는데, 플라톤은 이데아, 아리스토텔레스는 '부동의 동자Unmoved mover,' 플로티누스는 '일자一者'라고 불렀다. 스피노자 역시 우주의 근본 원인이며 궁극의 실체라고 보았다.

둘째, 진리의 영으로부터 영혼이 잉태창조된다. 보편성초월성과 개체성내재성이 접목되고 있는 지점이다. 영혼Soul과 영혼Soul의 구원은 종교학신학의 영역이다.

셋째, 영혼은 지知, 정情, 의意 작용을 하니, 이미 영혼 자체가 마음의 인지와 감성기능을 내포하고 있는 것으로 볼 수 있다. 하지만 마음Mind은 심리학에서 담당한다.

넷째, 육체Body는 눈에 보이는 것으로서 가장 '나'라는 개체와 동일시하기 쉽다. 하지만 눈에 보이는 것만이 전부는 아니다. 어쨌든 육체는 생물학과 의학의 영역이다.

다섯째, 육체 바깥에는 우리가 인지하는 물질Matter이 존재한다. 우리가 살아가는 물질계 세상이며, 사물과 대상으로 인지된다. 이러한 물질Matter에 대한 법칙을 연구하는 영역은 물리와 화학이다.

종합해보면, 우리 의식은 하나의 스펙트럼을 가지고 있다는 것을 알 수 있다. 가장 심층적 내면에는 영Spirit이 존재하며, 우리의 참 '나'라고 부른다. 보편성과 초월성을 띠고 있지만 나와 별개로 떨어져 있는 것은 아니다. 나의 내면에 존재하는 순수한 의식의 영역이기 때문이다. 이처럼 내 내면의 가장 깊은 순수한 영역으로부터 나의 영혼, 마음, 육체, 세상이 펼쳐졌다.

한편 우리는 순수한 곳에서 왔기에 언젠가는 그곳으로 돌아가고 싶어 한다. '잃어버린 전체성'을 되찾으려는 욕구이다. 우리 내면의 가장 깊은 곳, 심연深淵에서는 우리 존재의 고향, 즉 본향本鄕을 염원하고 있다. 그곳, 고요하고 평화로운 곳, 탁 트인 가운데 공활空豁하고 밝게 빛나는 곳, 텅 비어 고요하되 맑게 깨어있는 곳, 그곳으로 가고 싶어 한다. 갈등과 투쟁도 없고, 시기와 다툼도 없어 아픔과 고통이 없는 곳, … 그리하여, 영원하고 평화로우며 즐겁고 행복한 곳, 우리는 한시 바삐 우리 존재存在의 안식처, 마음의 본향本鄕으로 돌아가고 싶어 한다.

내면의 중심과 깨어있음

내면의 중심과 깨어있음이라는 주제로 좀 더 알기 쉽게 접근해 보자.

깨어있음이란 무엇인가?

깨어있음이란 내면의 중심이 깨어있다는 뜻이다. 깨어있을 때에는 인식의 중심이 마음의 근원에 있다. 내면의 중심에 자리 잡고 있으면서 바깥에 위치하는 생각, 감정, 느낌, 의지 등을 모두 깨어있는 상태로 경험한다. 그것은 마치 내면의 중심에서부터 생각, 감정, 느낌, 의지의 층들이 모두 하나로 꿰어진 것과 같은 느낌이다. 인식의 중심은 온전히 내면에 있으며 참나 상태로 깨어있는 느낌이다.

자신의 인식이 지극히 맑아지고 밝아져 마치 안팎이 없는 듯이 하나로 툭 트인 상태, 그리하여 안팎이 없이 밝고 환한 의식 상태를 내외명철內外明徹이라고 한다.

이처럼 의식에는 층위가 있는데 우리의 가장 깊은 내면에는 마음의 근원이 있고, 이를 생각, 감정, 느낌, 의지 등의 정신작용이 둘러싸고 있다. 우리 내면의 가장 깊은 곳에 있는 마음의 근원을 참나 혹은 진여라고 부르고, 인식이 오롯이 존재의 중심에 모여 전체가 깨어 있는 상태를 참나각성 혹은 일심진여라고 부른다.

우리 내면의 가장 근원에 순수의식이 있다면, 이것이 한번 움직여서 생각이라는 에너지가 발생하고, 한번 더 움직여서 감정이 발생한다. 그리고 느낌과 의지 등이 뒤따른다. 따라서 여기에서는 존재, 생각, 감정, 느낌, 의지 등의 순서로 의식의 층위를 상정해 보기로 하자. <그림 2-19>와 같은 형태가 될 것이다.

그림 2-19 내면의 중심과 깨어있음

〈그림 2-19〉는 우리 내면의 의식의 층위를 보여주고 있다. 의식의 가장 깊은 내면의 근원에는 존재의 중심인 순수의식이 있다.

순수의식은 '텅 빔空'이다. 생각, 감정, 느낌, 의지 등이 모두 비워진 상태이다. 모두 텅 비었지만 텅 빈 바탕의 순수의식은 사라지지 않는다. 바탕은 '알아차림'으로 존재하고 있다.

이처럼 우리 내면의 가장 깊은 곳에 존재하는 순수의식은 텅 빈 상태로 존재하면서 고요한 가운데 알아차리는 존재이다. 이를 진여眞如 혹은 진아眞我라고 한다. 내면의 영 혹은 진리의 영이라고도 부른다. 우리 내면의 가장 근원적인 바탕이다. 마음의 근원이며 인식의 중심이다. 이를 또한 참나 혹은 참 성품이라고 부른다.[75]

내면의 중심을 얻은 사람

내면의 중심을 얻은 사람과 그렇지 못한 사람은 어떤 차이가 있을까? 자신의 중심을 내면에 두는 사람과 그렇지 못한 사람은 어떤 차이가 있을까?

내면의 중심을 얻은 사람은 마음의 근원을 얻은 사람이다. 마음의 습기에 빠지지 않고 마음의 근원에 자신의 중심을 두는 사람이다.

내면의 중심을 얻은 사람은 성숙한 인간이다. 내면의 중심은 마음의 근원이다. 이들은 평정심이 확고부동하여 에너지 낭비가 없다. 탁월함arete을 추구하되 장기적 안목을 가지고 주변과 조화를 이룬다.

현대 용어로 에너지 집중과 몰입이라고도 할 수 있지만 그보다는 철학적 의미가 더욱 깊다. 앞에서 우리는 현전일념現前一念이라고 표현했다.

현전일념現前一念이 늘 이루어지기 위해서는 어떻게 하면 좋을까?

그것은 "나는 누구인가?"에 대한 본질적 질문을 놓치지 않는 것이다. 또한 "이게 뭐지?"라고 하는 본질적 질문 속에서 나의 모든 생각, 감정, 느낌, 의지의 주체가 무엇인지에 대한 탐구의 끈을 놓치지 않는 것이다. 생각, 감정, 느낌, 의지 등 모든 바깥 현상과 대상을 제거해 들어가도, 나의 본질적 인식, 즉 "내가 지금 여기 존재한다"고 하는 순수한 존재감은 사라지지 않는다. 그 본질적 인식과 순수존재감이 참나 혹은 참 성품이다.

순수존재감이 순수의식이다. 비순수가 모두 제거된 바탕 자리에는 순수한 '의식'이 존재한다. '의식'은 존재함이고 알아차림이다. "나는 누구인가?"라는 질문을 던질 때마다 우리의 존재론적 바탕 자리가 드러난다. 그것은 진여眞如의 자리이다.

어떻게 번뇌를 끊고 깨달음의 세계로 돌아가는가? 어떻게 해야 일체 망념과 망상을 깨끗이 제거할 수 있는가? 그것은 우리의 마음이 본래 공空 것임을 깨닫는 것이다. 번뇌를 하나하나 제거하여 깨달음의 세계로 돌아가는 게 아니다. 일체 생각과 감정, 느낌과 의지와 같은 정신 작용이 본래 공空하며, 말하고 보고 듣고 깨닫고 아는 이것이 본래 공空하다는 것을 아는 것이다.

그리하여, "볼 것도 없고 이룰 것도 없는 그 자리! 이미 여기

있는, 있다 없다 할 수 없는 그 자리! 고요하면서 고요하지도 않는 그 자리! 머무르면서 머묾도 없는 그 자리!"[76]를 얻는 것이다. 이것이 견성見性이니, 견성은 고요하여 상주하는 것이다.

마음의 근원을 얻은 사람

마음의 근원

참으로 고요하고 깊숙한 표현이다. 이는 존재의 근원과도 같은 말이다. 또한 정신의 근원과도 같은 말이다.

<마음의 근원>이라는 의미를 한번 숙고해보자.

마음의 근원은 내면의 중심이다. 우리는 마음의 근원에 내면의 중심을 두어야 한다. 우리의 마음은 마음의 근원을 둘러싸고 생각, 감정, 느낌. 의지 등이 구름처럼 둘러싸고 있다. 하나의 전리 층처럼 층위를 이루면서 에워싸고 있다.

마음의 기능 중에는 인식의식이 있는데, 인식의식을 어디에 두느냐에 따라 우리 존재의 층위가 달라진다. 생각, 감정, 느낌처럼 얕은 층에 두느냐, 존재의 근원처럼 깊은 층에 두느냐에 따라 정신의 깊이는 달라진다.

떠오르는 생각을 버리고, 감정과 느낌을 모두 버려보라. 우리가 마음이라고 일상적으로 부르는 것들은 모두가 마음의 습기이며 허망한 구름과 같은 것들이다. 실체가 없다. 모든 습기들을 떨쳐 버린다면 그대는 그대의 <마음의 근원>에 이르게 될 것이니, 그곳은 오직 <나는 존재한다>라고 하는 순수한 느낌만이 존재한다. 그 <마음의 근원>을 인도의 성자, 라마나 마하리쉬는 진아라고 불렀다.

한 생각이 떠오를 때, 그 생각은 어디에서 온 것인지를 탐구해 보라. 한 감정이 느껴질 때, 그 감정은 어디에서 온 것인지를 탐구해 보라. 라마나 마하리쉬는 이러한 자아탐구를 계속해 들어가면 마지막에 남는 것은 오로지 <내가 존재한다>는 강력한 느낌뿐이라고 했다. 그리고 그것을 <진아의 빛>이라고 불렀다.

마음의 근원과 정신의 깊이

정신의 깊이란 무엇일까?

정신의 깊이란 내면세계의 깊이를 말한다. 내면세계의 깊이는 어디까지일까? 그것은 존재의 근원, 그러니까 <마음의 근원>까지의 깊이를 말한다.

그렇다면, 마음의 근원이라는 실체적 현상이 있는 것일까?

마음의 근원이라는 실체는 '의식'이므로 깨어있으며, '지복'이므로 행복하고 안락하며, '실재'이므로 영원하고 불변하는 정신이다. 텅 비어 있으면서 알아차리고, 총명하게 깨어있으면서도 평화롭고 안락하다. <나는 존재한다>는 순수한 존재감과 지복감이 그것이다. 게다가 한번 접속하면 늘 흐른다.

그러므로 마음의 근원에 도달한 사람은 평정심을 얻는다. 그는 깊은 정신의 소유자이다. 존재의 근원을 얻은 깊은 인식의 소유자이다.

마음의 근원에 도달하면 더 깊이 파보아도 마음의 근원이다. 마음의 근원이 근저根柢, base line이며, 그 밑에 더는 없다는 것, 그것은 하나의 희망이며 축복이다. 파 들어가도 또 파 들어가도 끝도 없는 세계를 파라고 하면, 차라리 '시지프스의 저주'일 것이다.

얼마나 깊어야 "깊은 마음"일까? 물론 '향상심向上心' 일로에는 끝이 없을 것이다. 마음 세계의 깊이와 보이지 않는 영성에 대한 신비, 초월, 경외심은 한계가 없을 것이다. 그러나 그것은 <마음의 근원>에 대한 이야기는 아니다.

<마음의 근원>이란 내면의 중심을 뜻한다. 우리의 생각, 감정, 느낌, 의지를 넘어선 곳, 그것들이 나온 바탕자리가 바로 근원이다. 티베트 불교에서는 그곳을 '리그파의 광휘'라고 불렀다. 대승에서는 '화엄의 빛'이라고 하고, 원효스님은 '일심진여'라고 하였다.

고요하면서 평온한 느낌, 순수하면서 깨어있는 느낌, 그것이 그대 존재의 중심이요, 마음의 근원이니 우리도 한번 깊게 탐구해 보자.

어떻게 살 것인가의 질문은 지혜, 용기, 카리스마, 의지 등 다양한 표현으로 할 수 있지만, 가장 중요한 것은 마음의 근원을 놓치지 않는 일이다. 마음의 근원에 중심을 두고 모든 생각과 판단과 행동의 근거를 마음의 근원으로부터 구하라. 마음이 근원에 맡기는 삶을 통해 세상 혹은 자신의 삶과 투쟁하지 말라. 그냥 내 맡기라. 그것은 내면의 중심을 의미하니, 내면에 중심을 두고 바깥 현상은 단순히 지켜보는 힘을 기르라. 그렇게 한다면 에고는 점차 소멸될 것이다.[77]

이렇게 매일 매일 살 수만 있다면 어떻게 죽을 것인가 하는 심오한 문제에 대해서도 답할 수 있을 것이다. 어떻게 죽을 것인가의 질문은 무거운 주제이지만, 다음 사항만 기억해 두기로 하자. 1) 언제 죽어도 여한이 없는가? 2) 눈을 감을 때 몸과 마음이 가벼운가? 3) 지혜와 사랑을 닦았는가? 그리고 주변과 공유하고 기쁨을 나누었는가?

마음의 근원을 얻고 깨어 있는 삶을 실천하는 사람은 이러한 질문에 대해서도 어렵지 않게 답할 수 있을 것이다.

지금 우리도 한번 돌이켜보자.

나는 고요한가? 지금 나의 의식은 고요한 가운데 깨어있는가?
'텅 빔' 속에서 열려있고 '알아차림' 속에서 '존재'하는가?

마음의 근원과 참나(眞我): 존재감으로 고양되고 각성된 의식 상태

참나眞我 상태란 지금 이 순간 '나'라는 존재가 생생하게 깨어있는 의식 상태이다. 뚜렷한 알아차림으로만 존재하는, 생생하게 고양elevated되고 각성awakened된 의식이다. 이는 마음의 근원에 도달한 순수의식 상태이다.

불교에서는 이러한 참 성품을 한번 보는 것을 초견성初見性이라고 하고, 자신의 내면에서 안착된 상태를 견성見性이라고 한다. 견성에 이르는 방법으로 화두선과 판단중지를 중요시 한다.

특히 보조국사 지눌은 『수심결修心訣』에서 "단지불회但知不會면 시즉견성是卽見性"이라고 하여,[78] 판단중지를 중요시 했다. 생각과 판단의 중지를 통해 참 성품의 자리를 볼 수 있다는 것이다. 아무 것도 모르는 줄 알고 일체一切를 내려놓으면 본성 자리에 들어갈 수 있다는 것이다.

우리가 안다고 생각하는 것은 나와 남, 주체와 객체가 나뉘어 '사물과 대상'을 안다는 것이다. 하지만 아무것도 모른다고 하여 일체를 내려놓으면 나와 대상을 넘어 나와 대상을 초월하는 그 자리, <마음의 근원>에 들어가게 된다.

이렇게 생각해 보자. 세상 속에 나와 대상들이 배치되고 정렬되어 있다어떤 철학자는 "의식에 던져진 것들"이라고 표현했다. 우리는 그러한 환경 속에서 열심히 살아나간다. 하지만 세상에는 나와 대상들만 존재하는 것은 아니다. 나와 대상들의 낱개적 자리를 넘어선 전체의식이 있다. 그리고 그것은 전체가 통으로 깨어있다. 전체 우주는 깨어있는데, 우리는 그것을 초의식이라고 부른다.

나에게 고통이 오는 것은 집착하는 마음에 묶여 있기 때문이다. 나와 남, 나와 대상에 대한 애착에 묶여 있는 것이다. 이것들을 전체로 모른다하고 내려놓을 때, 집착과 고통으로 묶인 내 마음이 비로소 풀어지기 시작한다.

지금 이 순간 모른다 하고 내려 놓아보자. "괜찮아"하고 내려놓으면 마음이 평안해진다.[79] 고요함이 깊어지면몰입이 깊어지면[80] 엔돌핀, 세라토닌 등 행복호르몬이 나오면서 평안함은 깊어지게 되어 있다. 마음이 고요하고 평안해지면 전체가 보인다.

전체적인 안목이 열리면 개체를 넘어선 고요하고 텅 빈 경지에 들어가게 된다. 그 자리가 마음의 근원이다. <마음의 근원>에 도달한 의식의 특성은 성성적적惺惺寂寂한 공적영지空寂靈知이다. 허령불매虛靈不昧하고 진공묘유眞空妙有이다. 그곳은 고요하면서 또렷하고, 텅 비어 있으면서도 명료하게 알아차리는 자리이다. 현대 심리학 언어로 표현하자면, 초의식超意識 상태이다.

<마음의 근원>에 도달한 초의식 상태의 특성은 다음과 같다.[81]

* 고요하다.
* 늘 깨어있다.
* 평온이 흐른다.
* 생각, 감정, 오감으로 오염될 수 없는 순수한 자리
* 생각, 감정, 오감, 즉 개체마음현재의식을 초월해 있다.
* 마음속 고요와 계합되어 있다.
* 감정의 꼬리표가 붙지 않은 나
* 그냥 존재하는 마음
* 생각이 끊어진 자리
* 번뇌가 없는 니르바나열반
* 하루 종일 안락하다.
* 즐거움이 흐른다.

* 한번 계합하면 늘 흐른다.

★용어정리

마음의 근원에 도달한 의식의 특성

1 개념명칭

- 진아, 진여, 청정한 본성, 참성품, 참자아, 참나
- 진아, 진여, 우주적 자아(Self), 초월적 의식자아
- 신성, 불성, 하나님하느님, 진리의 영

2 특성성격

- 진여의 마음(청정한 본성, 참다운 성품): 공적영지, 텅빈각성, 허령불매
  진공묘유, 소소영영, 성성적적
- 순수한(신령스런)·신묘한 알아차림, 순수한(신령스런)·신묘한 존재감
- 순수한 깨어있음
- 늘 흐른다, 늘 비춘다, 늘 알아차린다, 늘 존재한다
- 시공이 없다, 주객이 없다, 나와 남이 없다
- 하나의 뿌리(일체동근), 영원한 진리(상주불변)
- 영원하고 불변하는 의식
- 알아차림(의식), 행복하다(지복), 존재한다(실재)
- 영원하다(상), 즐겁다(락), 주체가 있다(아), 청정하다(정)
- 주체가 있다(자성)
- 나를 떠난 자리(초월성)
- 하지만 나의 내면에 있는 자리(내재성)

3 대칭되는 개념

- 초월성(Self): 높은 에너지 vs. 개체성(ego): 낮은 에너지
- 생멸의 마음(무상, 고, 무아)
- 에고(ego), 작은 자아, 가아, 개체의 몸과 마음 작용(지정의): 생각, 감정, 의지, 분별심, 망상심, 집착심, 생멸심무명, 업식, 망념

그림 2-20 참나(진아, 초의식)의 특성

참나(초의식)의 특성	불고 견성(열반)의 용어	불교 견성(열반)의 특성
* 고요하다. * 늘 깨어있다. * 평온이 흐른다. * 생각, 감정, 느낌으로 오염될 수 없는 순수한 자리 * 생각, 감정, 느낌, 즉 마음(현재의 식)을 초월해 있다. * 마음속 고요와 계합되어 있다. * 감정의 꼬리표가 붙지 않은 나 * 그냥 존재하는 마음 * 생각이 끊어진 자리 * 번뇌가 없는 니르바나(열반) * 하루 종일 안락하다. * 즐거움이 흐른다. * 한번 계합하면 늘 흐른다.	* 공적영지 * 텅빈각성 * 허령불매 * 진공묘유 * 소소영영 * 성성적적	* 순수한(신령스런, 신묘한) 알아차림 * 순수한(신령스런, 신묘한) 존재감 * 순수한 깨어있음 * 늘 흐른다, 늘 비춘다 * 늘 알아차린다, 늘 존재한다 * 시공이 없다, 주객이 없다, 남이 없다 * 하나의 뿌리(일체동근), 영원한 진리(상주불변) * 영원하고 불변하는 의식 * 알아차림(의식), 행복하다(지복), 존재한다(실재) * 영원하다(常), 즐겁다(樂), 주체가 있다(我), 청정하다(淨) * 주체가 있다(자성) * 나를 떠난 자리(초월성) * 하지만 나의 내면에 있는 자리(내재성)

청정한 본성

청정한 본성 찾기

지금 현재 존재하고 있는 '나'라는 본체에 집중해 보자. 그리하여 '내가 현존하고 있음'에 집중해 보자.

가령, <그림 2-21>에서 왼쪽 큰 원에 집중해 보자. 그것이 청정한 본성Self이다. 중간에 5개의 색채로 이루어진 중첩된 사각형들은 내 생각, 감정, 느낌 등의 프레임들을 의미한다. 왼쪽의 큰 원이 우주적 자아Self라면, 오른쪽 끝의 작은 원은 개체적 자아ego이다. 왼쪽이 청정한 본성이라면, 오른쪽 끝의 작은 원은 무명과 업식에 물든 작은 자아이다.[82]

그림 2-21 청정한 본성과 작은 나

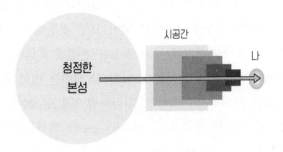

지금 이 순간 오직 '현존'에만 집중해 보자. 중간에 있는 프레임과 같은 생각, 감정, 느낌 등에 주의를 기울이지 말라. '나'라고 하는 커다란 존재 자체에만 주의를 두라. '나'라는 큰 느낌, 순수한 존재감으로서의 그곳은 고요한 곳이다. 텅 빈 곳이다. 하지만 '알아차리는' 그 무엇이 있다. 순수한 의식이다. 그래서 의식은 존재라고 하는 것이다. 내가 존재하고 있음으로만 존재하는 의식이다. 그 자리에 머물러보라. 그곳은 순수와 평화와 고요가 흘러넘치는 자리이다. 시간도 모른다. 공간도 모른다. 너와 나의 구분도 없다. 오직 지금 이 순간 존재하고 있음으로만 존재하는 순수 알아차림의 공간이다. 이것이 그대의 청정한 본성이다.[83]

우리는 흔히 이렇게 생각한다. 나는 미약한 작은 자아이고, 우주의 하느님은 큰 존재이기에 하늘 저 높은 곳에서 나를 평가하면서 지켜보고 계신다고 생각한다.

하지만 지금 이러한 이원론적 패러다임을 한번 전적으로 바꾸어 보자. 인식의 전환을 해 보는 것이다.

가령, 이렇게 생각해 보자. 나는 이미 큰 존재이고, 내겐 부족함이 없다. 내 안에 이미 우주와 같은 큰 '존재'가 들어와 있기에 나의 청정한 본성은 이미 부족함이 없이 모두 갖추어져 있다. 본성은 나의 내면에 존재하기에 나의 청정한 본성에 주의만 기울이면 나는 온전한 '현존'으로 존재한다. 나의 참 자아는 이미 완벽한 존재이며, 지금 여기 나의 내면에 '알아차림'으로 존재한다. 완전하고 청정하며 고요한 평화로 존재한다. 순수한 의식으로 깨어있으며 영원하고 불변하는 실체이다.

청정한 본성에 머물기: 평화롭게 존재하기

지금 나의 평화로운 현존을 가로막는 요인들은 무엇인가?

그것은 마음의 습기이다. 습기는 '업'과 '습'으로 구성된다. '업業'이란 그동안 내가 몸을 가지고 살아오면서 쌓아놓은 부정적 감정의 기억고정관념이며, '습習'이란 몸에 지닌 나쁜 습관들이다. 불교에서는 무명으로 가려진 망념과 집착이 청정한 본성을 가로막는 요인이라고 보았다. 이러한 마음의 습기들을 다 지우고 마음의 근원을 다시 되찾아보자.

마음의 습기를 지우는 방법은 무엇인가? 그것은 "나는 누구인가?"라는 자아탐구를 하는 것이다. 상황이 발생할 때마다 되짚어보라. "이것은 무엇인가?" 혹은 "나는 누구인가?"라는 질문을 해보라. "이 생각은 어디에서 나오고 있는가?"라는 질문을 해보라. 결국 그 질문들을 통해 계속 들어가 보면 생각인식이 발생하기 이전의 바탕 자리로 귀착될 것이다. 그곳이 마음의 근원이다.

따라서 마음의 근원이란 마음의 습기가 제거된 청정한 마음의 본성이다. 이것은 내면의 근원이니 생각을 일으키기 이전의 청정한 바탕인 것이다.

그곳은 그대가 주시하는 자리이며 내면의 중심이다. 생각과 인식 혹은 느낌이 발생하는 곳을 주시하는 자리이다. 마음이 어느 정도 가라앉아 고요해지면 내면의 중심에서 이 모든 상황을 지켜보게 될 것이다. 그대가 주시자注視者로 남아 알아차리는 이 자리는 머리brain나 마음mind보다는 가슴heart의 중심이다. 생각하고 판단하는 마음이 아닌 내면의 중심에서 지켜보게 되는 것이다. 그곳이 마음의 근원이다. 존재의 근원이며 정신의 근원이니, 모든 생각, 감정, 느낌이 발생하는 근원이다. 그곳은 고요한 가운데 평화로우며 안락한 가운데 영원하다. 깨어있고 알아차림이며 순수한 존재감으로 존재한다.

청정한 본성과 빛나는 광휘

이렇게도 한번 생각해 보자. 비유하자면, 그대의 심장 뒤에는 푸른 신비한 광채를 내는 거대한 다이아몬드 원석이 있다. 그것은 내면의 심장 중심부 뒤쪽에서 빛을 내는 강력한 에너지 장과도 같은 것이다. 이것이 그대의 청정한 본성이다. 그대의 인식의식이 이곳 내면의 중심에 자리 잡고 있을 때는 모든 인식이 고요하고 명료하다. 평온하고 안락하며, 순수한 존재감으로 빛나고 있다.

그런데 살아오는 동안 세상사의 부침을 겪으면서 그대의 무의식은 많이 오염되었다. 말하자면, 무지와 아집, 오만과 편견, 상처와 분노 같은 것들이다. 이들도 작은 에너지 체들 이어서 힘을 발휘한다. 심장 뒤에서 빛나는 청정한 본성을 왜곡시키고 굴절시킨다. 순수한 빛과 의식을 가리면서 빛은 어두워지고 순수함은 왜곡되는 것이다.

이제 이런 기본적인 원리를 알았다면, 남은 과제는 무엇일까? 그것은 어떻게 하면 우리 인식의 중심을 내면의 청정한 자리에 오래 머물도록 할 수 있을까 하는 것이다. 내면의 중심을 찾고 거기에 머무를 수만 있다면, 바깥쪽의 시끄러운 작은 자아妄念들은 점점 잦아들다가 끝내는 완전히 사라지게 될 운명임을 기억하길 바란다.

지금 여기 고요하게 그리고 평화롭게 존재해 보자. 그냥 내가 여기 존재하고 있다는 사실에 감사해 보자. 따스한 햇살에 감사하고 평화로운 마음에 감사한다.

이렇게 평화롭게 존재하고 있다는 사실이 중요하다. 나는 나의 참 존재, '큰 나'를 인식하고 있다. '큰 나'를 인식하는 것만으로도 내겐 큰 평화와 축복 그리고 고요함이 흘러넘친다. 청정한 본성을 찾는다면 진정한 자유를 회복할 수 있다. 청정한 본성으로부터 강력한 힘과 지혜가 샘솟는 것이다.[84]

청정한 본성은 어디에 있는가?

나의 청정한 본성은 어디에 있는가? 다시금 한번 성찰해 보자.

인간의 의식에 대한 연구는 불교에서 깊이 있게 다루고 있다. 기독교, 힌두교보다 심층적, 체계적으로 제시하고 있다. 인간의 무의식을 넘어 심층의식까지 탐구하여 이론으로 제시하고 있는데, 이를 유식이론이라고 한다.

<그림 2-22>를 한번 살펴보자<그림 2-22>와 <그림 2-23> 참조.

그림 2-22 인간의 의식: 진정한 주체

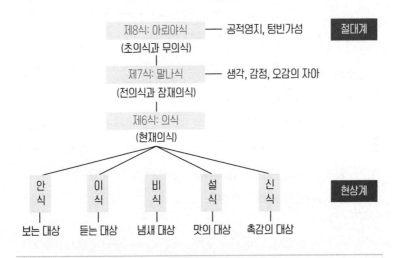

* 나는 누구인가? 진아는 무엇이고, 가아는 무엇인가?

자료: 권기헌, 정책학의 향연(박영사, 2018: 95)에서 수정 인용.

그림 2-23 마음의 구조: 청정한 본성

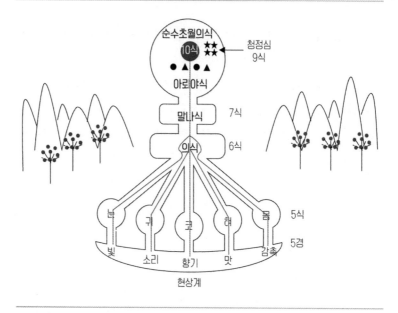

자료: 유튜브, "윤홍식의 유식학 강의-만법유식"에서 수정 인용.

불교의 유식이론은 그림 두개로 정리해 보고자 한다.[85] 〈그림 2-22〉는 인간의식을 나무 모양으로 형상화하였고, 〈그림 2-23〉은 사람 머리 모양으로 형상화하면서 제8식을 나누어 제9식, 제10식도 표시해 두었다. 한편 〈그림 2-22〉가 진아眞我와 가아假我, 진정한 주체에 초점을 두었다면, 〈그림 2-23〉은 청정한 본성의 체體, 본체와 용用, 원리에 초점을 두었다.

제8식인 아뢰야식은 머리에 해당한다. 눈에 보이진 않지만 시시각각으로 우리의 마음과 행위 속에서 발생하는 모든 정보를 기록, 저장하는 공간이다. 이에 장식藏識, 함장식函藏識이라 부른다. 또한 시공과 개체성을 초월한 자리로서 초월적 자아, 우주적 자아이다. 참나, 불성, 성령의 자리이다. 순수하게 깨어있으며 알아차림으로만 존재하는 자리이므로 청정한 본성이 머무는 공간이다.

아뢰야식은 우리가 생각, 말, 행동으로 표출하는 종자種子를 관리, 저장, 운영하는 기능을 한다. 종자생현행種子生現行 현행훈종자現行薰種子로 우리들 무의식에 저장된 종자들이 현실에서 시현되도록 하고, 현실에서 진행되고 있는 나의 말과 행동, 그리고 습관들이 다시 무의식에 저장되도록 한다. 그래서 한마디 말이나 행동, 그리고 습관이 무서운 것이다. 아뢰야식의 작용을 통해 내 운명을 좌우한다.

종자에는 후천종자와 선천종자가 있다. 후천종자는 내가 지금 이번 생에서 짓는 업業의 종자들이다. "뿌린 대로 거두리라"라고 할 때 내가 뿌린 업의 종자들이다. 선업은 선한 과보를 받고, 악업은 악한 과보를 받는다고 할 때 그 업의 종자들이다.

한편 선천종자는 지난 생의 업보뿐만 아니라[86] 우주의 근본적 원리, 즉 로고스에 관련된 것들이다. 즉, 하늘은 한 치도 어긋남이 없는 운영원리가 있는데, 이름하여 인의예지仁義禮智로 요약할 수 있다. 겨울이 지나면 봄이 오듯이, 사랑, 예의, 정의, 지혜의 원리로 하늘은 운용된다. 겨울에 얼어붙은 만물을 녹이는 봄의 사랑, 하절기에 꽃을 피우는 여름의 예의, 결실을 맺고 서리를 내리는 추상같은 가을의 정의와 동절기에 다시 씨앗으로 동면하여 다음 해를 기다리는 겨울의 지혜가 바로 그것이다.

이러한 이유로 학자들은 후천종자를 관리하는 제8식, 선천종자를 관리하는 제9식, 그리고 이 모든 무의식적 작용을 초월하여 오롯이 깨어있는 순수 초월의식 그 자체인 제10식으로 구분하기도 한다. 하지만 통설은 제8, 9, 10식을 합쳐서 아뢰야식으로 부르는 바, 여기서도 이를 따르기로 한다.[87]

이처럼 제8식인 아뢰야식은 눈에 보이진 않지만 생명의 주체이다. 이곳은 보이지 않지만 우리 삶의 현장에서 모든 행위를 녹화하고 저장하는 기능을 한다. 그리고 다음 생의 윤회의 종자로서 작용한다.

초월적 자아가 나를 형상화시켜 보이는 자아를 만들었는데, 말하자면 목, 가슴, 팔, 다리 등으로 나타나 있다. 제7식말나식, 개체의식은 목에 해당한다. 제8식이 진짜 주체임에도 이를 무시하고 제7식이 가짜 주인 노릇을 하는데, 이는 가아假我라고 부른다. 무지無知와 아집我執, 아만我慢과 아애我愛를 특징으로 하는 제7식은 자신의 견해를 고집하고 자신의 이익을 위해 투쟁을 불사른다.

제6식은 가슴에 해당하고, 제5식전오식은 팔 다리 등에 비유할 수 있다. 보고 듣고 냄새 맡고 맛보고 촉감을 느끼는 제5식前五識의 작용을 통해 바깥 현상계의 정보를 받아들이면 제6식은 이들을 전체적으로 종합하여 판단하는 역할을 한다. 하지만, 이때 제7식이 순식간에 달라붙어, "이것은 내 것이다. 내 견해가 옳다. 내 이익만을 먼저 챙겨야 한다." 등의 무지와 아집의 고집을 부리게 된다. 물론 이때 제8식에 저장된 업의 종자들이 필터가 되어 시야를 좁게 만들거나 잘못된 판단을 내리는 근거가 되기도 한다.

청정한 본성과 나의 주인

인간이 깨달음을 통해 자신의 청정한 본성을 찾게 되면 제8식, 즉 청정한 본성이 나의 주인이 된다. 청정한 본성이 중심인 삶에서는 에고ego가 아닌 참나Self 혹은 진아眞我가 주인이 된다. 이는 보이지 않는 참 모습, 초월적, 우주적 '나'이다. 참나 혹은 진아眞我는 이기적이고 작은 자아를 통제하며 넓고 유연한, 그리고 확장된 사고를 유지하게 한다. 이는 대승심이며 진여심이다.[88]

이처럼 나의 청정한 본성은 마음의 내면에 고요하고 텅 비어 있으면서도 신묘하게 알아차리는 공적영지空寂靈知의 자리이다. 플라톤은 이데아IDEA, 즉 초월적 자아라고 불렀고, 스토아 철학에서는 평정심平靜心, 유교에서는 천리天理, 불교에서는 불성涅槃, 기독교에서는 하느님天夫의 자리라고 불렀다.

인간은 누구나 환희와 황홀의 순간을 갈망하며, 평상시보다 "훨씬 더 충만한 상태에 잠겨들어 내면 깊이 감동받고, 순간적으로 우리 자신을 초월해서 고양"[89]되고 싶어 한다. 독일의 철학자 칼 야스퍼스Karl Jaspers, 1883~1969가 '축의 시대axial age, 현자들에 의해 인류의 기축이 되는 사상이 만들어진 시대'라고 불렀던 기원전의 시기부터 현자들이 발견하고 인류에게 가르침을 주고자 했던 자리도 바로 이러한 자리이다.[90]

현자들은 인간 존재의 내면 깊은 곳으로 들어가 그곳에 존재하는 초월적 차원을 만났다. 그곳은 초월적 상태이지만 여전히 나와 연결되어 있으며, 하나의 고양된 의식 상태이지만 내면에 존재하는 하나의 궁극적 실재였다. 정신이 고양된 높은 에너지의 초의식 상태이긴 하지만 고요하면서도 텅 비어 있는, 하지만 동시에 신묘한 알아차림으로 존재하는 나의 순수한 의식 상태이다. 그것은 마치 "내면의 세계를 뚫고 들어가 인간 경험에서 이제까지 발견하지 못했던 영역"[91]을 만나는 것과도 같은 의식의 상태이며, 동시에 순수한 알아차림으로 존재하는 나의 청정한 본성이다.

청정한 본성: 알아차림 혹은 성품

우주는 의식에너지와 물질에너지로 이루어져 있다. 의식에너지의 본질은 진여眞如, 불성佛性 혹은 신성神性이라고 언급했다. 그리고 성품은 텅 빔, 알아차림, 신령스러움, 고요함이라고 했다. 따라서 우주의 천지만물은 밝고 고요하고 신령스러운 알아차림의 성품을 갖춘 의식에너지를 중심으로 이루어져 있다. 인간의 마음이 천지의 주인이다. 인간의 마음이 절대긍정의 에너지로 움직일 때 천지가 모두 따라 동한다. 그러기에 옛 현자들은 "천지기운天地氣運은 가만히 계시나, 인人이 동動한다"라고 하였다.

천지만물을 쪼개면 원자핵과 전자로 구성되어 있고, 원자핵 주변을 전자가 끊임없이 돌고 있다. 원자핵을 다시 쪼개면 양성자와 중성자, 이들을 다시 쪼개면 쿼크quark, 힉스hicks 등 극미한 양자에너지로 되어있는데, 그 끝은 음양도 넘어선 무극의 영점 장場, field으로 귀결된다. 이 바탕자리는 시공을 초월해 있으며 텅 비어 있으나 신령스러운 알아차림으로 가득차 있다. 진여眞如의 자리이며,

본질은 일심진여一心眞如이다.

따라서 우주 삼라만상은 모두 일심진여一心眞如로 귀결되며, 바탕자리의 본성은 신령스럽게 아는 성품이다. 이를 불성신성 혹은 정신프시케, psyche이라고 부른다.

지금 개체 마음의 온갖 형상들, 생각, 감정, 오감 혹은 온갖 집착과 분별을 모두 내려 놓아보라. 나를 구성하고 있는 온갖 자아의 개념들을 모두 "모르겠다!" 하고 내려 놓아보라. 그리고 생각인식 이전의 자리로 돌아가 보자. 거기 고요하고 텅 빈 자리가 그대의 순수한 본성이며, 어떤 상황 속에서도 신령스럽게 알아차리는 성품 자리이다. 몸과 자아를 넘어선 그대의 청정한 본성이다. 그대를 한시도 떠난 적이 없고, 늘 함께하는 생각과 인식의 주체이다. 초월적인 에너지인 동시에 그대가 지금 이 순간 존재하는 근원적 바탕이니, 그대를 떠나 바깥에 따로 존재하지 않는다. 이것이 텅 비어 있으면서도 순수하게 알아차리는, 그대 참 성품의 청정한 본성이다.

청정한 본성: 현전일념現前一念

마음은 진여의 마음과 생멸의 마음으로 이루어져 있다. 진여眞如의 마음은 참다운 성품이고 영원하며 불변의 마음이다. 생멸生滅의 마음은 작은 자아가 느끼는 마음이고 변덕스러우며 무상하다. 진여眞如는 사단四端과 같은 고차원의 마음이고, 생멸生滅은 칠정七情과 같은 낮은 차원의 마음이다.

아리스토텔레스나 스토아 철학은 진여의 마음로고스을 길러 생멸의 마음파토스을 통제할 수 있어야 한다고 했고, 퇴계나 성리학은 우주의 마음理을 길러 인욕의 마음氣을 통제해야 한다고 보았다. 하지만 진여와 생멸은 두 차원이면서도 하나로 굴러간다. 분명히 구분되면서 서로 섞이지 않지만 또한 하나의 천지 기운으로 분리될 수 없다不相雜 不相離.

현전일념現前−念. 눈앞의 한 물건

그대 존재의 본질은 지금 어디에 있는가?

우리의 내면에는 순수한 바탕자리가 있다. 순수하게 깨어있을 때 의식의 중심은 내면의 중심에 자리 잡는다. 자연스러운 호흡의 흐름과 함께 의식의 초점은 존재의 중심에 있게 된다. 그 의식의 흐름, 중심, 힘force, current, avesam이 그대 존재의 진정한 본질이다.

그대의 순수한 내면은 오묘하고 신령하여 살아있는 영적 실재靈物이다. 그것은 개체적 육신이 아니다영적 실재의 중심에서 본다면 자기 개체 역시 실재 안에서 움직이는 하나의 제3자적 관점의 개체일 뿐이다. 이러한 상태의 의식 흐름을 진여라고 한다. 옛 어른들은 이것이 늘 눈앞에 있는 것 같다고 하여 현전일념現前−念이라고 불렀다.

하지만 느낌과 비유가 그러할 뿐, 이 진여라는 의식 흐름은 육체 "안에 있다, 밖에 있다, 혹은 그 중간에 있다"라고 위치를 지정할 수 없다. 다만 "순수한 의식의 바탕이다. 내면의 중심 그리고 존재의 중심이다"라고 말할 수밖에 없다. 시공을 떠나 있으면서도 조건에 즉각 반응한다. 큰 허공과 같이 고요한 가운데 텅 비어 있으면서 즉시 신령스럽게 알아차린다. 영원하고 불변하며 늘 고요한 가운데 깨어있다.

영원하고 불변하는 진리가 있다. 열반혹은 진여이라는 의식 상태가 있으니 지금 이 순간 너의 내면에서 찾아보라고 하는 접근을 연역법이라고 한다. 내 몸과 마음을 이루는 오온五蘊이 공하여 무아이니 현상에 집착하지 말라. 세상은 연기緣起로 이루어져 있으니 본질적으로 무상하다. 이러한 공, 무아, 무상을 체득하면 그 결과로써 오는 의식 상태가 열반이니 열반을 굳이 별도로 찾지 말라고 하는 접근을 귀납법이라고 한다.

전자에서 말한 연역법은 힌두교인도철학에서 말하는 아트만이다. 또한 대승에서도 진여 혹은 불성이라고 한다. 후자에서 말한 귀납법은 전형적인 초기불교의 가르침이다. 하지만 이 모든 것이 결국에는 하나로 만난다. 하나의 진리를 서로 다른 쪽에서 묘사한 것이다. 원효 스님은 일찍이 이러한 진리를 일심一心이라고 표현했는데, 일심은 진여심과 생멸심의 이원적 대립을 초월하는 절대불이絶對不二라고 설파했다.

청정한 본성의 자각: 진여

본성자각本性自覺
진여본체眞如本體☆

청정한 본성에 대해 자각해보니 우주의 본체는 진여眞如, 참다운 성품라는 것이다. 진여의 본질을 관조해보니 청정광명淸淨光明이었다는 것이다.

우주는 전체가 하나의 큰 생명이며, 생명의 본질은 의식이다. 또한 의식의 본질은 신령스러운 앎, 즉 밝고 고요한 알아차림의 성품이다.

우주 만물을 쪼개면 분자와 원자 이하로 내려간다. 분자 이상의 세상을 분자의 몸, 물질세계라고 하고 원자 이하의 세상을 양자의 몸, 양자세계라고 한다. 양자를 중심으로 전자가 돌고 있는데, 양자는 다시 쿼크미립자, 힉스초미립자 등으로 쪼개진다. 그 끝은 음양도 넘어선 무극의 장場으로 되어 있는데, 시공을 초월해 있으며 텅 비어 있으나 알아차림의 의식으로 충만해 있다. 진여眞如, 불성佛性 혹은 신성神性으로 가득 차 있는 바, 본질은 신령스러움, 고요함, 알아차림이다. 마음의 근본적 바탕자리는 일원심, 절대긍정심이며, 신령스럽게 아는 성품을 갖춘 자리는 상락아정이며, 청정광명으로 빛나는 의식의 자리이다.

따라서 너의 본성을 자각하면,
우주의 참다운 모습이 열릴 것이다.
거친 성정과 기질은 잠시 접어두라.
단지 고요하라.
그리고 고요하게 존재하라.
곧 너의 고요하고 텅 빈,
그리고 밝고 신령스러운 본성이 드러날 것이다.

지금 이 순간 '내'가 존재하고 있음과 존재하는 배경에 집중하라. 고요한 침묵과 바탕에 집중하고, 그것이 생생하게 살아있음을 자각하라. 그 살아있음이 알아차리고 있음을 자각하라.

'내'가 존재하는 고요한 바탕이 생생하게 살아있고, 알아차리고 있다. 그 전체가 '나'의 본성이다. 그것을 자각하라.

청정한 본성에 계합: 정념

청정한 본성에 계합한다는 의미는 정념正念을 말한다.

정념正念이란 바른 알아차림Sati 혹은 바른 마음 챙김Mindfulness을 말한다. 바른 마음 챙김이란 우리의 마음이 일념으로 가득 차 있어서 다른 생각이나 망상이 끼어 들 수가 없는 상태를 말한다.

정념正念은 정정正定으로 이어지는 경우가 많은데, 명상상태에서 삼매에 드는 것도 정정이라고 하지만, 일상생활 속에서 '고요함'이나 '청정함'을 놓치지 않는 것도 정정이다.

이처럼 마음이 하나의 초점에 계합되어 일념을 이룬 상태를 정념이라고 한다. 오른쪽으로 치우쳐 생각이나 망상妄想이 많아진 상태散亂心도 좋지 않고, 왼쪽으로 치우쳐 멍함이나 무기無記에 가라앉은 상태惛沈心도 좋지 않으니, 오직 정념의 바른 상태에 머물도록 해보자. 그리고 알아차려 보자. 정념의 바른 기준점을 찾았다면, 생각과 망상이 생기고, 혹은 무기나 혼침에 빠지더라도 이내 알아차리고 곧 정념으로 돌아올 것이니, 크게 걱정할 필요는 없다.

사실 청정한 본성에 계합하지 못했다면, 낮에는 번뇌 망상으로 괴롭고 밤에는 무기와 혼침에 시달릴 것이니, 정념의 의미를 밝혀 소소영영昭昭靈靈한 자신의 본래 모습을 찾아보라. 그리하여 대자유大自由의 삶을 구가해 보자.

진여의 철학: 청정한 본성에 이르는 길

의 철학: 청정한 본성의 참모습

그렇다면, 청정한 본성의 참 모습은 어떠한가?

청정한 본성은 오묘하고 언제나 고요하여 마치 커다란 허공과 같이 모든 곳을 두루 비추지만 언제나 맑고 깨끗하다. 이를 진여의 세계라고 한다. 이처럼 진여의 오묘한 바탕 위에서 미묘한 작용이 드러나면, 인연의 흐름에 따라 온갖 작용을 일으켜도 문제가 되지 않는다.[92] "마음이 온갖 경계를 따라 가면서 가는 곳곳 빠짐 없이 그윽한 이치를 보이며, 인연의 흐름 속에서도 참 성품을 알면 기쁘거나 슬플 것도 전혀 없는 것"이다.[93] 그것이 사단四端의 마음이든 칠정七情의 마음이든 관계없다.

이를 달리 표현하면, 사단四端의 마음이든 칠정七情의 마음이든 진여의 본심에서 나와야 생멸生滅이 없는 것이다. 생멸生滅이 없다는 것은 여래장에 그 흔적을 남기지 않아 자취가 깨끗하고 걸림이 없다는 뜻이다. 또한 성품이 밝게 빛난다. 하지만 생멸이 있는 마음은 아무리 인의예지처럼 보여도 참마음이 아니며, 칠정 역시 외관상 희로애락으로 보이더라도 진여심眞如心에서 우러난 칠정은 그 자체로 고귀하다.

그렇다면, 진여의 마음은 구체적으로 어떤 모습을 띠는가?
진여의 모습은 다음과 같다.[94]

1. 큰 지혜요 광명이며
2. 자체 성품이 맑고 깨끗한 마음이며
3. 영원하고 즐겁고 주체적이고 청정하고
4. 인과의 법칙에 지배받지 않으며
5. 그 자체로 존재하는 것이다.

진여眞如는 "그 자체로 존재하는 것"이라는 의미는 특히 심오하다위 명제 중 제5번. 철학에서 "그 자체로 존재한다"는 것은 "I Am That I Am나는 스스로 존재하는 나"과 같이 매우 특별한 의미를 지닌다. 스피노자는 이를 우주의 근본 원인, 즉 일자一者라고 표현했으며, 다른 존재에 의존하지 않는 궁극의 존재라고 보았다. 아리스토텔레스는 이를 부동의 동자unmoved mover라고 표현했다. 자신은 움직이지 않으면서 다른 모든 것들의 움직임을 일으키는 제1의 근본 원인이라는 것이다. 이것만이 실체實體이고 다른 모든 것은 제1자에서 파생된 양태樣態라는 것이다.[95]

불교에서 말하는 진여眞如 역시 이와 같다. 진여는 일자—者이며 궁극의 실재이며, 여기로부터 모든 것이 잉태되었다. 진여라는 실체에는 다른 어떤 군더더기도 일체 붙을 수가 없다원성실성圓成實性. 진여 이외에는 그 어떤 것도 스스로 있지 못하고 "서로 연기緣起하여" 존재할 수밖에 없는 의존성을 띠는 것들이다의타기성依他起性. 이러한 진여로부터 생각이 탄생하고 시공時空이 펼쳐지며 온갖 차별상生滅心이 파생된다. 하지만 거슬러 올라가 우주 만물을 탄생시킨 근본 원인일자을 추적한다면, 그것은 공空을 특성으로 하는 진여의 장場인 것이다.

결론적으로, 진여眞如란 영원하고 불변하며, 그 자체로 순수하고 청정하다. 태어나지도 않았으니 죽음을 모르며, 늘어나지도 줄어들지도 않고 영원하다. 또한 진여의 법칙을 따르면 즐겁고 행복하며 청정하고 영원하다. 주체적이며 이것만이 스스로 독립된 성품자성, 청정한 본성이 있다고 할 수 있다.

진여의 특성이 잘 나타난 문구를 한번 관조해 보기로 하자. 규봉 종밀780-841 스님의 표현이다.

마음이란 텅 비 듯 오묘하고 순수하며 신령스런 빛이 나니, 오고 감이 없어 눈에 보이지는 않지만 모기, 근세 ... 통한다. 안이나 밖에 있는 것도 아니면서 시방세계에 툭 트이 ... 을 해칠 수 있겠는가. 어떤 성품이나 어떠한 모습도 떠나 있으니, 어찌 온갖 경계로 이 마음의 눈을 가릴 수 있겠는가.[96]

진여와 자비: 화엄경의 인드라망

불교 경전에는 '인드라Indra망'이라고 하는 하나의 상징적인 그물망이 나온다. 제석천 궁전을 수놓은 무수한 구슬로 만들어진 그물이라고 하는데, 불교의 연기법을 상징적으로 표현한다. 그물은 한없이 넓고 이음새마다 구슬이 있는데, 구슬은 서로를 비추고 비추어 주는 관계로 이루어져 있다. 구슬들은 서로를 비출 뿐만 아니라 우주 전체를 비추면서 빛을 내고 있는데, 그 빛은 사실은 다른 존재로부터 오고 있다. 태양, 바람, 꽃, 그리고 물과 흙이 있기에 내가 숨 쉴 수 있고 존재할 수 있는 것이다. 네가 있기에 내가 있고, 네가 있음에 내가 행복할 수 있는 것이다. 그러므로 상호 연기緣起이며 일체 동근同根이며, 동체 대비大悲인 것이다. 이것이 화엄경에서 말하는 '중중무진重重無盡', 즉 '자비의 사랑'이다.

진여에 이르는 길: 청정한 본성에 계합하기

진여에 이르는 길은 청정한 본성에 계합하기 위한 수행방법을 말한다. 그 방법으로는 예로부터 정혜쌍수定慧雙修와 지관겸수止觀兼修를 말한다.

정혜쌍수는 고요함定과 지혜慧를 같이 닦는다는 뜻이고, 지관겸수는 멈추어 모든 번뇌를 그치는 것止과 자신의 청정한 본성을 관찰하고 사물의 본성을 꿰뚫어 봄觀을 함께 닦는다는 뜻이니 크게 다르지 않다. 고요함을 닦아 선정을 기르고, 고요함 속에서 본성에 관하여 지혜를 기르라는 것이다.

정은 집중과 몰입을 의미하고, 혜는 지혜와 몰입사고를 의미한다.

몰입에는 두 가지가 있는데, 나에 대한 몰입과 대상에 대한 몰입이 있다.[97] 또한 몰입의 깊이를 구분하자면, 네 단계로 구분할 수 있다. 율곡은 이를 지정정안止定靜安이라고 불렀다.

지정정안止定靜安이란, 지止: 대상에 대해 생각을 하나로 모으는 단계, 정定: 대상에 대한 집중은 있으나 잡념이 공존하는 단계, 정靜: 잡념보다 집중의 정도가 높아 고요한 단계, 안安: 대상과 물아일체가 되어 완전히 몰입된 단계를 말한다. 마지막 단계몰입 4단계에서는 세로토닌 등 호르몬이 분비되어 몰입에 신바람이 나며, 슈퍼의식초의식, 진여, 참나의식이 발현된다.[98]

이처럼 몰입 4단계에서는 의식이 하나로 깨어있고 명징하게 되는데, 고양되고 또렷하며 변형된 의식 상태에서 사리를 분별 판단하는 몰입사고를 하는 것이 매우 중요하다. 이것이 지혜이고 창의력인 것이다.

원효 스님은 지관겸수止觀兼修를 강조했다. 고요히 머무는 삼매定定, 지止를 닦는 한편 고요함 속에서 청정한 본성을 관찰하는 지혜慧慧, 관觀를 함께 닦는 수행을 할 것을 권했다. 고요히 머무는 선정止에 전념하는 시간을 제외하고는 늘 깨어있는 마음으로 항상 무엇을 해야 할 것인가를 잘 관찰하여 해야 할 일과 해서는 안 될 일을 명확히 판단하라고 했다. 더 나아가 '나'에 대한 공我空, '법계'에 대한 공法空에 대한 명확한 이해를 토대로 중생에 대한 사랑과 자비의 실천을 강조했다.

진여에 이르는 단계: 청정한 본성에 이르는 깨달음

송나라의 고승 영명연수 대사는 『주심부註心賦: 돈교오위문청정한 본성을 단번에 깨치는 5단계의 가르침』에서 다음과 같이 말했다.

첫째, 식심識心이다. 마음을 아는 것이다. "말하는 것이 마음이고 보는 것이 마음이며, 듣는 것이 마음이고 깨닫는 것이 마음이며, 아는 것이 마음이다.[99] 이렇게 허다한 마음이 모두 하나의 마음이며, 하나의 마음이 모든 곳에 두루 한다는 사실을 낱낱이 아는 것이다."[100] 이것이 첫 번째 깨달음이다.

둘째, 지신知身이다. 몸을 아는 것이다. "육신은 무정물無情物이다. 육신은 아프고 가렵고 좋고 싫음을 모른다. 육신은 계속 변한다. 세포가 죽고 살고 하면서 계속 변한다. 한 순간도 쉬지 않고 변하면서 온 우주의 원자, 전자들과 에너지를 교환하고 교류하고 있다. 변치 않는, 우주와 구분된, 별개의 나의 몸은 없다."[101] 이것을 아는 것이 두 번째 깨달음이다.

셋째, 파신破身이다. 몸을 넘어서는 것이다. "사대로 이루어진 육신을 파破하는 것이다. 지수화풍으로 이루어진 육신은 공空이요, 공空이 곧 무생無生임을 아는 것이다. 공空은 내외와 중간이 없어서 일체의 모습을 떠나 있다."[102] 이것이 세 번째 깨달음이다.

넷째, 파온破蘊이다. 마음을 넘어서는 것이다. "오온五蘊 혹은 오음五陰을 파破하는 것이다. 오온으로 이루어진 마음작용이 모두 공空함을 아는 것이다. 보고 듣고 말하는 것, 그리고 받아들여 생각하며 행동하고 아는 것 모두가 시시각각 변한다. 영원히 변치 않는 것, 독립적인 그 무엇이 아닌, 감각기관이 만들어 내는 것이다. 감각기관을 통한 느낌은 믿을 게 못된다. 그것은 수시로 변한다. 근본마음, 참나가 생시와 꿈과 깊은 잠을 만든다. 하지만 우리는 생시만을 중시하며, 생시의 나만 나로 생각한다. 착각하는 것이다."103 이것을 아는 것이 네 번째 깨달음이다.

다섯째, 견성見性이다. 견성하여 성불成佛함이다. 이것이 마지막 다섯 번째 깨달음이다.

앞에서 설명한 내용들을 확실히 체득하여 개체적 육신과 마음 작용을 모두 파破하고 나면 본질만 남는다. 이러한 본질이 청정한 본성이다. 청정한 본성은 알아차림으로 존재한다. 존재의 근원인 성품은 순수한 의식이다. 그것은 고요한 가운데 알아차리고 있다.
청정한 본성을 여래장如來藏이라고 부른다. 그것은 사라지지 않는다. 고요하며 상주한다. 순수한 평화와 기쁨으로 존재한다淸淨體, 常樂我淨.
이것을 보는 것 그리고 아는 것을 견성見性이라고 한다.

그리하여, 볼 것도 없고 이룰 것도 없는 그 자리!
이미 여기 있는, 있다 없다 할 수 없는 그 자리!
고요하면서 고요하지도 않는 그 자리!
알아차리면서 존재하는 그 자리!
머무르면서도 머무름이 없는 그 자리!"104를 얻는 것이다.

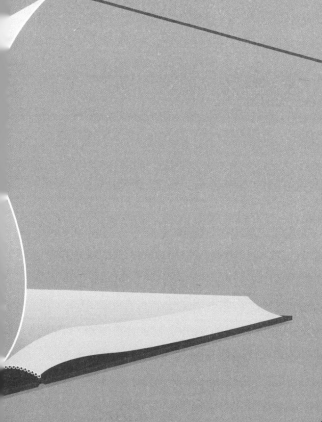

PART

III

인간의 본성

인간의 근원적 본성

인간의 본질적 의미

눈에 보이는 것이 전부가 아니다.

인간의 근원은 청정한 본성이다. 인간의 참다운 본성을 이해하기 위해서는 눈에 보이지 않는 실재, 즉 비물질적 에너지_{마음과 영혼}에 대한 이해가 필요하다. 앞에서도 언급했듯이, "인간의 근원은 본성이다. 인간은 태어날 때 존재의 전체성과 연결되어 있다. 하지만 태어나 이름을 부여받고, 점차 이성이 발달함에 따라 '나'라는 생각과 느낌과 감정이 생겨나게 되었다. 그러면서 자아가 형성된 것이며, 전체에서 이탈한 마음이 독립된 개체를 유지하기 위해 끊임없이 '자아'라는 관념을 강화시켜 나가고 있다."[1]

'자아'라는 관념이 생겨나면서 점차 '전체'와의 연결성은 희미해져 갔다. '자아'를 유지하기 위해서는 생존 현장에서 투쟁해야 한다. 눈에 보이는 것이 우선시 될 수밖에 없다. 먼저 먹어야 하고, 먼저 도착해야 한다. 내 '자아'를 보호하는 방어기제가 작동될 수밖에 없다. 이처럼 '개체'가 중심이 되면 개체를 강화시키기 위해 탐진치貪瞋痴라는 기제가 작동될 수밖에 없다.

하지만 인간의 본성은 개체를 넘어서 있다. 그것은 존재이며, 전체와 연결되어 있다. 영적 실재Self이다. 눈에 보이진 않지만 지금 이 순간에도 생생하게 작동하고 있다. 이것을 서양에서는 신성, 이데아, 절대자라고 불렀고, 동양에서는 본성, 진여, 참 자아라고 불렀다.

그림 3-1 그리스 스토아철학, 유교철학, 불교철학의 공통분모

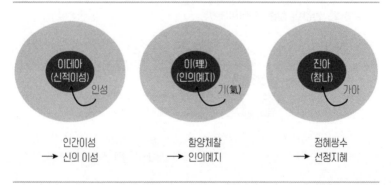

순수한 기쁨, 진정한 평화로 이루어진 청정한 본성이 개체에 접목되면서 인간의 근원적 고통이 발생했다.[2] 전체의식이 자아에 접목되면서 세상에 대한 인식이 분열되기 시작했다. 따라서 우리는

회복해야 한다. 하지만 진정성을 가지고 찾아보라, 그대의 자아는 지금까지 한 번도 순수함을 상실하지 않았다. 늘 있던 그대로 순수한 기쁨과 진정한 평화로 존재하고 있다.

인간의 본질적 근원

인간의 근원은 본성Self이다. 이를 개체적 마음ego이 둘러싸고 있는 모습이다. 하지만, 개체적 마음은 원래 그 실체가 없는 것이다. 근원적 마음은 우주론적 본체이며, 이 본체에서 생각, 감정, 오감과 같은 개체적 마음이 파생되었다.[3] 하지만 그 실체를 찾아보면 봄날의 아지랑이 같고, 새벽의 이슬과도 같아서 금방 사라지는 것들이다.

그림 3-2 인간의 실존: 생명의 본체

본성: 참나, 진아, 불성
마음: 생각, 감정, 오감

• 눈앞에 텅 비어 있고
  깨어 있는 의식
• 공적영지
• 초월성과 내재성
• 생생한가, 살아있는가?

근원적 마음은 텅 비어있는 본성이며 깨어있는 마음이다. 텅 비어 있되 신묘하게 알아차리는 마음이다.

거울이 비추는 본성이 있고 물에 적시는 본성이 있듯이 우리 근원적 마음의 본성은 알아차림이다. 우리 근원적 마음인 본성은 늘 알아차림으로 존재한다. 개체적 마음과는 다른 차원이기에 초월성을 지니며, 초월이라고 하지만 나의 내면과 별개가 아니기에 또한 내재성을 지닌다.

지금 이 순간, 우리에게 필요한 성찰은 다음과 같은 것이다.

이러한 근원적 마음은, 지금 나에게 생생한가? 살아있는가? 그리고 지금 이 순간 깨어있는가?

인간의 다차원적 실체

인간의 근원은 본성이다. 본성에서 개체가 나왔다. 개체로 나오면서 마음 에너지가 쌓였다. 마음 에너지의 가장 끝에 밀도가 가장 높은 형태로 육체라는 것이 탄생되었다.

우리의 청정한 본성이 인간 육체로 탄생한다면 4가지 몸체를 입게 되는데, 그것은 원인체, 생각체멘탈체, 감정체아스트랄체, 육체이다. 감정체는 감정과 관련된 마음이며, 생각체는 생각과 관련된 마음이다.

육체 바깥쪽에 감정체, 생각체, 원인체의 순으로 자리잡고 있다. 감정은 가슴과 연결되며, 생각은 머리와 연결되므로 육체의 감각기관은 감정과 생각을 증폭시키는 기능을 하지만 감정과 생각이 육체 안에 있는 것은 아니다. 그것은 오히려 육체의 바깥쪽에 존재하는 감정과 생각공간에서 발생한다. 감정과 생각공간은 우리의 무의식 공간으로 이해할 수 있다.

원인체는 인간의 영에 개체성이 부여된 것이다. 개체성이란 에고인데, 에고는 개별 ID와 같은 것이다.

마음 에너지는 육체를 에워싸고 있는데, 그것은 여러 겹의 에너지 차원으로 구성되어 있다. 신지과학에서는 이러한 에너지체를 7개로 나누고 있다.[4] 크게 구분한다면, 3분하여 신身. 육체, 심心. 마음, 영靈. 영혼으로 구분할 수도 있다.[5] 이처럼 인간의 본질은 단순한 육체가 아니다. 육체는 감각기관으로서 증폭작용만 할 뿐 본질은 아니다. 본질은 우리의 청정한 본성이며 순수의식이다<그림 3-3> 참조.

우리 육체에 존재하는 에너지 센터차크라도 이와 같다. 마음공부가 깊어지고, 의식이 맑아질수록 더 높은 차크라chakra가 열린다. 제1, 2, 3의 차크라는 물질계의 자아와 관련된 에너지 중심이다. 생존, 본능, 자아 정체성과 연결되어 있다.

제4의 차크라는 가슴의 사랑 에너지이다. 이는 제5, 6, 7의 영적 차크라로 이어지는 연결통로 역할을 한다. 사랑 에너지가 열리지 않고서는 상위 차원으로 나아갈 수 없기 때문이다. 사랑 에너지가 열리게 되면 보다 영적인 차원의 소통, 직관, 초월로 이어진다. 아래의 생존, 경쟁, 본능적 욕구에 충실할 때는 시야가 매우 좁지만, 소통, 직관, 창조 등 상위 차원으로 갈수록 시야는 넓어진다. 이는 매슬로우A. Maslow의 욕구단계이론과 밀접하게 상응한다는

점도 흥미로운 대목이다.[6]

　정신에너지는 강력함도 중요하지만 균형均衡이 더욱 중요하다. 가령, 제1, 2, 3 차크라의 에너지가 약한 사람은 생존 기능이 약해서 삶의 의욕이 없고 무기력하며 자존감이 바닥을 치게 되지만, 과다한 사람 역시 산만하며 너무 이기적이며 주의력 집중에 문제가 생긴다. 자존감이 강하고 왕성하게 활동하지만 과도한 이기심과 우월주의에 빠지게 된다. 열정은 좋은 것이지만 과도한 탐심貪心으로 이어지게 되면 자신의 삶을 파멸로 이끈다.

　자신의 삶에 대한 인식과 통찰이 깊어지고 영성지능靈性知能이 발달하면 제4 차크라 이상의 상위 차크라가 열리게 된다. 제4, 5, 6 차크라가 열리게 되면 돈이나 권력만을 과도하게 집착하기 보다는 주변과 조화를 이루고 삶의 의미나 가치를 추구하게 된다. 건강, 부, 행복 등 나에게 진정으로 필요한 것이 무엇인지를 알게 된다. 보이는 물질 가치에서 보이지 않는 정신 가치로 삶의 무게 중심이 이동하면서 인생에 대한 깊은 안목과 통찰 속에서 나와 남을 생각하게 된다. 세상과 공동체에 대한 의미 있는 기여 속에서 자신의 존재론적 본질을 찾아가게 되는 것이다.

그림 3-3 인간의 실체: 다차원적 구성

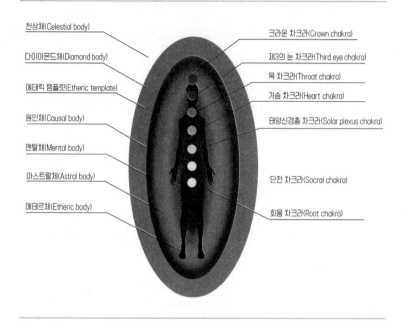

천상체(Celestial body)
다이아몬드체(Diamond body)
에테릭 템플릿(Etheric template)
원인체(Causal body)
멘탈체(Mental body)
아스트랄체(Astral body)
에테르체(Etheric body)

크라운 차크라(Crown chakra)
제3의 눈 차크라(Third eye chakra)
목 차크라(Throat chakra)
가슴 차크라(Heart chakra)
태양신경총 차크라(Solar plexus chakra)
단전 차크라(Sacral chakra)
회음 차크라(Root chakra)

자료: Lisa Montero, "Man, God and the Cosmos", Theosophical Society, Adyar 2001 (Powerpoint Slides of Dr. KVK. Nehru)에서 수정.

인간의 본성: 그 청정한 공간

인간의 본성은 의식이다. 의식은 전체이며 존재이다. 의식은 또한 빛이다. 빛이란 한계가 없다. 인간의 가장 큰 착각은 몸이 곧 나의 전부라는 생각이다. 이러한 생각은 협소한 인식을 낳는데 집착의 근본적 원인이 된다. 가령 보통 사람들은 자신의 생각이 실현되지 못하고 좌절이 오면 상처를 입게 되는데, 생각의 좌절은 감정 에너지를 억누르게 된다. 이처럼 생각의 좌절이나 감정의 좌절이 심각한 장애나 질병으로 이어지는 경우는 모두 몸이 곧 나라는 협소한 인식에서 기인하는 것이다.

이와는 반대로 그대의 본질이 광활한 우주와도 같고 어디에도 제약받지 않는 청정한 빛과 같다는 생각을 한다면, 그리하여 그대의 진정한 본성은 천지사방이 탁 트인 광활한 우주와도 같다는 생각을 하게 된다면, 그대의 청정한 자아는 실로 우주처럼 광대무변하게 확장될 것이다. 그렇게 된다면 생각과 감정으로 인한 상처는 그대의 광대무변한 마음 안에서 쉽게 보듬고 치유될 수 있을 것이다.[7]

그림 3-4 인간의 본성: 청정한 공간

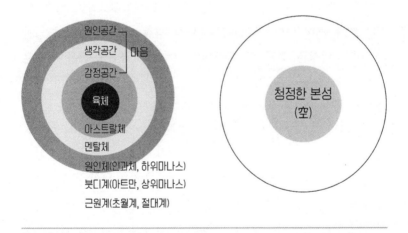

<그림 3-4>는 마음은 육체에 국한되지 않고 감정 공간, 생각 공간, 원인 공간 등으로 보다 더 크고 확장된 개념임을 보여준다. 더 나아가 인간의 본질은 좁은 개체적 마음이 아니라 청정한 본성임을 보여주고 있다. 청정하고 텅 빈 가운데 신묘한 알아차림이

작동되고 있다. 이것이 인간의 진정한 본성이다.

그림 왼쪽 하단에는 복잡한 이름들이 붙어 있지만 일단은 무시하기로 하자. 중요한 것은 내 마음은 몸보다 더 크다는 사실이다. 마음은 감정 공간, 생각 공간, 원인 공간 등의 영역을 확보하고 있고, 그 너머에는 무한한 영靈의 공간으로까지 확장되어 있다.[8] 우주 전체를 포함하고 있다는 말이다. 따라서 우리 하나 하나의 실체본질는 가히 우주이다. 완벽한 우주의 바탕이 청정한 본성임을, 완전한 형태의 텅 빈 의식알아차림임을 오른쪽 그림일원상은 보여주고 있다.

가령, 그대가 눈을 감고[9] 명상을 한다고 생각해보라. 그대의 인식은 맑게 깨어 있다. 몸이 이완되면서 점점 더 몸을 인식하지 않게 된다. 의식은 점점 더 확장되면서 그대의 의식공간은 커져갈 것이다. 감정 공간, 생각 공간, 원인 공간 등을 지나 그대의 의식공간은 점점 더 큰 공간으로 확장되고, 마침내 무한한 빛으로 우주 전체를 가득 채운다. 그 전체의 공간이, 맑게 깨어있는 의식이 그대의 청정한 본성이다. 비유컨대, 그건 마치 내 육체는 인지되지만 전체공간에서 보면 하나의 작은 점처럼 느껴진다. 내 몸에 마치 와이파이wifi가 켜지듯, 위로, 사방으로 나의 의식공간은 하나의 파동처럼 확장되어 간다. 전체의 완전한 본성이, 깨어있는 청정한 본성이 그대의 진정한 실체본질이다.

마음을 이처럼 큰 공간으로 인지하고 깨어있는 사람은 마음을 크게 쓴다. 자신의 감정 공간 안에 들어와 있는 온갖 플러스 감정과 마이너스 감정을 균형감 있게 관찰하는 능력을 키운다. 그곳에 집착하거나 한 덩어리가 되어 매몰되지 않는다. 가령 기쁨도 깨어 있는 마음으로 바라보고, 슬픔이나 우울도 깨어있는 마음으로 바라본다. 설사 두려움이나 열등감, 혹은 불안한 마음이 일어나더라도 깨어있는 마음으로 바라본다. 왜냐하면 이들 각자의 요소들은 내 마음 공간에서 일어나는 하나의 부분들일 뿐 '내' 자체가 아님을 알고 있기 때문이다.

하지만 이처럼 마음 공간을 넓은 하나의 실체로 바라보지 못하고 내 몸이 전부인 줄 아는 사람은 감정을 넓은 감각으로 처리하지 못한다. 슬픔이나 우울, 두려움이나 열등감 등의 부정적인 감정을 내 마음 속에 꾹꾹 눌러놓게 된다. 그러면 그것이 더 큰 부정적 현실로 나타나게 되는 것이다.

마음의 공간: 그 끝없는 자유

마음은 크고 광대하다. 마음의 공간은 광활하며, 청정하고 텅 비어 있다. 그것은 넓고 텅 비어있다. 따라서 인간은 끝없는 자유를 추구할 수 있는 존재이며, 그 속에서 행복감도 느낄 수 있는 존재이다.

하지만 생각해보면 마냥 크다고만 할 수도 없는 게 작아질 때는 한없이 작아지기 때문이다. 특히 분별심을 내거나 화를 낼 때는 한없이 좁고 옹졸해진다. 선악善惡, 미추美醜, 호오好惡의 분별심 혹은 집착하는 마음이 생기는 순간 내 마음은 작아진다.

분별한다는 것은 이미 집착심을 내포하고 있다. 화를 낸다는 것은 한발 더 진행된 것이다. 감정과 한 덩어리가 되었다는 뜻이고, 감정에 이미 매몰되었다는 의미이다. 이것은 깨어있지 못했다는 증거이다. 깨어있다는 의미는 감정이나 생각과 한 덩어리가 되지 않고 떨어져서 관찰한다는 의미이며, '주시자'의 입장에서 객관적으로 바라본다는 의미이다.

따라서 정답은 '깨어있음'이다. 내 마음의 공간이 본래 넓다는 사실을 깨닫고, 내 마음의 공간을 넓게 쓰며 활용하는 것이다. 그리고 그 공간 안에서 일어나는 온갖 일들을 '깨어있는 시각'으로 바라보는 것이다.

마음은 파동 에너지이며, 플러스와 마이너스의 극성을 띤다. 그리고 알아차림과 주시의 힘은 강력하다. 주시의 힘이란 나와 너의 이분법을 떠나 청정한 공간의 바탕의 힘으로 응시한다는 뜻이다. 바로 청정한 공간의 힘이고 바탕의 힘이고 응시의 힘이다.

따라서 청정한 본성의 힘으로 깨어있어야 한다. 그리고 청정한 바탕으로부터 오는 강력함으로 주시해야 한다. 깨어있음, 알아차림, 주시의 힘은 내 마음 공간에서 일어난 작은 에고적^{부정적} 감정들을 모두 봄눈 녹이듯이 말끔하게 소멸시킨다.

마음은 매우 넓고 광대하다. 가령 히말라야 정상 위에 서있다고 생각해보라. 내 마음은 사방으로 툭 트이고 광활해질 것이다. 또는 태평양 한 가운데서 망망대해를 항해한다고 생각해 보라. 역시 그럴 것이다. 이번에는 위로 한번 올라가 보자. 우리 마음은 지구를 벗어나 태양계로 갈 수도 있고 더 올라가 은하계에서 지구를 바라볼 수도 있다. 혹은 우주 끝까지 날아가 우주를 내 품에 안을 수도 있다. 이처럼 마음은 광대무변하다.

시간적으론 어떤가? 내가 탄생한 시점으로까지 생각을 가져가 볼 수도 있고, 거꾸로 내가 이 세상을 하직하는 순간까지도 가볼 수 있다. 임종할 때 나의 모습은 과연 어떠할까? 혹은 10년 뒤, 20년 뒤의 내 모습은 어떠할까? 그런 먼 미래의 관점에서도 지금 겪고 있는 내 고민은 심각한 것일까? 과연 생각이나 나겠는가? 지금의 복잡한 내 감정 상태는 이미 날아가 버렸을지도 모른다.

『왓칭』의 저자, 김상운 작가는 이러한 왓칭WATCHING의 연습을 자주하라고 권한다. 의식을 시공간적으로 확장해 보는 것이다. 그 러한 사고실험은 현재의 감정과 생각 응어리를 해소할 수 있다. 그러한 수행 속에서 참다운 지혜, 힘, 에너지를 배가倍加시킬 수 있고, 우리의 잠재의식 속에 자리 잡은 감정적 트라우마念體들은 치유될 수 있다.[10]

그렇게 되면 변하는 것과 변하지 않는 것, 흘러가는 것과 흘러가지 않는 것에 대한 참다운 지혜와 분별력이 증가한다. 전자는 유위법이고 후자는 무위법이다. 생각, 감정, 오감과 같은 마음작용은 모두 변하는 것이고 흘러가는 것이다. 이를 지켜보는 전체의식은 변하지 않고 흘러가지 않는다. 이것만이 깨어있는 청정한 본성이다.

나는 빛이다. 작은 육체가 아니란 뜻이다. 나는 사방이 탁 트인 큰 공간으로 나아가 한없이 넓은 광활한 세계를 날아갈 수 있다. 내 본질은 의식이기 때문이다. 어디에도 방해받지 않고 나는 의식을 확장시킬 수 있다. 육체는 나의 도구이다. 생각과 감정 역시 나의 도구일 뿐 본질은 아니다. 나의 본질은 존재이며 의식이다. 청정한 본성이며 텅 빈 알아차림이다.

> 별이 바람에 스치운다. 시원한 바람이 내 마음을 스친다. 내 마음은 텅 비어 시원하다. 천지 사방을 밝게 비춘다. … 나의 청정한 본성은 어디에 있는가?

초월성과 내재성

육체와 가까울수록 개체성내재성을 띠고 있으며, 육체에서 멀어질수록 개체성보다는 보편성초월성을 띠게 된다. 가령, 육체와 에테르체는 밀접하게 붙어있다. 에테르체는 생기체生氣體라고도 불린다. 즉, 육체의 기운의 흐름이 에테르체에 나타난다. 몸과 마음의 건강이 좋을 때 에테르체는 맑고 생생한 기운이 활기찬 형태로 흐른다. 몸의 특정 장기에 문제가 생기면 에테르체의 흐름은 어둡고 둔탁하게 나타난다.[11]

에테르체, 아스트랄체, 멘탈체, 원인체, 천상체로 멀어질수록 개체성보다는 보편성을 띠게 된다. 에테르체는 육체의 기운, 아스트랄체는 감정, 멘탈체는 생각과 관련이 있으므로, 이들은 '육체적인 것'이다. 반대로 원인체, 천상체로 올라갈수록 육체적인 것보다는 '정신에 관한 것', 즉 순수의식의 형태를 띠게 되는 것이다.

우주는 모두 하나의 질료로 이루어져 있다. 에너지의 진동률과 진동방식에 따라서 차원이 나뉜다. 에너지의 진동이 높아질수록 맑고 가벼워진다. 물질의 세계는 말하자면 에너지의 진동이 낮은 세계이다. 여기에서는 밀도가 높아 에너지가 물질육체로 나타난다物現된다. 육체에서 마음mind, 영혼soul, 순수의식Spirit으로 높아질수록차원이 상승될수록, 에너지 진동은 높아지며 맑고 가벼워진다氣化된다.

초월적 실재와 나의 영혼과의 관계 역시도 그렇다. 소위 '내재內在하는 신神'의 문제이다. 동학의 창시자 최제우가 <교훈가>에서 "네 몸에 모셨으니 사근취원捨近取遠한단 말인가"라고 한 말은 천주天主를 멀리서 찾을 것이 아니라 바로 가까이 "네 몸에 모셨으니侍天主, Indwelling Spirit" "멀리서 구하지 말라"라고 하는 뜻이다.[12] 또한 불교 보조국사 지눌의 <수심결>의 핵심내용도 "밖에서 구하지 말라"라고 하는 것이다.

순수의식무한지성을 담은 영Spirit이 이미 영혼에 들어와 있고, 내 영혼은 몸과 마음을 구현하고 있다. 초월해 있지만 내재해 있는 것이다. 따라서 밖에서 구하지 말라는 것이다.

영혼은 비물질적 실체이기에 음식으로 성장하지 않는다. 영혼은 비물질적 에너지, 즉 지식과 사랑으로 성장한다. 내가 생을 마감하고 육체를 떠날 때 내게 남는 것은 지식과 사랑이다. 따라서 내가 수행자가 되고 인격이 닦이면 남에게 이로운 삶을 살아야 한다. 남에게 도움이 되는 이로운 삶을 살 때 내 의식은 맑아지고 가벼워지게 된다. 나의 공부가 깊어지면 의식은 점점 더 열리게 된다. 의식이 열리면 영혼은 더 맑아지면서 가벼워지게 된다. 맑고 가벼워지면서 더욱 빛나게 된다.

프랑스의 지성으로 노벨문학상을 수상한 문호 로맹 롤랑은 다음과 같이 비유적으로 표현했다.[13]

우리가 '우주적 영혼들'로부터 배워야 하는 것은 그들이 보여준 지고의 지혜이다. 그들의 탁월함과 평온의 비결은 '그저 아름답게만 잔뜩 피어난 백합꽃'이 아니다. 그들은 헐벗은 사람들에게 옷감을 짜준다. 그들은 우리를 미궁의 미로에서 인도해 준다. 그들이 인도하는 길은 원시의 신들이 사는 광대한 혼의 늪지대를 지나 우뚝 솟아 있으며, 천상의 날개로 장식된 정상, 그 무형의 정신으로 우리를 이끈다. 진정 사람의 내면에는 끊어지지 않는 두 겹의 신성한 줄이 천상과 지상 사이를 오르락내리락하고 있다.

철학의 위안

보에티우스Boethius라는 위대한 철학자가 있다. 서기 5세기경에 살았던 그는 플라톤의 마지막 제자라고 불렸을 만큼 진리에 대한 사랑이 극진했으며, 평생 진리와 지혜를 실천하는 삶을 살았다. 하지만 중세 암흑기에 정치적 박해를 받아 사형을 선고받게 되는데, 바위와 동굴로 이루어진 열악한 감옥에서 하루하루 사형을 기다리던 그가 할 수 있는 일이라고는 내면의 삶을 탐구하는 것 밖에 없었다.

자신의 운명을 받아들이기로 한 보에티우스는 독방에서 조용히 진리에 대해 사색하였다. 차가운 독방에서 삶과 우주의 놀라움에 대해 깊이 사색하고 있던 어느 날 밤, 강렬한 빛이 그 앞에 나타났다. 그 빛에서 아름다운 여인이 모습을 드러냈다. 눈부신 후광後光을 입은 그 천사는 그에게 다가와 얘기했다. "네가 지금까지 섬겼던 자가 바로 나다. 네가 딱한 처지에 처했으니 이제부터는 내가 너를 섬기겠다." 그녀는 보에티우스가 평생 동안 진리탐구에 전념하고 남을 도우며 살아왔기 때문에 그에게 빚을 지게 되었다고 말했다. 그리고 그가 물질계에 있는 동안 항상 옆에서 그를 이끌고, 평생 동안 꿈꾸고 믿어왔던 지식, 지혜, 사랑을 모두 주겠노라고 약속했다. 이렇게 해서 탄생한 위대한 명작名作이 『철학의 위안』이다. "선행을 베푼 자에게는 반드시 좋은 결과가 온다"는 사실을 몸소 체험한 보에티우스는, "진리는 하나의 추상적인 개념이나 관념이 아니라 하나의 살아있는 우주적 생명이자 초월의식"이라는 점을 깨달았다.[14]

초월성超越性과 내재성內在性, 초월적이지만 우리의 감각기관을 통해 나타나니 내재해 있고, 내재해 있지만 감각기관 그 자체는 아니니 초월해 있다. 동일한 사상의 연장선에서 교부 철학자, 아우구스티누스는 존재의 양태를 자연적 존재, 지적 존재, 예지적초월적 존재로 나누었다. 인간은 이성과 자유의지를 지닌 지적 존재이다. 따라서 인간은 자연적 존재와 예지적 존재 중간에 위치하며, 자연물질에너지과 예지비물질에너지의 결합이라고 말할 수 있다. 몸은 물질이나 영혼은 비물질이다. 아직 예지초월, 신는 아니지만 자연동물도 아니기에 오직 몸에서 발생하는 자연동물의 성질獸性을 극복하여 예지神性에 다가감으로써 영원한 진리에 편입되어야 하는 것이다.

밤하늘에 빛나는 수많은 별들을 보라. 구름과 성운에 가렸다고 별빛을 영원히 가둘 수는 없지 않은가. 깊고 푸른 대양의 바다를 보라. 파도와 거품으로 대양을 가릴 순 없지 않은가. 심산유곡에서 흐르는 힘찬 물결을 보라. 바위와 암석으로 도도한 물결을 끝내 막을 수는 없지 않은가. 우리의 내면에는 별과 바다와 대양처럼, 그리고 도도한 물결처럼 빛나는 신성이 있다. 비록 지금은 물질로 이루어진 육신을 입었으나 내 안에는 빛나는 정신이 있다. 그 진리의 빛은 나를 안내하고 또 우리를 인도하여 마침내 진리의 대양大洋에 합류하게 만들 것이다.

인간의 생명적 근원

생명 근원의 구성: 영적정신, 창조질료, 생명의식

인간 생명의 근원이 무엇인가? 인간은 초월적 존재와 대체 어떤 연관성을 지니는가?

이는 동서고금을 막론하고 늘 인간에게는 의문을 던져 준 주제이다.

인도철학에서는 인간의 개체성ego은 우주의 보편적 신성Self에서 탄생되었다고 본다. 기독교에서는 이 보편적 신성을 하느님, 신성이라고 하고, 불교에서는 참나, 불성이라고 불렀다.

인간 생명의 근원 자리는 형이상학적 주제이다. 형이상학적 주제이면서도 지금 나에게 있어 매우 중요하다. 그것은 왜 그런가? 나의 근원은 본성이기 때문이다. 본성은 전체이고 존재이기 때문이다. 우리는 '자아'라는 것을 가지고 있어 근원은 자칫 놓치기 쉽다. '자아'는 쪼개지고 나라는 개체를 중심으로 생각하는 경향이 있어 근원과 멀어지게 한다. 하지만, 늘 수행의 '방편'[15]을 지니고 있어 항상 멀어지지 않는 사람이 있다. 근원이 늘 내면의 중심에 각성되어 있는 사람을 견성見性한 자, 혹은 참나가 각성된 사람이라고 한다.

우주의 창조적 근원은 정신적 근원Divine Spirit, 물질적 근원Divine Matter, 생명적 근원Divine Consciousness으로 구성되어 있다. 이를 신성으로 이루어진 영의 세계의 삼위일체라고 한다<그림 3-5> 참조.

첫째, 정신적 근원이라 함은 영적정신靈的精神이 분화되어 개별 영혼들을 창조했다는 의미이다. 정신적 근원은 개별 인간의 영혼 진화를 돕고 있다.

둘째, 물질적 근원이라 함은 영적정신靈的精神이 창조질료創造質料들을 사용하여 세상을 창조했다는 의미이다. 먼저 천상계, 원인계, 멘탈계, 아스트랄계 등의 정신계를 먼저 열고, 이들의 진동 주파수가 낮아지면서하강하면서 물질계까지 창조되었다. 따라서 정신적 근원은 지상의 기운과 에너지들의 근원으로서 물질 진화를 돕고 있다.

셋째, 생명적 근원이라 함은 영적정신靈的精神이 생명의식生命意識의 근원이라는 의미이다. 영적정신靈的精神이 세상의 모든 생명체들에게 생명을 불어넣었다. 따라서 정신적 근원은 지상의 생명체들의 생

명 진화를 돕고 있다.[16]

그림 3-5   우주의 창조적 근원: 영적 진화, 물질적 진화, 생물적 진화

첫 번째 발아(1st Outpouring)
영적 에너지(Energy) ↔ 질료(Matter)

세 번째 발아(3rd Outpouring)
영적 정신(Spirit) ↔ 영혼(Soul)

창조질료의
물질화 단계
(seven orders
of matter)

물질적 진화
(Material Evolution)

신성의
삼위일체

물질적 근원(divine matter)

영적인 근원(divine spirit)

생명적 근원(divine consciousness)

두 번째 발아(2nd Outpouring)
영적 생명(Life) ↔ 과정(Process)

7가지 광선
(Seven Rays)

영적 진화
(Spiritual Evolution)

생명발현의 7가지 모습
(Seven Kingdoms of Life)

생물적 진화
(Biological Evolution)

자료: Lisa Montero, "Man, God and the Cosmos", Theosophical Society, Adyar 2001
Powerpoint Slides of Dr. KVK. Nehru에서 수정.

인간의 영적 탄생: 모나드-자아-원인체

육체에 들어오기 전에 이미 인간은 영적인 실체였다. 그것은 온
전한 정신이었으며 물질이 아니었다. 동물적 물질 덩어리는 더더
욱 아니었으니, 그것은 온전한 생명이었다. 그것은 또한 분열되지
않은 전체를 인식할 수 있는 순수한 정신이었으며, 알아차림의 능
력을 갖춘 의식, 모나드MONADTuriyatma였다.

모나드는 순수한 정신이다. 심원하고 무한하며 지고한 신성의 근원이다. 예수께서 요한에게 전했다고 알려지고 있는『요한의 비밀 가르침』에는 다음과 같은 가르침이 나온다. "모나드는 만물의 아버지이며 만물위에 거주한다. 모나드는 한계 지을 수 없는데 그 무엇도 모나드 이전에 존재하지 않기 때문이다. 모나드는 순수하고 신성하며 오염이 없는 무한한 빛이다. 모나드는 큰 것도 작은 것도 아니다. 크기를 말할 수 없기 때문이다. 모나드는 완전, 축복, 신성이다. 사실 모나드는 이것들을 훨씬 뛰어 넘는데, 그것은 완전을 주는 완전이며, 축복을 주는 축복이며, 신성을 주는 신성이기 때문이다. 유일자The One이며 무한자The All이다."17

인간의 본질은 이처럼 순수한 정신이었다. 인간의 정신을 이루는 영혼은 순수한 정신이다. 하지만 이러한 영혼이 육체에 들어와 결합하는 순간 이중적 성질을 갖게 되었다. 말하자면 영靈과 육肉의 결합이다. 영의 신령스러운 성품과 육의 본능적 기질이 결합된 것이다. 그리하여 고귀하고 순수한 성품으로서의 영靈적인 정신도 있지만, 본능과 욕망을 지닌 육肉적인 성질도 동시에 갖게 되었다.

한편 인간은 독립된 개체로 성장하면서 에고라는 분열적 자아를 만들어간다. 원래 그에게 주어진 자아는 전체적 통일체였으나, 사람, 사물, 대상 등에 대한 분별이 생겨나면서 주객으로 나누어지기 시작한다. 아我와 피아彼我가 구분되면서 호好, 불호不好 등으로 편이 갈라지기 시작한다. 때론 세상과 맞서면서 자기 방어논리가 개발되기 시작하고, 이중인격과 함께 무지와 아집의 고정관념이 생성되기도 한다.

그림 3-6 인간의 영적 탄생

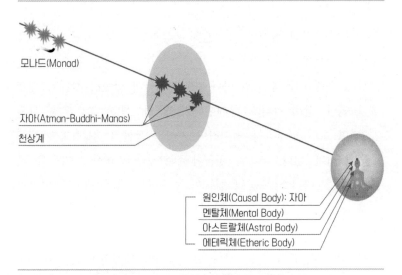

모나드(Monad)

자아(Atman-Buddhi-Manas)
천상계

원인체(Causal Body): 자아
멘탈체(Mental Body)
아스트랄체(Astral Body)
에테릭체(Etheric Body)

자료: Lisa Montero, "Man, God and the Cosmos", Theosophical Society, Adyar 2001
(Powerpoint Slides of Dr. KVK. Nehru)에서 수정.

그럼, 어떻게 하면 될까? 원래의 순수 정신으로 돌아가야 한다. 전체가 하나였던 순백의 자아를 회복해야 한다. 인간의 육적인 기질을 제어하고 순수한 정신을 발현시키는 한편 분열적 자아를 극복하고 인간의 고유한 전체성을 회복해야 한다. 이것이 본서를 집필한 기본 목적이기도 하다.

참나(근본에너지)의 삼위일체: 아트만-붓디-마나스

초월계의 영적 실재인 아트만은 근본적으로 알아차림의 능력을 지니고 있으며, 지적능력붓디을 지니고 있다. 하지만 중요한 것은 명상과 수행을 통해 상위 마나스가 깨어나서 활성화 상태가 되게 해야 한다. 상위 마나스가 깨어나면 '앎'과 '깨달음'이 온다. 그렇게 되면 하위 마나스를 지배하여 자아의 동물적 육肉성과 개체성을 벗어나게 된다. 우리는 곳곳에서 천재나 위대한 현자들을 본다. 그들은 마나스의 상위 힘들이 활동하여 밝게 깨어난 사람들이다.

붓디와 결합되지 않는 마나스는 영원히 개체성이라는 무지無知 maya 속에서 인생이라는 고해苦海를 거치며 장구한 세월 동안 한 생 한 생의 인상印象들을 저장하고 윤회하는 슬픈 자아들이다. 그래도 이 개체성은 다른 사람이 아닌 자기 자신이라는 느낌을 주는 영원한 개체성이다. 어려서부터 삶을 마칠 때까지 수많은 낮과 밤을 거치면서 줄곧 하나의 동일성을 느끼게 해 주는 것이다.

붓디와 결합한 마나스를 "영적 자아Spiritual Ego"라고 부른다. 이들은 지성의 힘으로 개체성의 미망迷妄에서 벗어난다. 비로소 전일성의 세계가 펼쳐지는 것이다. 조화와 전체, 통일성의 세계이다. 더 나아가 아트만과 합일한 마나스를 "신성한 존재Divine Self"라고 부른다. 이들은 청정한 본성과 합일했으며, 진여의 바다에 합일된 존재이다. 이들은 영원히 빛나는 불멸의 자아를 얻는다.

그림 3-7 참나(근본에너지)의 영적 구성

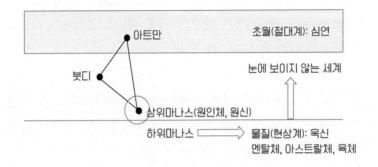

자료: Story4u, "아스트랄프로젝션"에서 인용

근본적 생명에너지가 인간 육체에 들어올 때는 먼저 마나스의 단계를 거치면서 원인체가 형성되는데, 이때 자아의 개체성이 부여된다. 이를 보여주는 것이 <그림 3-7>이다. 참나근본에너지는 아트만, 붓디, 마나스의 삼위일체로 이루어져 있는데, 이것이 말하자면 참나의 영적 구성이다.

첫째, 아트만Atman이다. 이것은 인간 존재의 근원이다. 이때의 아트만은 영원하고 불변하는 자아라는 의미를 지닌다.[18] 우리가 범아일여梵我—如라고 할 때 우주의 보편적 영브라흐만과 개체 영아트만은 본질적 속성이 하나라는 의미이다. '범아'라고 할 때 '아我'에 해당되는 개체성을 띤 불변의 영이다.

둘째, 붓디Buddhi이다. 영원하고 불변하는 아트만은 알아차림의 특성이 있다. 지성 혹은 지혜이다.

셋째, 마나스Manas이다. 영원하고 불변하는 아트만은 종합적으로 인식하는 특성이 있다. 어떤 사물이나 대상의 부분적 정보들을 종합하는 인간의 '정신' 기능을 말한다. 우리가 오감을 통해 보고 듣고 맛보는 등의 감각기능을 갖지만, 이를 하나로 종합하여 사물을 파악하는 인식기능은 마나스가 한다.

요컨대, 참나근본에너지의 영적 구성은 아트만영원하고 불변하는 자아, 붓디지적능력, 지혜, 마나스종합적 인식능력, 원인체로 이루어져 있으며, 요약하면 사랑, 지혜, 권능이다.[19]

초월심연의 세계에서 온전한 성품으로 지녔던 사랑, 지혜, 권능은 인간의 육체에 투영되면서 자신이 지은 카르마에 따라 일정부분 왜곡될 수밖에 이는 각자의 성품과 기질로 나타난다. 그것이 반영된 형태가 자신이 타고난 성품하위 마나스이다. 따라서 이러한 하위 마나스는 자신의 상위 마나스와 밀접한 연결고리를 갖고 활동한다.

상위 마나스는 무의식에 속해서 눈에 보이지 않는다. 그나마 하위 마나스에 속한 정신멘탈체과 감정아스트랄체 등을 통해 간접적으로 파악할 수 있다.

하지만, 명상이나 영적 수행 등을 통해 의식의 깨어남의 정도가 깊어지면 상위 마나스원인체가 그만큼 더 깨어난다. 상위 마나스가 깨어나고 강화된 사람은 영체멘탈체[20]가 개발되며 지혜와 직관이 발달된다. 또한 자신의 감정 공간아스트랄체에 저장된 부정적 감정들이 정화된다. 이러한 과정을 통해 자신의 본성인 참나의 순수의식청정한 본성에 점점 더 선명하게 다가가는 것이다.

이를 다시 종합적인 그림으로 관찰해 보자. <그림 3-6>에서 보듯이, 에너지의 진동 파동수를 점차 낮추면서, 비행기가 하강하듯이, 현상계에 진입한다밀도가 점차 높아지면서 물질의 형태로 나타나는 것이다. 영혼, 마음, 육체로 진행되는 새로운 생명, 인간의 탄생 순간인 것이다.[21]

현상계에 태어난 인간은 성장하면서 다시 자신이 내려온 하늘초월. 심연을 그리워한다. 자신의 영혼에 각인된 생명生命의 근원을 잊지 못하는 것이다.

근원적 세계는 우리의 정신이 나온 본연의 고향이며, 영원히 순수의식으로 빛나는 곳이다. 텅 비어 고요한 곳이나, 인간의 정신이 나온 무한지성無限知性의 근원인 것이다.

영체(멘탈)와 참나(순수의식)

영체는 좁은 의미에서는 멘탈체를 의미한다. 넓은 의미에서는 더 상위의 원인체, 아트만, 모나드, 절대계의 순수의식을 모두 포괄한다.

우선 멘탈체가 중요하다. 멘탈정신은 닦은 만큼 빛이 난다. 아스트랄감정보다 상위 차원인 까닭이다.[22] 아스트랄체의 감정을 정화하고 멘탈체까지 정신이 정화되면 그대의 의식은 빛난다. 멘탈체가 강해지면서 의식이 깨어나는 것이다. 의식이 깨어나면 참나순수의식를 점점 더 명료하게 인식하게 된다. 참나순수의식의 무한한 빛의 공간을 만나는 것이다. 참나순수의식의 텅 빈 공간 속에서 순수함과 알아차림을 발견하는 것이다. 그렇게 되면, 그대는 깨어있는 마음으로 자신의 순수한 참마음청정한 본성을 마주하게 된다.

마음의 매트릭스와 영원한 자유: 아트만-아카식-의식

<그림 3-8>은 아트만-아카식-의식을 조금 더 상세하게 그려 보았다.[23]

그림 3-8 **마음의 매트릭스에서 벗어나 영원한 자유 얻기**

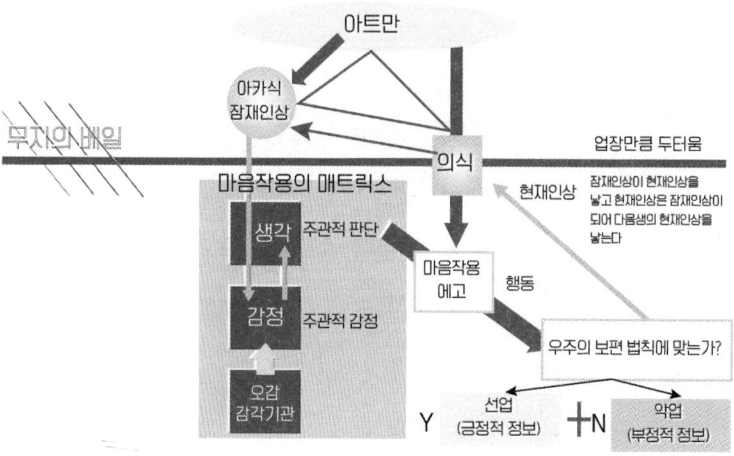

자료: Story4u, "마음의 매트릭스에서 벗어나 자유를 얻기"에서 인용

그림에서 흥미로운 점은 '무지의 베일veil of ignorance'이다. 중간의 수평을 가로지르는 굵은 선으로 표시되어 있는데, 보이지 않는 세계초월계, 심연를 가리는 장막veil, 커튼과도 같은 것이다. 보이지는 않지만 우주의 인과 법칙은 한 치의 오차도 없이 작용하고 있다. 지혜로운 자는 보이지 않는 세계의 진실을 더욱 경계하는 법이다.

아트만-아카식-의식을 좀 더 상세하게 살펴보면서, 그림이 주는 의미를 새겨보기로 하자.

첫째, 아트만은 여전히 영원하고 불변하는 자아로서의 참나_{근본에}너지이다. 세계적 심리학자, 켄 윌버_{인간 의식 그 심연의 계층에 대한 연구의 세계적} _{대가로서 동서양의 심리학을 통합하여 의식 지평의 새로운 패러다임을 연 것으로 평가받는 학자가} 아트만에 대해 잘 묘사하고 있다. 그는 다음과 같이 말한다. "인간의 진정한 본성은 순수한 영혼, 즉 아트만이다. 우리 존재의 가장 깊은 관점에서 보면 우리는 우주와 하나이며 무한하고 영원하며 죽음을 초월한다. 우리가 진정한 본성에서 멀어졌지만, 아직도 그에 대한 직관을 가지고 있다. 우리의 가장 깊은 심연에는 우리가 잃어버린 전체성을 되찾으려는 욕구가 있다. … 우리 자신들 깊은 곳에서 우리는 신과 하나이며 실제로는 신이다. 그러나 우리는 완전히 잘못된 방법으로 이를 이루려 헤맨다. 우리의 진정한 영적 본성의 특징들을 자아의 영역으로 바꿨다. 그리하여 신이 되고픈 욕망, 강해지고 싶은 욕망, 다른 사람들을 통제하고 지배하고 싶은 욕망, 즉 지위, 성공, 권력에 대한 욕망으로 바뀐다."[24]

둘째, 붓디는 지성 혹은 지혜인데 여기에서는 이를 저장하는 창고라는 의미의 아카식이라고 표현하였다. 이러한 아카식은 잠재인상_{潛在印象, Samskara}을 저장하고 있으면서 우리의 생각과 감정을 해석하는 프레임_{잠재의식}으로 작용한다. 즉, 오감_{감각기관}에서 오는 객관적 정보는 우리의 무의식_{잠재의식}의 프레임_{frame}을 거치면서 어느덧 주관적 판단과 주관적 감정으로 바뀌게 되는 것이다. 주관적 판단과 주관적 감정은 행동으로 이어지는데, 이러한 행동이 우주의 보편법칙에 맞는 선한 행동이면 선한 결과를 낳겠지만 남에게 피해를 주는 악한 행동이면 악한 과보를 받는다. 따라서 우리가 우리의 삶 속에서 탐진치貪瞋癡를 걷어내고 반성을 통해 마음을 정화하는 이유도 아카식Akasic Record 속의 잠재인상을 정화하기 위함이다. 마음이 정화된 만큼 세상이 맑게 보이며, 맑은 마음의 매트릭스는 자신과 타인에게 선한 결과와 행복을 가져온다. 이것이 마음의 매트릭스에서 벗어나 참다운 자유를 얻는 방법이다.

셋째, 마나스는 대상이나 사물을 종합하여 파악하는 '정신' 기능을 의미한다. 이는 생각, 의식판단, 느낌, 기억, 상상의지이라는 다섯 가지 측면을 가지고 있다. 마인드Mind의 정신적 작용이라고 봐도 좋겠는데, 그림에서는 의식이라고 표현되어 있다물론 이때의 의식은 제6식이며 현재의식을 의미한다. 이러한 현재의식은 잠재의식으로부터 영향을 받으며, 현재의식에 반영된 정보는 다시 잠재의식으로 저장된다. 즉, 잠재인식이 현재의식에 영향을 주고 현재의식은 다시 그 결과를 낳아 다음 생의 현재의식에 반영된다.

지혜의 본질: 청정한 본성과 내면 에너지의 힘

정리해보자. 세 가지 항목만 정리하기로 한다.

청정한 본성에 대한 이해

지혜의 본질의 첫 번째 항목은 자신의 청정한 본성을 정확하게 알고 이해하는 것이다. 자신의 청정한 본성은 우리의 근원 에너지이다. 진리의 영 혹은 참나라고도 불리는 것으로서 우리의 모든 생각, 감정, 느낌의 근원적 바탕이 되는 힘이다. 생각을 할 때 가만히 찾아보라. 무엇이 생각의 바탕인지? 무엇이 이런 생각을 하게 만드는지? 감정을 느낄 때가령 분노나 기쁨 혹은 두려움[25]을 느낄 때 무엇이 이러한 느낌을 만드는지? 그 근원적 힘을 찾아보면 본질적 에너지를 만나게 될 것이다. 그것은 텅 비어 있으되 알아차리고 있다. 그것이 근원적 에너지인 참 성품이다

생각, 감정, 느낌의 모든 배경이 되는 근원적 힘을 찾아보라. 그리고 늘 함께 하라. 그대가 모든 생각과 판단을 할 때, 감정과 느낌을 가질 때, 늘 함께 하고, 힘과 에너지가 우리를 애당초 존재하게 하는 바탕임을 인지하라. 허공처럼 텅 비어 있으되 알아차리고 있고, 순수하게 깨어서 인식하고 있다.

의식을 의식하라. 의식은 참으로 신기한 에너지여서 주의를 주는 곳으로 힘이 쏠린다. "의식은 '집중'이라는 능력이 있다. 그것은 의식의 특성 중 하나이다. 의식의 핵심은 인식인데, 인식은 어떤 것을 다른 것보다 더 선명하게 인지할 수 있는 능력을 지니고 있다. … 의식은 특정한 대상에 선택적으로 의식을 모을 수 있다."[26] 가령 그대가 그대를 괴롭히는 어떤 생각에 사로잡혀 있다면 그대의 의식은 생각 차원으로 몰려가 거기에 모든 힘을 쏟게 된다. 가령 그대가 그대를 힘들게 만드는 어떤 감정에 사로잡혀 있다면 그대의 의식은 감정 차원으로 몰려가 거기에 모든 힘을 쏟게 될 것이다. 생각, 감정, 느낌이 한꺼번에 몰려오는 경우도 있을 것이다. 그대가 빠져든 영화를 한번 상기해 보라. 영화 보는 내내 그대의 의식은 어디에 가 있었는가? 온통 영화의 내용에 몰입하여 그동안 그대의 의식은 내면에서 빠져나와 영화 속으로 빨려들지 않았는가?[27]

여기서 우리는 힌트를 얻어야 한다. 의식은 '집중'하는 곳으로 몰려가 에너지를 쏟는다. 지혜로운 자는 의식을 마음의 근원에 둔다. 그에게도 생각, 감정, 오감이 있지만 그곳에 빠져들지는 않는다. 의식을 마음의 근원에 둔 상태에서 더 명료하게 생각하고 판단하며 감정을 느낀다. 이를 '깨어있음'이라고 표현한다.

그대가 의식하는 곳에 의식의 초점이 맞추어지는 것이니 그대의 인식 기능으로 마음의 근원을 주시해 보라. 그대의 인식은 그동안 바깥 사물과 대상에 너무 많은 주의를 두었다. 생각에, 감정에, 느낌에 온통 다 에너지를 쏟는 동안 그대 내면의 중심과 마음의 근원은 어디에 있었던가.

이제 지금부터는 그 인식의 방향을 나의 내면으로 돌려 인식하고 있는 마음의 근원을 주시하라. 이것이 명상 중 최고의 명상이니 나의 근원을 바로 인식하는 것이다. 생각, 감정, 느낌이 나온 바로 그 자리, 마음의 근원을 바로 인식하는 것이다. <나는 존재한다>라는 느낌만이 존재하는 바로 그 자리, 그 내면의 근원을 바로 인식하는 것이다. 인도의 성자, 라마나 마하리쉬는 이를 <나는 누구인가>라는 질문을 통한 자아탐구법이라고 명명했다.

내면 에너지에 대한 이해

지혜의 본질의 두 번째 항목은 내면 에너지에 관한 것이다. 나의 청정한 본성이 내면의 주시하는 자임을 알았다면, 그곳에서 나오는 내면의 에너지를 한번 이해해 보자.

에너지라는 차원이 있다. 위에서 언급한 첫 번째 항목이 수긍이

가더라도 금방 내 것이 되진 않는다. 연습의 문제이기도 하지만, 거기에는 본질적으로 '에너지'라는 비밀이 있다.

'에너지'는 음식으로부터 얻는 육체적 차원이 있는가 하면, 호흡이나 진리의 말씀으로부터 오는 영적인 차원이 있다. 가령, 어떤 이유로 엄청난 정신적 충격을 입은 사람은 아무리 맛있는 음식을 준다고 해도 회복되지 않는다. 이미 내면의 정신이 큰 충격을 입었기 때문이다. 가령, 정말 사랑하는 애인으로부터 결별 선언을 통보 받았다고 해보자. 한 동안은 어떤 것도 먹고 싶지 않으며 무기력한 상태가 지속될지도 모른다. 이런 사람은 한참 시간이 흘러 그때 받은 충격이 해소되거나 새로운 사랑을 찾은 이후에나 다시 생기를 찾을 것이다.

육체 에너지는 음식이나 수면 등으로 채워지지만, 정신 에너지는 내면이나 사랑을 통해야만 채워진다. 내면을 이해하려면 의식의 경로를 파악해야 한다. 평소에 호흡을 통해 정신을 깊이 있게 하고, <내면의 중심>, <마음의 근원>에 의식을 두는 연습과 수행이 필요하다.

'의식'이란 우리가 상상할 수 있는 가장 깊은 단어이다. 의식은 내면의 빛이다. 의식빛이 마음의 근원에 중심을 두고 있는 상태를 우리는 순수의식 상태라고 부르고, 이를 '깨어있다'라고 표현한다.[28]
빛이란 단어에 주목해보자. 빛이란 신성한 파동이며 진동이다. 신하느님은 소리나 형태로 나타나지 않는다. 오직 간절한 자에게 빛이나 파동으로 감응할 뿐이다. 온몸을 흔드는 파동의 통각痛覺으로 감응할 뿐이다. 그 깊은 곳, 내면의 중심, 에고나 두려움이 범접할 수 없는 마음의 근원을 〈진아의 빛〉이라 부르고, 티베트에서는 〈리그파의 광휘〉라고 불렀다. 불교에서는 〈일심진여〉 혹은 〈여래장〉이라고 불렀다.

마음의 모든 습기가 가라앉아 〈내가 존재한다〉는 느낌만이 남은 순수의식의 상태가 있다. 그곳은 생각, 감정, 오감과는 다른 차원에 존재하는 자리이다.

한 터럭의 생각인식도 발생하기 이전의 바로 그 원천적인 바탕자리이다. 그곳은, 모든 힘과 가능성으로 역동하는 순수 에너지의 출발점이요, 빛나는 광휘光輝로 출렁이는 에너지의 장이다. 모든 평화와 안식과 조화로운 상생을 가능케 만드는 고요한 자리이며, 대덕大德 대혜大慧 대력大力이 나오는 순수 의식의 근원이기에 진여의 빛바다이라고 불렀다. 그리고 그러한 의식의 상태에 합일한 경지를 일심진여一心眞如라고 불렀다.29

일심진여一心眞如는 원효 스님의 용어이다. 우리의 마음이 법계의 본질이라고 보고, 마음의 근원을 진여眞如라고 불렀다. 하지만 마음이 바깥으로 향하면 온갖 분별과 경계를 일으키니, 이를 생멸生滅이라고 하였다. 또한 안으로 향하면 선禪이요 바깥으로 향하면 교敎이니, 선교일치를 외쳤다. 이를 일심一心 법문이라고 한다. 차이와의 공존, 온갖 차별과 다툼 속에서도 평화를 구해야 하는 것이니, 이를 화쟁和諍 사상이라고 한다.

내면 에너지의 비밀

지혜의 본질의 세 번째 항목은 영이라는 단어에 있다. 영靈이란 히브리어로 루아흐ruach인데, 바람, 숨 또는 호흡이라는 뜻을 가지고 있다.[30] 따라서 영은 생명을 의미한다. 영은 만물 안에 내재하는 생명의 힘이자 근원이다.

내면의 근원을 진여眞如 혹은 영靈이라고 한다면, 바깥쪽을 생각, 감정, 느낌, 의지 등이 감싸고 있다. 생각, 감정, 느낌, 의지는 층위가 서로 다르며, 순서대로 점차 바깥 원주에 위치한다. 말하자면, 빛은 하나이지만 초점을 내면의 어느 위치가장 깊은 곳, 중간 혹은 가장 바깥 쪽에 두느냐에 따라 의식의 깊이와 중심 그리고 무게감은 달라진다. 전기는 하나인데 코드를 어디에 꽂느냐에 따라 TV도, 냉장고도, 세탁기도 되듯이, 빛은 하나이지만 의식의 초점을 어디에 두느냐에 따라서 삶의 깊이와 철학 그리고 질량감은 달라지는 것이다.

내면 에너지의 비밀을 간파하길 바란다. 왜 어떤 사람은 밥을 많이 먹어도 피곤하고, 또 다른 어떤 사람은 늘 활력이 넘치며 자신감으로 충만한가?

일심진여一心眞如에 의식의 중심을 두는 사람은 대덕大德, 대혜大慧, 대력大力이 나온다. 자신의 내면, 진리의 영에 깊이 정신의 뿌리를 내린 사람은 큰 덕망, 큰 지혜, 큰 힘이 나온다. 이런 사람은 늘 활력이 넘치며 자신감으로 충만하다.

음식과 또 다른 형태의 내면 에너지의 흡수경로에 대해서 이해해 보자. 내면 에너지가 어떻게 충족되는 지를 이해하고, 나는 어떤 경우에 더 쉽게 충족되는 지, 그 충족된 에너지 속에서 내면의 기쁨과 텅 빈 충만을 느끼게 되는 지에 대해서 스스로 확인해 보길 바란다.

불교에서의 마음과 진여

진여, 불교에서의 마음, 아트만, 영혼백, 신심영

[용어정리 1]

영혼백靈魂魄이라고 할 때, 백은 에테르체이니 육체와 붙어 있는 생기체를 의미한다. 호흡, 요가, 선도를 통해 닦으며, 생기生氣가 강해지면 심신이 안정되고 건강해진다. 혼은 아스트릴체를 말하며, 영은 상위 차원인 멘탈체 이상을 말한다.

[용어정리 2]

신심영身心靈이라고 할 때 신은 육체이며, 심은 지정知意의 작용을 하는 멘탈생각과 아스트랄감정이다. 무의식까지 포함하면 상위 마나스도 해당된다. 영은 아트만순수의식, 참나을 말한다.

[용어정리 3]

불교에서 마음은 심心과 영靈 모두를 포괄한다. 지정의知情意 작용뿐만 아니라, 무의식과 초의식순수의식, 참나 모두를 포함한다. 육신 중심의 개체적 의식 활동을 초월하는 진여청정한 본성의 작용을 지칭한다. 육체가 자신이 전부인줄 착각하는 좁은 이기심 위주의 개체적 의식 활동을 망심생멸심이라고 부르고, 진여의 바탕과 작용을 진심진여심이라고 부른다. 후자의 마음을 참나전체의식, 본래마음라고 한다.

[용어정리 4]

불교는 아트만이라는 표현을 좋아하지 않는다. 그것은 개체적 의미의 자성을 지칭하는 것처럼 들리기 때문이다. 따라서 불교에서의 진여참마음, 진심란 내 마음의 청정한 바탕을 말하며, 모든 망심근본무명과 미세망념이 사라진 자리, 진여심眞如心에서 나오는 본래 마음청정한 본성을 의미한다.

인간 본성의 심리적 근원

인간 본성의 이해

인간 본성은 의식이다. 의식은 절대적인 실재이다. 그리고 그 의식만이 실재한다.

의식은 초월성과 내재성이 함께 한다. 우리는 이 세상에서 울기도 하고 웃기도 한다. 때로는 좌절감에 빠지고도 하고 기쁨에 취해 있기도 한다. 마치 한편의 시나리오와 같다. 시나리오를 읽는 순간은 스토리가 실재하지만 다 읽고 나면 그저 한편의 프로그램일 뿐이었다. 우리의 인생도 마찬가지다. 한편의 시나리오, 아니 꿈과 같다. 우리는 실재하는 것 같지만 실재하지 않는 꿈에 울기도 하고 웃기도 한다.

현자들은 이러한 현상을 가리켜, "세상은 한편의 꿈일 뿐 그 꿈에서 깨어서 실재를 보라"고 한다. 꿈 이면에 실재하는 근원적 바탕, 즉 실재하는 의식을 알아차리라고 외친다. 그건 내게 텅 비어 있으면서도 알아차리는 주체작용ㅣ AMness: 켄 윌버는 이렇게 불렀다으로 나타난다. '나'라는 존재감만 뚜렷한 순수의식의 상태이다. 초월성超越性과 내재성內在性이 함께하는 자리이다.

인간 두뇌와 송과체

인간의 두뇌는 삼차원으로 이루어져 있다. 파충류의 뇌뇌간, 포유류의 뇌변연계, 인간의 뇌신피질 등이다. 대뇌 신피질은 우리의 생각과 판단 작용을 하며, 변연계는 감정 작용, 뇌간은 생명 작용을 담당한다.

대뇌 변연계는 우리 정신작용의 혼魂 혹은 아스트랄계에 대응하는 곳이며, 뇌간은 그보다 더 깊은 무의식 작용에 대응하는 곳이다. 변연계와 뇌간이 왜 중요한가 하면 우리가 업장을 정화한다고 할 때 여기에 해당되는 부위가 바로 변연계와 뇌간이기 때문이다. 업장은 잠재의식과 무의식에 묻어 있다. 변연계는 잠재의식을 담당하며, 뇌간은 무의식을 담당한다<그림 3-9> 참조.

그림 3-9   인간의 두뇌와 초의식

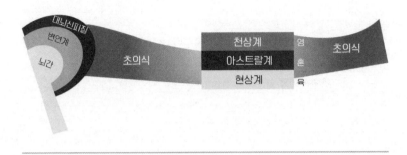

우리 두뇌는 모두가 중요하겠지만, 그 중에서도 가장 중요한 부분은 생명 에너지를 주관하는 뇌간이다. 그 중에서도 가장 중요한 부위는 송과체이다.

뇌간의 맨 위에는 송방울처럼 생긴 뇌 핵이 있는데, 송과체라고 불리며, 이를 흔들어 깨우는 것이 수행에서 가장 중요하다고 할 수 있다. 뇌간의 무의식미세망념을 정화하는 것이 수행의 요체이기 때문이다.

자성구자 강재이뇌自性求子 降在爾腦. "본성에서 하느님을 찾아라. 너의 뇌 골에 이미 내려와 있느니라"라고 할 때, 뇌 골은 송과체를 말한다.

말하자면 초의식본성을 흔들어 깨워 무의식을 정화해야 하는데, 그 과정에서 가장 중요한 역할을 하는 부위가 바로 송과체인 것이다<그림 3-10> 참조.

그렇다면 먼저 초의식은 어떻게 발현시킬 수 있는가?

그림 3-10   인간의 두뇌와 송과체 각성

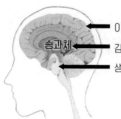

이성의 뇌, 영장류의 뇌(대뇌신피질)

감정의 뇌, 포유류의 뇌(대뇌변연계)

생명의 뇌, 포유류의 뇌(뇌간과 송과체)

송과체

송과체

초의식은 청정한 본성에 대한 자각을 통해 깨어난다. 한편 청정한 본성에 대한 자각은 몸과 마음 그리고 정신의 수련을 통해서 깨어난다. 그 중에서도 뇌간에 깊숙이 숨겨져 있는 송과체를 활성화하고 깨워야 한다.[31]

그림에서 송과체松果體를 보라. 우리 뇌의 중앙에 깊숙이 숨겨져 있는데, 그것은 마치 우리 몸의 비밀을 여는 열쇠와도 같다. 앞으로는 제3의 눈과 연결되며 위로는 백회와 연결되어 있다. 송과체는 우주의 생성원리를 담고 있으며, 태극의 자리에 해당된다. 태극은 우주의 생명이 탄생된 발아점發芽點과도 같은데, 태극에는 천지인을 경영하는 황극皇極의 정보가 모두 담겨있다. 우리 몸과 마음을 경영하는 모든 정보가 담겨있는 것이다.

송과체는 또한 뇌간의 씨알인데, 척추의 끝천골. 선골까지 척수로 연결되어 우리 몸의 7개 차크라에너지센터를 모두 균형, 정상화, 회복시키는 생명호르몬신경전달물질의 왕이라고 할 수 있다. 특히 세라토닌과 멜라토닌을 통해 우리 몸의 건강과 활력, 행복과 생명력을 총괄한다.

송과체는 우리 몸의 상단전에 해당하는 영靈과 창조주의 자리로서 우주의 기운波動과 상시 교신하는 곳이다. 우리 몸의 핵이면서 동시에 우리의 본성과 신성을 만날 수 있게 해 주는 자리이다. 따라서 이 자리를 활성화시켜서 우주의 긍정적 기운, 상서롭고 풍요로운 파동을 받아 들여야 한다. 송과체를 각성하고 활성화시키면 우리의 무의식을 정화시켜주며, 동시에 몸의 건강과 활력, 풍요와 기쁨을 실현시켜 준다.

하지만 안타깝게도 귀중한 우리 정신과 두뇌의 송과체가 문을 닫고 있다. 마음의 관념과 때, 부정적 에고들로 덮여서 비활성화석회화, calcification되어 있는 것이다. 따라서 이것을 흔들어 깨우고 활성화시켜야 한다. 과연 그 방법은 무엇일까?

뇌파 진동과 송과체 각성

송과체를 각성하고 활성화시키는 방법을 알아보자. 가장 직접적인 방법은 선도수련의 한 형태인 자율진동과 뇌파진동이다.[32] 우선 <그림 3-10>의 송과체를 보라. 푸른 광휘로 휩싸인 밝고 총명한 불씨가 보인다. 그것은 마치 우주 태초의 배아胚芽처럼 우리 두뇌의 뇌골 중앙에 깊숙이 위치하고 있으며, 뇌 전체를 활성화시키고 몸과 마음을 조화롭게 조율해준다. 또한, 우리의 영혼이 우주의 근원인 하늘마음과 만날 수 있게 해주는 신성의 영역이며, 신인합일이 이루어지게 해주는 무심과 진여의 자리이다.

그것은 마치 하늘과 우리 영혼을 연결시키는 생명전자의 발화점發火點같은 것이며, 우리 영혼이 하늘마음의 텅 빈 빛 입자들과 하나로 합일되는 특이점特異點같은 것이다. 그리하여 그것은 모든 답을 알고 있다. 우리 몸과 마음, 그리고 무의식의 정보까지도, 어쩌면 우주의 비밀까지도 모두 알고 있는 것이다. 우주의 깊숙한 비밀의 열쇠를 풀어보자. 그리고 우리 인생의 수수께끼도 한번 풀어보자.

우리의 삶이 무기력과 우울에서 벗어나 기쁨과 풍요로 맥동치려면, 그리하여 변화와 발전, 행복과 진취성으로 가득차려면 좋은 우주의 기운波動을 끌어당길 수 있어야 한다. 하지만 우주의 기운과의 연결 고리인 송과체가 굳어 있는 것이 가장 큰 문제이다. 우리 두뇌의 핵이며 우주와의 교신장치인 송과체가 고장 나 있는 것이다. 어떻게 하면 이를 고치고 각성하여 다시 활성화시킬 수 있을까?

<그림 3-11>은 우리 몸의 상단전, 중단전, 하단전을 보여주고 있다. 상단전이 활성화되면 정신이 맑고 강해지며, 중단전이 활성화되면 마음과 사랑이 충만해지며, 하단전이 활성화되면 몸의 정기가 충만해진다.

선도수행에서는 송과체가 각성되어 자신의 몸과 마음을 컨트롤할 수 있는 단계를 개운開運이라는 단어로 표현한다. 송과체가 각성되면 자신의 무의식이 정화된다. 또한 멘탈체가 강화되면서 기도의 이미지가 선명해지면서 자신의 행복 파동을 강하게 끌어당길 수 있게 된다. 이 시점을 개운開運이라고 한다.

의수단전意守丹田. 단전이 있음을 믿는다면 항상 단전을 의식해서 지켜내야 한다는 뜻이다. 생각의 중심을 단전에 두라는 뜻도 된다. 하지만 단전은 하단전만을 의미하는 것은 아니다. 마음의 중심을 상단전에 두고 송과체를 각성시킨다면 더 효과적이다. 하지만 욕심은 금물이다. 하단전과 중단전이 열리지도 않고 균형감도 없는 상태에서 상단전을 욕심낸다면 부작용이 생길 수밖에 없을 것이다.

　따라서 선도수련에서는 마음을 단전에 두고 몸 전체를 통각 하는 가운데 기운이 밖으로 새지 않게 하는 것이 중요하다. 상단전이 활성화되고 각성되면 멘탈체가 강화되어 의념이 선명해진다. 영체의 정신 집중력이 강화되어 유인력誘引力과 끌어당김의 힘이 강해진다. 이러한 상단전의 송과체 각성에 결정적으로 도움이 되는 수련법이 자율진동과 뇌파진동이다.

그림 3-11　뇌파진동과 송과체 각성

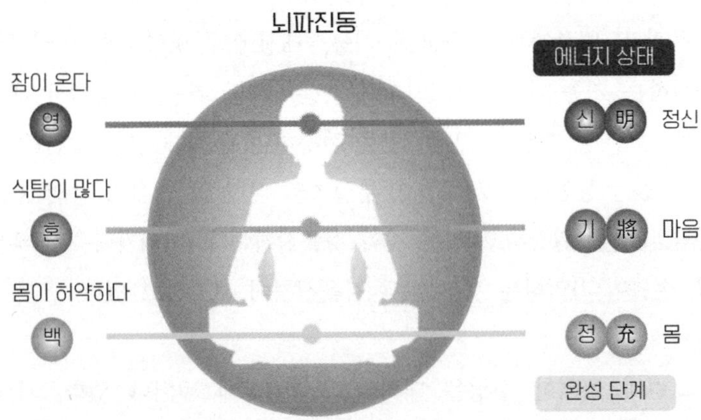

자료: 박유경, "송과체와 무의식정화"에서 수정 인용.

자율진동과 뇌파진동은 우리 몸에 존재하는 자율신경을 활성화시킴으로써 우리의 몸, 마음, 정신을 모두 일깨운다. 여기서는 잠시 그 논리적 근거를 한번 살펴보기로 하자.

자율신경은 대뇌의 지배를 받지 않고, 내장기관, 혈관, 피부에 분포해 있으면서 사람의 의지와 관계없이 신체 내부의 기관이나 조직의 활동을 지배하는 신경계인데, 우리 몸 구석구석에는 머리 끝부터 발끝까지 자율신경이 하나의 네트워크를 이루며 실선으로 모두 연결되어 있다. 우리 몸의 모든 세포는 신경계와 연결되어 있고, 뇌는 신경계를 통해서 세포의 운동, 감각, 성장, 치유 등과 관련되는 모든 정보를 주고받고 있는 것이다. 뇌는 생명의 중심이고, 신경계는 중심에서 하달되는 명령을 모든 세포에 전달하는 생명줄의 네트워크인 셈이다.33 이러한 자율신경 네트워크는 마치 광전자들로 이루어진 빛나는 입자 파동과 같은 미세한 에너지 연결망과 같다.

우리가 위장에서 소화하는 기능, 대장에서 영양분은 섭취하고 배설하는 기능, 췌장에서 인슐린을 분비하는 기능, 간장에서 해독하는 기능 등 우리 몸 모든 곳을 관장하며 우리가 깊은 숙면을 취하고 있는 동안에도 24시간 일분일초도 쉬지 않고 우리 몸의 호르몬과 내장을 관장하고 있는 것이 자율신경이다. 머리카락을 키우는 일, 손톱이 자라나는 것도 모두 자율신경이 관장하고 있다.

그런데 이러한 신경은 대뇌의 명령권밖에 벗어나 있다. 가령, 소화가 안 될 때 대뇌에서 소화를 빨리시키라고 명령해봐야 명령이 통하지 않는다. 불면증으로 잠이 잘 오지 않는다고 빨리 자라고 안달해봐야 더 잠이 오지 않으며, 피로가 빨리 해독하라고 간에다 명령을 넣어봐야 듣지 않는다. 즉, 자율신경은 대뇌 신피질의 명령을 듣지 않는 것이다. 자율신경은 오직 뇌간brain stem의 활성화와 관련되어 있으며, 특히 송과체pineal gland의 활성화와 관련되어 있다.

우리의 뇌간은 대뇌 신피질이 작동하는 동안에는 활성화되지 않는다. 컴퓨터의 온-오프 기능처럼 대뇌 신피질이 작동하는 동안에는 뇌간이 작동되지 않는 것이다. 그런데, 우리가 사회생활을 하면서 이성적으로 판단하고 결정을 내리고, 경쟁하고 경합하고 갈등하고 투쟁하는 동안 사용하는 두뇌는 모두 대뇌 신피질의 작용이므로 현대인들은 과도한 스트레스나 충격으로 마음과 몸에 병을 얻게 된다. 한마디로 근본 원인은 대뇌 신피질의 과도한 작용으로 뇌간의 송과체에서 자율신경을 활성화시켜주지 못하면서 온 몸의 기혈을 막아놓았기 때문이다.

이러한 이치를 배경으로 자율진동과 뇌파진동은 우리 몸의 자율신경을 모두 흔들어 진동시켜 줌으로써 온 몸의 차크라를 열어주고 뇌간의 송과체를 각성시켜 주는 수련법이다. 동의보감 내경편은 인체의 생명에 대해서 다음과 같이 말하고 있다. "모든 병은 기氣가 소통되지 않아서 생기는 것이며, 통증도 기氣가 막히면 생긴다. 기氣란 눈으로는 볼 수 없지만, 만물을 살아 숨쉬게 하고 몸속의 기氣와 혈血을 풀어서 통증이 사라지게 하는 생체生體 에너지이다." 따라서 자율신경을 자극시키는 자율진동과 뇌파진동을 계속하게 되면 엄청난 기氣 에너지가 발생하여 점점 아픈 데가 좋아진다고 할 수 있는 것이다.

우주는 파동으로 이루어져 있고, 우리의 몸과 마음도 파동으로 이루어져 있다. 자율진동과 뇌파진동은 우리의 몸과 마음의 파동을 올려준다. 몸의 파동이 올라가면 면역력이 강화되어 질병이 사라지고, 마음의 파동이 올라가면 정신력과 집중력이 강해져서 인생을 성공으로 이끈다.

소리진동이나 명상도 같은 이치이다. 만트라 소리진동이나 명상을 통해 정신 집중이 되면 내면의 깊숙한 곳까지 미세한 리듬과 진동이 일어나게 된다. 더 깊이 들어가면 깊은 삼매 속에서 온 누리에 빛의 현존을 체험하게 된다. 이 경우 우리의 뇌파는 알파에서 세타와 델타까지 깊숙이 들어간 상태이다. 평화로운 명상 상태를 지나 송과체의 본성초의식에 계합되어 우아일체宇我一體의 경지에 들어간 것이다.

표 3-1 뇌파도표: 초의식과 송과체 각성

뇌파	주파수 (헤르츠)	마음	의식	뇌
감마	30Hz 이상	화난	외부의식	생각뇌 (신피질)
베타	13~30Hz	긴장	외부의식	생각뇌 (신피질)
알파	8~12Hz	편안함	잠재의식	느낌뇌 (구피질)
세타	4~7Hz	평화로움	심층 잠재의식	느낌뇌 (구피질)
델타	1~3Hz	본성마음	무의식, 초의식	생명뇌 (뇌간, 송과체)

자료: 박유경, "송과체와 무의식정화"에서 수정 인용

우리 몸과 마음의 파동을 높여 준다면 현재의식에서 일어나는 번뇌에서 해방되어 잠재의식과 무의식 그리고 초의식으로까지 깊숙이 들어가 우리 정신의 깊은 곳에 존재하는 청정한 본성과 계합될 수 있다. 자율신경을 활성화시킴으로써 대뇌 신피질과 구피질을 넘어서서 뇌간의 송과체라고 하는 생명 에너지의 근원까지 들어가 우리 정신의 근원을 일깨우는 것이다. 그것은 마치 그동안 우리 몸에서 우리가 잃어버렸던 "Missing Link", 비밀의 샘, 송과체을 활성화시키는 것이며, 우리 마음의 근원적 생명에너지에 대한 실지회복이라고도 할 수 있을 것이다.

인간의 두뇌와 참나의식

인간은 영혼육의 삼차원 존재이다. 육은 혼이 통제하고, 혼은 영이 통제해 주어야 한다. 우리는 종종 현실의 삶에서 우리의 무의식 혹은 운명대로 끌려가기가 쉽다. 우리의 이성이나 의지보다는 무의식의 관성에 따라가는 것이다. 만약 우리가 우리의 삶에서 운명대로 이끌려가는 수동적인 삶을 벗어나려면 더 높은 차원에 대한 자각이 필요하다.[34] 그것은 청정한 본성에 대한 자각이다. 이러한 본성에 대한 자각을 통해 초의식은 깨어나게 된다<그림 3-9>와 <그림 3-10> 참조.

그림 3-12 인간의 두뇌와 참나의식

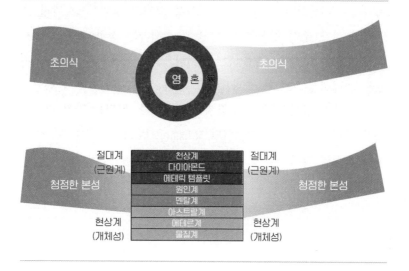

청정한 본성에 대한 자각을 하게 되면 영, 혼, 육을 초월해서 흐르는혹은 바탕에 흐르는 의식이 있음을 알 수 있다. 바로 초의식이다.[35] 이는 현재의식, 잠재의식, 무의식을 초월해서 흐르는 깨어있는 의식이다. 또한 개체의식을 넘어서 전체를 통째로 조망하는 전체의식이며, 광명한 참나가 드러난 상태에서의 고양된elevated 각성의식 enlightened consciousness이다.

고양된 각성의식이라고 부르는 이유는 번뇌, 망상으로 가득 찬 현재의식 상태와는 한 차원 높은 의식이기 때문이다. 생각으로 복잡한 상태에서는 또렷하고 광명한 참나가 잘 드러나지 않는다. 따라서 복잡한 생각에서 벗어나 고요한 마음 상태에서의 각성된 의식 상태에서 우리는 우리의 참다운 성품을 만날 수 있다. 텅 빈 가운데 명료하게 알아차리고 있는 청정한 본성참나의식을 만날 수 있는 것이다.

이처럼, 본서의 모든 담론과 논지가 청정한 본성참나의식을 만나는 방법을 소개하는 데 있다고 해도 과언이 아니다.

인간의 사고와 행동은 뇌에서 나온다

인간의 사고와 행동은 뇌에서 나온다. 인류가 진화해 온 방향을 보더라도 뇌간파충류, 변연계포유류, 신피질인류, 전두연합야신인류의 과정을 거치며 발전해 왔다<그림 3-13> 참조. 특히 여기서 전두연합야는 신피질 앞쪽에 위치하는 뇌로서 의미중심, 도덕중추라고 할 수 있다. 향후 인공지능, 로봇 등 4차 산업혁명이 본격화되고 인간의 정체성의 혼란이 극심해 지는 시기에 인간의 휴머니즘을 새롭게 재정립해야 한다는 관점에서도 매우 중요한 논제이다. 인간의 윤리와 도덕이 본격적으로 도전받을 시기가 예상되기 때문이다.

인간의 두뇌의 진화의 궁극적 동인은 행복이었다. 인간은 생각, 감정, 오감을 최대한 확장하는 방향으로 진화해 왔으며, 이제는 감정과 이성을 넘어 도덕 중추까지 개발하는 단계에 이르렀다. 하지만 이러한 과정에서 간과해서는 안 되는 것이 무의식과 잠재의식의 정화이다. 인간이 자신의 마음을 정화하여 맑은 인식으로 세상을 바라보며, 주변의 사람들과 함께 손잡고 화합하려면 자신의 본성에 대한 자각이 필요하다. 마음속의 때, 관념, 에고 등은 우리 마음의 근본적 불안과 초조, 두려움 등을 초래하며, 그 속에서 남에 대한 지배와 우월감, 착취 등의 비정상적 행태도 발생하게 된다. 따라서 이 모든 무의식의 업장들을 털어버리고 자신의 청정한 본성을 자각하려면 뇌간의 송과체를 활성화시켜야 한다.

그림 3-13 인간의 사고와 행동은 뇌에서 나온다

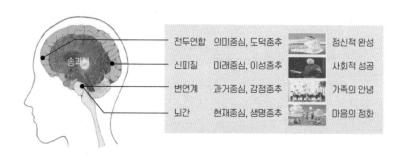

전두연합	의미중심, 도덕중추	정신적 완성
신피질	미래중심, 이성중추	사회적 성공
변연계	과거중심, 감정중추	가족의 안녕
뇌간	현재중심, 생명중추	마음의 정화

뇌의 진화:뇌간(파충류) → 변연계(포유류) → 신피질(인류) → 전두연합야(신인류)

궁극의 욕구는 행복

자료: 손욱, "공공부문리더의 체계적 양성"에서 수정 인용.

청정한 본성에 대한 자각은 뇌간의 송과체를 활성화시킬 때 가능해진다. 그것은 마음의 정화를 통해 가능해진다. 송과체를 활성화시키면 마음의 정화가 가능해진다. 송과체의 활성화, 마음의 정화의 순서로 이루어지던지, 혹은 마음의 정화, 송과체의 활성화의 순서를 통해 청정한 본성에 대한 자각이 가능해진다.

우리의 청정한 본성은 순수하게 '알아차림'으로 존재한다. 텅 비고 고요한 가운데 총명하게 알아차리는 각성되고 고양된 의식이다. 또한, 청정한 본성은 나의 현재 삶을 통째로 비추고 있다. 늘 나와 함께 있으며 전체를 알아차리고 있다.

무한한 빛의 공간, 순수한 빛의 공간, 그리고 텅 빈 빛의 공간이라고 표현해도 좋을 것이다. 그것은 텅 빈 가운데 각성된 명료한 의식이다. 고요하면서 순수한 의식이다. 이것이 바로 초의식이며 나의 참 성품이다.

마음이 창조하는 세계

우주의 모든 세계는 모두 우리 마음 작용 안에 들어와 있다. 이를 불교에서는 법계유심法界唯心이라고 표현한다.[36] 욕망의 세계욕계, 欲界를 넘어서면 빛으로 이루어진 세계색계, 色界가 나오고, 또 그 너머에 정신으로만 작용하는 세계무색계, 無色界가 등장한다. 하지만 이러한 삼계가 모두 다 우리 마음心界 안에서 일어나는 일들이다.

심생즉종종법생心生卽種種法生
심멸즉종종법멸心滅卽種種法滅
삼계유심 만법유식三界唯心 萬法唯識
심외무법 호용별구心外無法 胡用別求
아불입당我不入唐

마음이 생기면 온갖 종류이 법이 생기고
마음이 없어지면 온갖 종류의 법이 없어진다.
삼계가 오직 마음뿐이요 만법도 오직 식일 뿐이니
마음 밖에 법이 없거늘 어찌 별도로 구하리.
나는 이제 당나라에 가지 않으련다.

당나라로 유학길에 올랐던 원효 스님은 노숙하면서 한밤중에 축루수로 갈증을 풀었는데, 다음 날 해골 물이었다는 사실을 알고 구토하면서 일체유심조一切唯心造의 도리를 깨달았다는 일화이다.[37]

원효 스님은 진여문眞如門과 생멸문生滅門을 제시했다. 우리 마음의 근원은 진여문이며, 이 자리는 모든 공덕이 다 갖추어진 진여의 본체이다. 하지만 여기에서 한 생각이 일어나서 분별심이 발동되면 생멸문으로 들어간다.[38]

명상으로 한번 비유해 보자. 명상을 하면서 욕망을 넘어서고, 감정을 넘어서고, 생각 작용마저도 끊어진 그곳에 들어가면멸진정 절대계근원계를 만난다. 그곳은 순수 알아차림으로만 존재하는 자리이다.[39] 이처럼 진여의 자리는 현재의식에서 보다 더 깊은 순수한 의식의 바탕자리로 넘어간 의식 상태이며, 고요하고 텅 빈 가운데 순수한 알아차림만이 존재하는 우리 마음의 근원이다.

우리 인간은 생각, 감정, 오감으로 이루어진 개체적인 몸과 마음작은 자아으로만 이루어진 존재가 아니며, 그러한 작은 자아가 존재하게 만들어 준 근본 바탕이 되는 청정한 본성참자아, 초의식이 참다운 나이다.

나의 청정한 본성인 참 자아는 우리와 늘 함께 있다. 현대 심리학의 용어로 초의식이라고 부르는 이 자리는 우리의 일상생활에서 현재의식생각, 煩惱+과 잠재의식혼침, 無記-을 초월해서그 근저 혹은 바탕에서 늘 깨어있는 의식 상태이다<그림 3-14> 참조.

그림 3-14 인간의식: 현재의식과 잠재의식

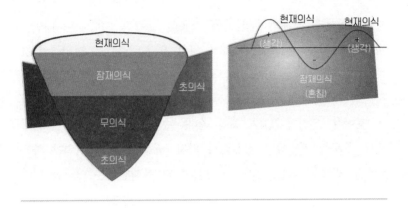

현재의식과 잠재의식

현재의식이 생각 판단을 통해 현상을 경험하는 이성적 작용이
라면, 잠재의식은 직관, 기억을 통해 정보를 통째로 받아들이는
감성적 영역이다. 현재의식이 머리의 판단작용과 관련이 있다면
잠재의식은 마음의 감성적 느낌과 관련이 많다.

한편 잠재의식은 무의식과 현재의식의 가교 역할을 한다. 무의
식에는 과거의 수치스러운 경험이나 이기적 욕구, 수용할 수 없는
욕망이나 비이성적 소망, 부도덕한 충동, 공포 등이 혼란스럽게
쌓여있는데, 잠재의식은 무의식에 있는 이러한 심연의 기억이나
정보를 자기가 감당할 수 있을 만큼 여과하여 꿈으로 방출하는
역할을 한다. 또한 잠재의식은 현재의식 바로 밑에서 전의식이라
고 불리는데, 기억이나 저장된 지식으로 보유하고 있다가 현재의

식에 직관 혹은 아이디어로 내보낸다.

현재의식과 잠재의식 사이에 소통이 원활한 사람들은 내면이 평안하고 행복하다. 이들은 때로 의지, 믿음, 신념 등 정신력이 강해서 잠재의식의 무한한 잠재력과 힘power을 활용할 수 있는데, 말하자면 자신의 현실 인생을 통제할 수 있는 강력한 무기를 지니는 것이다. 우리가 "한다. 해야 한다. 할 수 있다" 등 자기만의 구호나 주문을 개발하여 정신력의 의지, 믿음, 신념을 키워야 하는 이유도 바로 이러한 원리이다. 탈무드의 유대인들은 이러한 인간 의식 구조의 달인들인데, 그들은 어려서부터 잠재의식을 적극적으로 활용하는 법을 배우고 익힌 사람들이다.

현재의식, 잠재의식, 그리고 순수의식

우리의 의식은 크게 분류하여 현재의식, 잠재의식, 순수의식으로 나눌 수 있다. 현재의식이 생각, 잠재의식이 감정이라면, 순수의식은 본성초의식이다. 우리는 앞에서 우리의 마음은 몸육체보다 훨씬 크다고 하고, 이를 보여주기 위해 마음 공간을 감정 공간, 생각 공간, 원인 공간, 무한한 빛의 공간으로 나누었다. 이들은 우리의 육체수준에서 일어나는 현재의식, 마음의 좀 더 깊은 곳에서 일어나는 잠재의식, 더 본질적으로 마음의 근원에서 일어나는 순수의식이다.

순수의식은 무한한 빛의 입자들이다. 우리의 청정한 본성에서 나오는 생명 에너지이며, 무한한 가능성으로 이루어져 있다. 사랑,

행복, 풍요, 자유, 기쁨, 상생의 파동이다. 이러한 평화와 사랑과 기쁨의 에너지가 우리의 본성이며, 우리의 생각 공간과 감정 공간을 가득 에워싸고 있다. 다만 이를 모르고 있을 뿐이며, 이러한 순수의식과 하나가 되지 못하고 있을 뿐이다.

이들과 하나가 되려면? 나의 잠재의식에 부정적 감정에너지들을 지우면 된다. 우리의 잠재의식에는 우리가 살아오면서전생 혹은 그 이전 조상대대로 축적해 온 부정적 경험정보감정에너지들이 들어 있다. 이 경험정보들은 부정적 느낌과 기억, 감정과 함께 저장되어 때때로 우릴 괴롭힌다. 가령, 억울하거나 부당한 대우를 받았다면 당시의 부정적 감정억울함, 미움들과 함께 저장된다. 자기가 충분히 수용하거나 발산하지 못한 감정은 잠재의식에 갇히는 것이다. 에고ego라고 불리며, 우리의 순수한 생각과 느낌, 그리고 의지를 가로막는 멘탈블록mental block들이다.

순수의식과 무한한 빛의 공간

부정적 에고 의식과 감정 정보들을 모두 던져버리고, 청정한 본성으로 돌아가라. 청정한 본성의 순수한 파동으로 이들을 모두 분쇄상쇄하라. 이들을 모두 분해하고 소거하면 순수의식으로 돌아간다. 청정한 본성을 회복하는 것이다. 그것은 마치 순수한 빛의 공간으로 들어가는 것과 같다. 텅 비고 무한한 빛의 공간을 회복하는 것이며, 순수하고 무한한 빛 입자들이 그대의 육신을 에워싸는 것과 같다그 방법에 대해서의 앞에서 논의한 마음의 원리편을 참조하라.

그림 3-15 순수의식: 무한한 빛의 공간

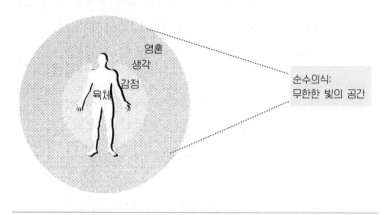

자료: 김상운, ≪왓칭2≫, 182쪽에서 수정 인용

김상운 작가는 『왓칭2』에서 좋은 비유를 했다.[40] <그림 3-15>를 한번 보자. 무한한 빛의 공간이 생각, 감정, 육체를 에워싸고 있다. 그대는 순수한 빛의 에너지이다. 무한한 빛의 입자이며 파동이다. 빛의 미세한 입자들로 육체를 샤워하고 있다고 생각하라. 순수의식의 빛으로 그대의 몸을 보호하고 있다고 생각해도 좋겠다. 이러한 초월명상을 통해 그대는 그대의 순수의식청정한 본성을 회복할 수 있다. 그렇게 되면, 그대는 순수의식으로 생각하고 판단하고 행동하는 순수의식이다. 순수한 빛의 공간, 텅 빈 빛의 공간, 무한한 빛의 공간이 바로 그대가 되는 것이다.

그림 3-16 순수의식과 텅 빈 공간

순수공간 속 들여다보기:
생각은 텅 빈 공간에서
거품처럼 떠오른다.

자료: 김상운, ≪왓칭2≫, 318쪽에서 수정 인용.

이게 뭐지? 라고 수시로 물어보라. 순수의식이다. 무엇이 듣고 있지? 순수의식이다. 무엇이 냄새 맡고 있지? 순수의식이다. 아름다운 음악과 상쾌한 공기, 산사의 풍경소리, 바람에 흔들리는 잎새, 졸졸 흐르는 개울가의 시냇물, 아기의 웃음소리, 행복한 느낌, 이 모든 것은 순수의식이다. 생각은 텅 빈 공간에서 기분 좋게 샘솟는다. 순수의식의 공간을 들여다보면 생각은 텅 빈 공간에서 거품처럼 떠오른다.[41] 순수의식의 무한한 공간 그리고 텅 빈 빛의 공간에서 그대의 존재는 확인되는 것이다.

개체 나와 전체 나

다시 김상운 작가의 비유로 돌아가 보자.[42] <그림 3-17>을 보자. 우리에게는 두 개의 몸Self1과 Self2이 있다. 개체 나와 전체 나이다. 아주 좋은 표현이다.

육체와 같은 개체 나는 Self 1이고, 순수의식과 같은 전체 나는 Self 2이다. 개체에 갇혀 좁은 생각을 낼 때에는 Self 1개체 나로 행동하고, 순수의식으로 돌아가 무한한 빛의 파동이 되면 Self 2전체 나로 돌아간다. 내가 시야를 좁히면 개체 나Self1로 작아지고, 시야를 무한히 넓히면 전체 나Self2로 커지는 것이다. 평소에는 무한한 빛의 파동Self2으로 있다가 생각을 일으키면 입자Self1로 축소된다고 표현할 수도 있겠다. 육신Self1이 입자라면 마음Self2은 전체이며 파동인 것이다.

육신으로 움직이면 Self 1이고, 마음으로 움직이면 Self 2이다. 개체로 움직이면 Self 1이고, 전체로 움직이면 Self 2이다. 개체는 입자이고 전체는 파동이다.

그림 3-17 개체 나Self 1와 전체 나Self 2

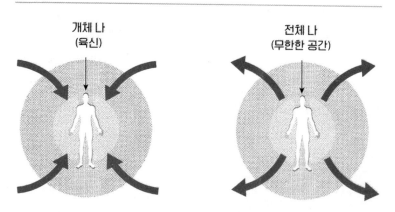

내가 시야를 좁히면 '개체 나'로 작아지고, 내가 시야를 무한히 넓히면 '전체 나'로 커진다.

자료: 김상운, 《왓칭2》, 190쪽에서 수정 인용.

개체는 육신이고 전체는 영혼이다.[43] 하지만 문제는 둘 중 하나

밖에 작동되지 않는다. "육신과 영혼은 늘 숨바꼭질한다. 육신이 눈을 뜨면 영혼이 잠들고, 영혼이 눈을 뜨면 육신이 잠든다. 육신의 욕망에 집착하면 영혼이 눈 멀고 영혼의 실체를 깨달으면 육신의 욕망에서 멀어진다. 동시에 두 가지로 바라볼 수는 없다. 상보성의 원리 때문이다."[44]

김상운 작가는 다음과 같이 말한다. "내 모든 능력이 육신 속에 들어있다고 믿는 사람은 육신의 한계를 벗어날 수 없다. 반면 '나는 우주만큼 무한한 존재'라고 바라보면 능력도 무한하게 쏟아져 나온다. 단순한 시각의 차이로 인생이 갈린다."[45]

마음의 파동이 높은 사람이 성공한다. 이런 사람은 넓은 시야와 의식이 깨어있는 사람이며, 마음의 파동 주파수가 높고 매력이 있다. 이런 사람은 높은 자존감과 참신한 셀프 이미지를 갖고 있으며 일상에서 깨어 있다. 파동이 높아서 사람을 끌어당긴다. 주변 사람들을 화평으로 이끌며, 성공과 행복의 파동을 준다.

창의적 직관: '비판적 요소'의 제거

현재의식이 머리와 관련된 논리나 판단을 의미한다면, 잠재의식은 마음과 관련된 감성, 느낌, 직관에 해당한다.[46] <그림 3-18>에서 보듯이, 현재의식과 잠재의식 사이에는 '비판적 요소critical factor'라고 불리는 차단필터blockaded filter가 있다.[47] 하지만 명상을 하게 되면 내면의 마음의 소리에 더 가까이 다가가게 되고 자신의 본심과 직관이 열리게 된다. 깊은 계곡, 탁 트인 바다, 꽃과 잎새에 비친 고운 빛, 밤하늘을 수놓은 별들과 계절의 변화 등 이처럼 자연의 순수함과 아름다움에 더 민감하게 마음이 열리게 된다. '비판적 요소'라고 불리는 얇은 막에 구멍이 숭숭 뚫리다가 나중에는 아예 없어지는 것이다.

그림 3-18 창의적 직관: 차단 필터의 제거

자료: 유튜브, 끌어당김의 법칙 마스터, "잠재의식을 활용하여 인생을 풍요롭게 만드는 명상의 비밀"에서 수정 인용.

우리가 명상을 강조하는 이유도 바로 이와 같다. 명상에 익숙하지 않은 사람들은 마음이 열리지 않아 모든 일을 계산 등 머리로만 판단한다. 자기 자신에 대한 집착이 견고하며 좀처럼 마음을 열지 않는다. '비판적 요소'의 막이 매우 두터워진 상태이다. 작은 것에서 오는 행복과 소중함을 무시하며 생존과 경쟁에 집착한다.

명상을 통해 참나 의식에 익숙해진 사람은 마음에서 오는 직관, 통찰력의 혜택을 받는다. 본심에서 오는 직관과 느낌에 열려있다.

머리의 논리와 판단이 아니라 가슴에서 오는 마음의 소리에 익숙해진다. 자신의 몸과 마음에서 오는 리듬에 익숙하므로 늘 활력이 넘친다. 주변과의 조화 속에서 내면의 고요함을 추구하며 고요함에서 오는 지혜를 얻는다.

명상이란 깨어있음이다. 명상은 또한 알아차림이다. 나와 세상의 본바탕을 알아차린다. 명상은 멍함이나 무의식이 아니다. 무기無記나 혼침惛沈에 빠져 무의식에 머무는 편안함도 아니다. 노래가사를 따라 흥얼거리거나 뭔가에 빠져있는 것 또한 아니다.

명상은 깨어있음을 통해 나의 참 존재가 늘 깨어있음을 아는 것이다. 명상은 알아차림이다. 머리를 쉬게 함으로써 가슴이 깨어있음을 알고, 가슴속에 마음이 빛나고 있음을 알아차린다. 그러므로 명상은 깨어있음이고 알아차림이다. 의식의 참 존재로 깨어있음을 알아차리고 또한 깨어있는 상태이다.

차단력, 고독력, 성찰력

명상이 너무 형식적인 단어로 들린다면, 좀 다르게 접근해 보자. 소위 말하는 '차단력', '고독력', '성찰력'을 키워보는 것이다. 즉, 굳이 명상의 형식을 빌리지 않는 것이다.

먼저, '차단력'을 키워보자. 일상의 부정적 신호로부터 차단시키는 힘을 '차단력'이라고 한다. 『하버드 상위 1퍼센트의 비밀』의 저자는 하버드 상위 1퍼센트 학생들의 비결을 '차단력'이라고 규정지었다.

우리는 일상에서 너무나 많은 비난, 조롱, 악의적 음해 등과 같은 부정적 피드백에 시달리고 있다. 인생의 질과 만족도는 이러한 부정적 피드백에서 얼마나 자신을 차단시킬 수 있는가와 밀접한 관련이 있다. 주변에서 들려오는 온갖 부정적 평가로부터 자신을 차단시키고, 강한 '멘탈'을 키워 차단력을 키우자.

또한, 혼자 있는 시간을 늘리고, 자신의 몸과 마음에서 일어나는 변화를 관찰하면서 '고독력'을 키워보자. 진정한 '고독력'은 자신을 자유롭게 한다.

그리고 자신의 내면의 목소리에 귀 기울이는 습관을 가져보자. 자신이 진정으로 원하는 게 무엇인지를 파악하고 자기와의 대화를 통해 본심을 예민하게 주시하면서 자신만의 '성찰력'을 키워보자.

내면을 성찰하는 힘, 즉 내공을 통해 더욱 자신감이 배가된 자신을 발견하게 될 것이다. 현명한 판단은 늘어나고, 지혜로운 행동을 통해 자신의 문제해결 능력은 더욱 증대되어 있을 것이다.

내면아이(Inner Child)

현재의식과 잠재의식 사이를 가로막는 차단필터는 다음 두 가지 경우에 더욱 강화된다. 하나는 타고난 의지가 약해 잠재의식에 프로그램된 습관이나 충동에 매번 무너지는 경우이다. 또 다른 하나는 지금껏 살아오면서 특히 어린 시절 좌절된 욕망이나 충격, 꺾어진 의지, 무관심이나 충분히 보호받지 못한 데서 오는 내면의 외로움과 두려움, 상처 등이 응결되어 하나의 트라우마로 자리 잡은 경우이다. 이를 심리학자들은 내면아이inner child라고 부른다.

내면아이inner child란 "무의식 속에 어린 시절의 아픔과 상처로 남아있는 자아"를 의미한다. 어떤 사람이든 어른의 자아와 어린 아이의 자아어린 아이는 누구나 보호받고 싶어 하고 사랑받고 싶어 하고 무엇인가를 가지고 싶어 하는 욕구가 있다를 모두 갖고 있는데, 우리가 '내면아이'라고 부를 정도로 문제가 된 경우는 어릴 적 모습 중에 상처받은 아이만 똘똘 뭉쳐져 있는 상태이다.

우리가 보통 감당할 수 없을 정도로 엄청난 충격이나 수치스러운 일을 당하게 되면 자기도 모르게 무의식에 넣어 버리게 되는데, 이것은 나중에 자기가 풀어내야 할 업보카르마가 된다. 따라서 어릴 적부터 형성된 '내면아이' 문제가 심각한 경우에는 몸은 어른이나 심리 상태는 아직 어릴 적 버림받은 자아로 웅크리고 있게 된다. 그러다가 유사한 현상에 처하거나 관련된 느낌이 다시 떠오르면 알 수 없는 분노와 제어하기 어려운 충동으로 나타나는 것이다.

우리가 잠재의식을 정화해야 하는 이유도 여기에 있다. 깊은 명상 속에서 내면을 성찰하고 자신과의 진정어린 대화나 회고를 통해 어린 시절 가해자혹은 피해자에게에게 용서혹은 참회를 하여 부정적 카르마를 모두 다 녹여내야 한다.

가벼운 경우는 대화나 독서, 여행을 통해서 풀리기도 하고 심한 경우는 정신심리학적 전문가의 도움을 받아야 한다. 여기서 중요한 점은 이 모든 원인의 출발점이 나로부터 기인했다는 진정성

있는 반성일 것이다.

결국 자기문제를 해결할 수 있는 사람은 자기밖에 없다는 냉철한 깨달음에서 출발하는데, 이러한 진실된 과정을 통해 우리 내면의 인격과 참 성품은 발현되기 시작하는 것이다.

억압된 그림자와 자아 콤플렉스

우리의 잠재의식 속에 숨겨놓은 그림자, 개인의 경험이나 생각, 감정이 억압된 자아와 콤플렉스들은 생각보다 복잡하다. 칼 융의 연구에 따르면, <그림 3-19>에서 보듯이 우리 의식의 내면에는 억압된 감정이나 욕구, 충동과 같은 자아 콤플렉스들이 원형 Archetype을 이루고 있다. 그리고 이들은 우리의 본성Self을 제약하고 있다. 원형들은 종류도 다양한데, 개인무의식, 집단무의식, 아니마, 아니무스 등과 같은 것들이 우리 잠재의식 속에서 자아 콤플렉스

그림 3-19 억압된 그림자와 자아 콤플렉스

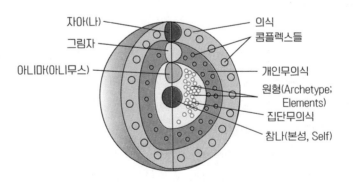

자료: 칼융의 「억압된 그림자와 집단 무의식(Archetype)」 시공사(가족심리백과)에서 수정.

의 요소로 자리 잡고 있다. 말하자면, 우리의 잠재의식 속에서 참나본성를 제약하고 있는 자아에고와 억압된 그림자들이다.

우리는 종종 외부세계에 자신의 그림자를 투사하고서 스스로는 인식하지 못하는 경우도 많다. 이유 없이 누군가가 몹시 밉고 질투난다면, 필히 자신의 그림자를 투사한 것은 아닌지 의심해 봐야 한다. 집단무의식의 원형 속에는 아니마Anima와 아니무스Animus도 있다. 아니마는 남성의 무의식 속에 있는 여성적 요소이고, 아니무스는 여성의 무의식 속에 있는 남성적 요소이다. 가령, 사랑에 빠진 남성은 자신의 무의식에 있는 여성적 요소, 아니마를 상대방에게 투사하고 있다. 상대방이 실제로 멋진 사람일 수도 있지만 사실은 자기 내부의 여성인 아니마가 투사되었기에 매혹당하는 것이다.

두려움과 용기

우리의 마음속에는 생각, 감정, 느낌, 욕망 등이 구름처럼 둥둥 떠다닌다. 좋은 생각, 나쁜 생각, 욕구와 충동 등이 떠다니고, 이들은 상황과 조건에 따라 수시로 바뀐다.

우리의 자아 속에는 의식의 스펙트럼이 무지개처럼 펼쳐져 있는데, 가령 불안과 두려움 같은 것은 부정적 극단에, 용기와 의지 같은 것은 긍정적 극단에 위치한다. 우리가 살고 있는 물질계는 이원성의 세계이기에 음과 양, 낮과 밤, 여성과 남성 등의 이원성이 존재한다. 불안과 두려움은 우울감과 겹쳐 극도의 외로움이나 공포로 발전하기도 하는데, 이들은 모두 부정적 심리의 다양한 모습들일 뿐이다.

이처럼, 마음은 실체가 없는 것이다. 부평초처럼 흔들리며 수시로 생겨났다가 수시로 사라진다. 마음은 고정된 중심이 없음을 확인하라. 이것을 확실히 '체험'하여 아는 것이 중요하다. 마음의 근원을 관찰하라. 그 근원은 텅 비어 있으나 깨어있는 '순수의식의 장場'이다. 이 자리를 확인했다면, 진리에 대한 확신을 가지고 앞으로 나아가라. 용기와 의지를 가지고 나아가는 것이다.

붓다는 우리가 살고 있는 사바세계娑婆世界를 고해苦海라고 했다. 사바세계란 "참고 견뎌야 살아갈 수 있는 세상"이라는 뜻이다. 그만큼 환경이 열악하고 투쟁적이다. 출근길에 누가 내 발을 밟을 수도 있고, 갑자기 등을 밀칠 수도 있다. 직장 상사나 동료가 던진 말이 내게 상처를 준다. 친한 친구나 부모 역시도 나를 도와준다는 조언이, 때론 부담으로 작용할 수도 있다.

우리 자신의 내면을 성장시키도록 하자. 자신의 의식이 상승하면 '외부 환경'에서 점차 자유로워지게 된다. 자신의 기질과 성향을 다스리고 학습을 통해 내면을 성장시키며, 내면의 에너지를 창조적인 방향으로 활용해보자.48

우리가 참나본성를 깨치고자 하는 이유도 내면을 성장시키고자 함이다. 그리하여 내가 느꼈던 열등감이나 통제된 자아 혹은 콤플렉스들 모두 내 업식業識의 반영일 뿐 모두 그림자와 같아서 본래 실체가 없다는 점을 확연히 깨치고자 함이다.

영격이 상승되는 것은 마음의 정화와 관련이 있다. 마음의 정화를 통해 정신이 생각과 마음으로부터 온전한 실체를 확보하는 것, 전체적인 주시자의 관점을 확보하는 것, 그리고 그것이 명료해 지는 것, 그것이 중요하다. 더 나아가, 마음이 정화되어 순수한 마음으로 사는 것, 참나를 각성시키고 순수의식을 깨닫는 것, 순수의식을 깨달아 사랑과 자비를 실천하는 것, 그리고 전체의식을 깨달아 나와 남 그리고 공동체 모두에게 유익한 행동을 하는 것, 이러한 것들이 모두 참다운 행위이다. 그리고 이러한 깨달음, 사랑과 자비의 실천은 영격을 상승시킨다.

이처럼 참나 공부가 깊어지면 의식이 성장한다. 의식이 성장한다는 것은 세상을 향한 이해의 폭과 안목이 높아진다는 뜻이기도 하다. 자신의 역량이 강화되면서 자신의 운명을 제어하는 힘 역시 강해지게 된다. 또한, 평온함과 침착함, 고요하고 단단한 평정심 속에서 진정한 인생의 주인이 되는 것이다.

눈에 보이는 것과 보이지 않는 것

세상에는 눈에 보이는 것과 보이지 않는 것이 있다. 가령 사람의 육체는 눈에 보이지만 마음은 눈에 보이지 않는다. 눈에 보이지 않지만 누구나 마음이 존재한다는 것을 알고 있다. 공기, 전기와 같은 것들도 눈에 보이진 않지만 누구도 부인하지 않는다. 생각, 에너지도 마찬가지이다.

마음에 대해 생각해보자. 마음은 우주와 같이 방대하고 심오하며 심층적이다. 우리 뇌의 신경망과 우주의 신경망에 대한 의식의 흐름은 놀랍도록 유사하다뇌의 신경망의 흐름에 대한 스캔 사진과 우주의 별과 은하수 흐름에 대한 천체 사진은 놀랍도록 유사하다. 앞에서 제시했던 란자 교수의 바이오센트리즘 사진과 같은 것들이다.

뇌 신경망 흐름들이 마치 나뭇가지 모양으로 뻗어있고, 곳곳에 번개와 섬광들이 빛 입자들의 파동으로 번쩍인다. 뉴런과 시냅스 사이를 현란하게 수놓고 있는 통찰, 직관, 아이디어의 번쩍임은 우주의 의식 흐름 속에서 일어나는 광자들의 맥동 혹은 양자 얽힘 현상과 너무나도 닮았다.

마음에는 표층의식이 있고 심층의식이 있어 전자를 현재의식이라고 한다면 후자는 잠재의식이다. 잠재의식을 조금 더 깊이 구분하면 제7식말나식 자의식, 제8식아뢰야식 무의식, 제9식암마라식 청정심 등으로 점점 더 깊게 들어간다. 생각, 에너지, 마음의 연결고리를 생각해 볼 때, 마음은 90% 이상을 차지하는 잠재의식무의식 영역이며, 생각은 현재의식으로서 10% 미만을 차지한다. 사실상 마음이 생각을 좌우하는 것이다.

마음은 심상心相이라고 하여 실로 방대한 영역이며, 우리의 잠재의식 안에는 온갖 경험과 감정들이 기억과 종자로서 저장되어 있다. 순수의식의 근원을 둘러싼 소위 에고들이다. 어릴 적 버림받았던 기억, 두려웠던 기억, 애정 결핍증 등 부정적 경험들이 순수의식의 근저를 겹겹이 둘러싸고 나의 잠재의식을 형성하고 있다.

하지만, 앞에서도 말한 것처럼, 아무리 방대해도 마음이란 실체가 없는 것이다.

뜬 구름 같은 것이다. 마음잠재의식이나 무의식 혹은 자아, 그 무엇이라고 불러도 좋다은 생각, 감정, 욕망, 충동 등의 다발일 뿐 실체가 없는 것이다. 그래서 수시로 생겨나고 수시로 사라진다. 이처럼 마음은 고정된 중심이 없다. 매순간 새로 생겨났다가 사라진다. 한 순간도 가만 있지 않고 우리를 충동하여 요동치게 만든다. 이러한 마음의 실체를 잘 파악하는 것이 마음공부이다. 그리하여 근원을 꿰뚫어 보고자 하는 것이다. 마음이 방황하며 요동칠 때 근본을 확연하게 살펴 성찰하는 것이다. 그 근본은 '없다.' '없다'는 말도 이상하여 텅 비어 있다. 텅 비어 있다는 말도 이상하여 텅 비어 있으나 고요하며 어떤 알아차림이 있다. 순수의식의 장場은 이 자리를 말하는 것이다.

순수의식은 문자 그대로 순수의식이며 에너지이다. 빛이며 파동이다. 더 들어가면, 입자와 파동 이전의 순수한 바탕이다. 순수한 에너지의 잠재된 모태이며 바탕, 그리고 진여자성의 바다이다. 우리의 순수한 생각과 느낌의 근원은 순수의식으로부터 오지만 잠재의식을 거치면서 굴절된다.

생각과 의지는 표상화된 에너지이다. 말과 행동 역시 표상화된 에너지이다. 마음은 이들보다 더 심층적인 모태이며, 보이지 않는 마음이 생각과 행동의 근원이라고 할 수 있다. 눈에 보이지 않는 것이 보이는 것의 모태이자 근원인 것이다.

마음의 가장 깊은 곳에는 순수하게 알아차리는 근원이 있다. 지금, 여기 순수하게 존재하는 알아차림이 순수의식이며 순수청정심이다.

마음과 육체

마음은 육체를 넘어 크게 작동되고 있다. 그것은 육체 너머에 감정 공간, 생각 공간, 원인 공간 등으로 확장되어 있다. 이들을 아스트랄체, 멘탈체, 원인체라고 하고, 잠재의식, 무의식이라고도 한다. 우리가 현실에서 일어난 경험들은 우리의 마음속에 그때의 감정 에너지와 함께 저장된다. 그 기억의 편린片鱗들은 아리도록 슬프게도 다가오고, 때로는 눈물겨운 기쁨으로도 다가온다. 아픈 편린들은 우리의 기억에 다시금 되살아나 공연히 아픈 상처를 건드리고 가기도 한다. 우리의 감정과 기억의 종자種子들은 마음 한 켠에 몰래 숨어 있다가 회상하는 즉시 소생蘇生되는 마법과도 같은 것이다.

이처럼 경험과 감정은 우리의 마음속에 필름처럼 저장된다. 그리고 이들은 또 하나의 감정 주파수가 되어 나의 현실로 다시 재현된다. 자신의 주파수와 맞는 감정과 사건을 현실에서도 강력하게 끌어당기는 것이다. 다시 말해, 현실의 경험들은 마음속에 저장되고, 마음속에 저장된 기억은 다시 우리의 삶 속에서 필름처럼 현실이라는 영상을 만들어 내고 있는 것이다.

이때 우리의 마음 공간에 있는 필름을 강력하게 증폭시키는 기관은 두뇌이다. 두뇌는 마음속에 저장된 기억이나 생각, 감정 정보들을 증폭시켜 생생한 현실감으로 재생시키는 역할을 하지만 어디까지나 육체의 기관이다.

요컨대, 마음과 두뇌, 어느 것이 주인이냐 하면 마음이 주인이고 두뇌는 하인이다. 두뇌가 곧 나는 아니다. 나는 더 큰 존재이며, 내가 있어 마음도 있고, 내 마음이 두뇌를 사용하는 것이다.

이러한 명확한 결론은 다음과 같은 엉뚱한 질문에 대해서도 답해준다.

두뇌가 없다면 마음도 사라질까? 이른바 두뇌와 마음의 관계이다.

두뇌가 하드웨어라면 마음은 소프트웨어이다. 컴퓨터 본체하드웨어가 꺼지면 영상프로그램이 작동되지 않는다. 인간도 그럴까? 인간도 육체두뇌가 멈추면 마음의식이 작동되지 않을까?

인간은 외부 정보를 뇌에서 재구성하여 자신만의 스크린을 펼친다. 외부 대상은 실체 그대로가 아니라 두뇌에서 재구성된 정보이다. 예컨대, 내 마음이 슬프면 세상 모두가 슬프고, 내 마음이 기쁘면 세상 모두가 기쁘다.

그렇다면 두뇌가 마음의식일까?
두뇌가 없다면 마음의식도 사라질까?

물론 상식적인 대답은 "당연히 사라진다"는 것이다. 하지만 인간의 경우는 다르다. 인간의 경우에는 마음의식이 주主이며 육체두뇌가 종從이다. 육체는 마음을 따른다. 마음이 주인이고 육체는 마음의 하인이다. 마음이 있어 육체를 낳는다.[49]

세계적 양자물리학자, 로버트 란자 교수의 과학적 연구 결과도 이것을 지지하고 있다. 의식마음은 두뇌 차원을 뛰어넘는 양자 정보이므로 두뇌가 죽은 후에도 양자의 상태로 존재할 수 있다는 것이다. 란자 교수뿐만이 아니다. 빅뱅이론을 정립한 영국 옥스퍼

드대 이론물리학자 로저 펜로즈 경과 미국 전문의 스튜어트 하메로프 박사 역시 인간의 의식은 육체가 죽은 후에도 양자의 상태로 존재할 수 있다고 주장한다. 즉, 육체나 두뇌와 같은 분자 상태의 세포가 '죽더라도' 그 안에 존재하는 양자마음는 '파괴되지 않는다.'

이들의 연구결과를 좀 더 구체적으로 살펴보면 다음과 같다.

"뇌에서 발생한 의식은 우주에서 생성된 소립자보다 작은 양자이다. 이들은 시간, 공간, 중력 등에 구애되지 않는다. 인간의 영혼마음은 말하자면 이러한 양자들이다. 심장이 정지하면, 뇌는 기능을 상실하지만, 뇌 세포 안에 존재하고 있는 양자정보인 마음의식은 여기에 구애받지 않는다. 즉, 기능을 상실하거나 파괴되지 않는다. 사실 뇌 세포 속에 있는 양자정보마음들은, 육체의 생존 여부와 관계없이, '양자 얽힘quantum entanglement'이라는 원리를 통해 우주 전체에 넓게 퍼져 있으며 끊임없이 교류하고 있다."[50]

한번 정리해보자.

마음의식은 온 우주에 퍼져 있다. 두뇌는 육체의 컨트롤타워이지만 여전히 하드웨어이다. 물질입자이며, 분자적 수준의 육체인 것이다. 마음속에 있는 정보들을 떠올리는 순간 이를 현실로 가져와 증폭시키고 재생시키는 역할을 한다. 어떻게 보면 안테나와 같고, 이를 포착하여 증폭시키는 컴퓨터와 같은 역할을 하지만 여전히 육체적 수준의 물질이고 기관인 것이다.[51]

하지만 이들과는 차원이 다른 근원적 에너지가 있다. 바로 우리 마음의 청정한 본성이다. 텅 비고 멈추었지만 고요한 가운데 알아 차리는 그 무엇이 있다. 청정한 바탕의 힘은 크고 강력하여 우리 내면의 부정적 에너지마저 모두 정화시킨다. 강력한 힘으로 부정 적 감정들을 주시하는 순간 에너지들은 소멸된다. 청정한 본성의 힘으로 깨어서 관찰주시하는 순간 그들은 모두 분쇄된다.

따라서 우리는 여기서 이렇게 한번 되새겨 보자.

나를 지켜보는 이것은 무엇인가?
나를 지켜보는 관찰자주시자, 응시는 무엇인가?
마음은 텅 비어 고요하며, 한결같다.
그리고 순수하게 알아차리고 있다.
그것이 본성이다. 나의 청정한 본성이다.
그것은 텅 비어 고요한 가운데 늘 알아차리고 있다.
그리고 명료하게 깨어있다.

인간 본성과 순수의식의 근원

순수의식의 근원: 참 '나'의 빛나는 의식

우리 내면의 순수의식과 근원은 지금 이 순간에도 순수하게 빛
나고 있다. 순수한 참 '나'의 의식 상태로 빛나고 있는 것이다. 깨
끗하고 미묘하게 밝은 성품性品이며, 본래 자기Self의 참다운 마음으
로서 더 할 수 없이 청정한 본성真如이다. 텅 비어 고요하나, 순수
한 알아차림으로 충만해 있는 우리의 신묘한 성품인 것이다. 끝이
없는 시점부터 존재했던–始無始– 또 그 끝이 없는–終無終–, 태어나고
죽음이 없는 우리의 바탕 자리이며, 순수하게 빛나는 우리의 참된
본성이다. 불생불멸不生不滅, 불구부정不垢不淨!

결국 이 이야기는 명상과 수행의 중요성을 시사해 준다. 우리의

삶에 대한 근본 태도와 자세 말이다. 배우고 배려하고 나누는 삶의 태도態度와 반성과 성찰을 통해 자신의 내면을 맑고 밝게 유지하는 자세姿勢의 중요성을 말하는 것이다.

또한, 우리의 잠재의식과 무의식의 업장業障을 털어내고 넘어서야 할 근본 자리가 있다는 점을 의미하는 것이다. 다만 '털어내고'라는 말에 함정이 있다. 부지런히 닦아서 이 자리를 가기는 어렵다. 나의 온갖 망상과 번뇌의 근본을 살펴보라. 생각, 감정, 욕망, 느낌의 근본 자리를 살펴보라. 공부가 익어지면 근본은 텅 비어 있고 본래부터 청정한 나의 본성이었음을 알게 될 것이다. 그리고 그 자리는 '존재' 그 자체였고 그 자체가 하나로서 전체였음을 알게 될 것이다.

우리 잠재의식의 무지無知와 아집我執은 우리 현재의식의 필터filter를 굴절시키고 왜곡시킨다. 무지는 소지장所知障이고, 아집은 번뇌장煩惱障이다. 무지는 인식과 정보에 관한 장애이고, 아집은 감정과 정서에 관한 장애이다. 쉽게 말해, 무지는 뭔가를 모르는 장애이고, 아집은 감정의 뒤틀림이다.

무지와 아집은 우리도 모르는 사이에 우리의 말나식잠재의식을 형성하여 에고를 강화시키고, 강화된 에고는 우리의 현재의 시각과 판단을 왜곡歪曲시킨다. 고정관념과 잘못된 판단, 그리고 그에 따른 잘못된 행동은 무의식 저장소인 아뢰야식에 다시 쌓여간다. 이는 우리의 업장業障을 더욱 키우는 꼴이며, 향후 어느 시점에 기필코 받아야 할 인과응보因果應報로 이어지는 것이다.

가령, 두려움을 예로 들어보자. 에고의 여러 형태 중에 두려움이 근원적 인자因子이다. 두려움에서 외로움과 불안감으로 발전한다. 두려움이라는 놈은 수시로 일어나며, 별일이 없더라도 한번씩 슬며시 고개를 든다. 어쩌면 생물학적 특성상 뗄 수 없는 본연적 요소인지도 모른다. 하지만 그렇지 않다. 바로 던져라. 그리고 직시하라. 피하지 말고 직면하라. 순수의식의 근원에서 이를 지켜보는 연습을 하라. 곧 지나갈 것이다. 사건이 생기더라도 피하거나 자기 방어에 급급하지 말고 본질을 정면으로 직시하라. 곧 사라지게 된다. 두려움은 에고의 그림자이다. 그림자가 본질을 헤치진 못한다.

근원에서 바라보라. 그리고 그대를 통과하여 스쳐 지나가도록 허용하라. 이러한 연습을 몇 번 해보면 요령이 생긴다. 이러한 경험을 통해 그대 내면은 성장하게 될 것이다. 그리고 그대 내면의 중심은 평정심으로 더욱 단단하게 발전할 것이다.

잠재의식 속의 모든 요소들, 그것이 무지와 아집이든, 고정관념과 열등의식이든, 모두 묶어 바다 속에 던져 버리자. 가령 위의 그림에서도 칼 융이 말하는 모든 잠재의식의 요소들을 복잡하게 바라보지 말자. 그것은 우리 잠재의식을 구성하는 에고의 요소들을 분별하여 개념화한 것에 지나지 않는다. 그것이 원형이든 집단무의식이든 자아 콤플렉스이든 관계하지 않는다. 나의 자아를 억압하는 하나의 요소일 뿐이다.

우리의 본성은 청정하다. 잠재의식과 무의식 속의 업장業障들을 모두 털어내자. 분별과 망상이 일어나는 바로 그 자리를 직시하

라. "STOP!"이라고 하는 판단 정지를 통해 바로 그 자리로 들어가라. 한 생각 돌이키면 바로 '그 자리'이다. 한국의 정통 조사선의 본질은 점법漸法이 아니다. 나의 업장을 모두 닦아 본질에 이르는 공부법이 아니다. 인격을 모두 닦으면 본질이 드러날 것으로 착각하지 말라. 지금 이 순간 나의 분별과 망상을 돌이켜서 근본 자리를 직시하라. 근본 자리가 바로 '본성'이고, 이것이 바로 돈법頓法이다. 문득, 홀연히, 그리고 단번에 그 자리를 바로 직시하라. 직하무심直下無心하라. 그 자리는 태고太古 이래 변한 적이 없는, 태어나지도 않고 죽지도 않는, 우리의 청정한 본성이요, 순수의식의 근원이다.

자신의 필터와 깨달음

이처럼, 우리의 자아는 다양한 파편으로 분열되어 있다. 생각해보면, 세상에 태어나기 전의 아기는 엄마와 완전히 한 덩어리여서 자신과 타인엄마과의 구별이 없다.[52] 엄마의 양수 속에서 아기의 자아는 하나로 통일되어 있다. 엄마가 곧 나요, 아기의 세상은 엄마를 통해서 하나로 연결되어 있다. 모든 생리적 욕구 역시 부족함이 없다. 하지만 자아가 형성되면서 어느 순간 어머니와 나는 분리된 존재라는 걸 깨닫기 시작한다. 최초의 분리 자각이다.

또한 세상을 겪으면서 자아는 더 성장하지만 동시에 더 견고해지면서 분리되기 시작한다. 나와 남, 좋은 사람과 나쁜 사람, 내 편과 네 편 등으로 분열되기 시작한다. 더 좋은 집, 더 좋은 차, 더 좋은 직장에 대한 분별의식이 생기면서 내 마음은 드디어 선과 악, 우와 열, 상과 하 같은 차이를 구획 짓는다. 또한 많은 사건과 사고 속에서 열등감과 함께 열패감도 쌓이고, 충족되지 못한 욕구 속에서 콤플렉스도 쌓인다. 자아는 분열되고, 이제 나는 '분열된 자아'라는 색안경을 끼고 세상을 보게 된다. 또한 자기보호 본능도 발달해가고 이와 함께 자기방어기제도 늘어나게 된다.[53]

앞에서도 지적했듯이, "인간의 근원은 청정한 본성이다. 인간은 태어날 때 존재의 전체성과 연결되어 있었다. 하지만 태어나 이름을 부여받고, 점차 이성이 발달함에 따라 '나'라는 생각과 느낌과 감정이 생겨나게 되었다. 그러면서 자아의 이미지가 형성된 것이다."[54]

하지만, 인간은 본래 "부분적인 개체가 아니라 통합된 전체적 존재"[55]이다. 전체에서 이탈하여 분열된 개체인 자아를 '나'라고 인식하면서 '나'라는 경계와 굴레가 생겨났다."[56] 참다운 성품으로서의 존재에서 벗어나 불안정하고 불합리한 고뇌의 삶을 살게 된 것이다.

하지만, 이 모든 필터를 한꺼번에 싹 걷어내면 어떻게 될까? 혹은 달리 표현하여 이 모든 필터를 한꺼번에 무시하고 필터들 이면에 존재하는 바탕을 깨달으면 어떻게 될까?

"STOP!"이라고 하는 판단 정지를 통해 나와 남도 모르고, 시간과 공간도 모르는 바탕 자리로 돌아가는 공부를 해보자. 마치 어머니의 양수 속의 세계관으로 다시 돌아가듯이 이 순간 모두 모르겠다고 하는 명령어 속에서 내 마음의 모든 분별과 집착을 내려놓아보자. 혹은 "이게 뭐지?"라는 명령어 속에서 온갖 차별상에 주의를 두지 말고 차별상이 발생하는 이전 자리, 바탕의 화면으로 매순간 주의를 돌려보자.

그림 3-20 자신의 필터와 깨달음

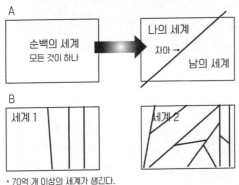

자아가 견고해지면서 세상은 분열된다.

A

순백의 세계
모든 것이 하나

나의 세계
자아 →
남의 세계

B

세계 1

세계 2

* 70억 개 이상의 세계가 생긴다.

필터를 걷어버리면 세상은 하나: 깨달음

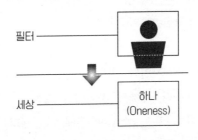

필터 ─────

세상 ─────

하나
(Oneness)

자료: 이시다 히사쓰구 「3개의 소원 100일의 기적」에서 수정 인용.

바탕의 자리는 텅 비어 있으면서 알아차리고 있다. 텅 빈 우주의 거울처럼 사물과 대상이 나타나면 비추지만 아무 것도 없을 땐 텅 비어 고요하다. 하지만 텅 비어 있되 죽은 물질이 아니라 살아 있다. 생생하게 살아있는 영물靈物이며 생령生靈이다. 내가 지금 모든 것을 멈추고 그 자리로 들어가면 오직 존재한다는 전체적 의식만이 있다. 그 순수한 의식은 알아차리고 있으며 깨어 있다.

개체, 전체와 깨달음

개체적 차원에서의 육체와 마음은 순간순간 변한다. 전체적 차원에서의 마음을 청정한 본성이라고 한다.[57] 마음의 청정한 본성은 본질적으로 형태와 크기가 없으니 순수하고 텅 빈 빛의 공간이다. 무한한 빛의 공간이며, 텅 빈 순수의식이다.

우리의 평소 일상생활 속에서는 생각과 육체가 붙어있다. 이 둘 간의 구분이 잘 되지 않는다. 따라서 우리의 생각은 주로 자신의 육체의 입장에서주로 육체의 입장에 유리한 방향으로 하게 된다. 하지만 깊은 명상 속에서 생각정신이 육체에서 벗어난다면 무엇이 전체의 입장에서 옳은 것인지 바르게 관觀할 수 있다.

참나 각성도 마찬가지이다. 참나본성, 순수의식는 개체적 자아생각, 감정, 느낌와는 차원이 다르다. 개체적 자아와는 다른, 더 높은 차원의 각성된 의식 상태이다. 또한 순수한 형태의 전체의식이다. 텅 비어 있되 알아차리고 있으며, 이는 전체와 연결되어 있다. 따라서 참나가 각성되면 개체적 자아의 관점에서 벗어나 전체의 시각에서 판단할 수 있다.

유교 성리학의 주일무적도 같은 맥락이다. 한 가지 대상에 깊이 몰입하여 마음의 방황이 없는 상태를 주일무적主—無適이라고 한다. 이때 중요한 것은 주시자注視者, 觀察者를 확보하는 것이다. 주시자注視者를 확보한다는 의미는 나와 너, 주체와 객체를 떠나 전체의 시각을 확보한다는 것이다. 또한, 전체 시각에서 이들을 조망하는 통찰적 관점을 확보한다는 것이다. 이것이 "깨어있음"의 의미이다. 화두, 염불 모두 마찬가지이다.[58] 한 가지 생각에 몰입해 있는 게 중요한 것이 아니라 몰입을 하되 주시자의 관점, 즉 전체 시각을 확보해야 한다.

따라서 명상의 진정한 효용은 마음을 고요히 함止함으로써 몰입禪定을 한다는 점, 몰입을 함으로써 집중력이 상승되고 마음이 정화된다는 점도 있지만, 몰입을 통해 자신을 돌아보고 전체적 관점을 확보함으로써 자신의 생각, 마음, 행동을 되돌아보고 개선해 나간다는 데 있다. 그렇게 함으로써 우리의 인격이 바뀌고 영격이 상승되는 것이다.

우리가 흔히 생각, 마음, 정신이라는 단어를 쓴다. 어떤 대상을 한번 생각하는 것은 가장 얕은 차원이다. 생각의 정도가 깊어지면 마음이 움직인다. 마음이 움직이면 벌써 몸까지 따라간다. 하지만 여기서 한 차원 더 깊어지면 정신에 도달한다.

"나는 누구인가?" 혹은 "이것은 무엇인가?"라는 근본적 질문을 통해 개체적 차원의 생각과 마음의 차원을 넘어서 전체적 차원의 정신에 도달할 수 있다. 그것은 <마음의 근원>이며, 마음의 청정한 본성을 의미한다.

참선과 높은 차원의 정신

선禪이란 마음이다. 전체가 하나로 이루어진 마음을 보는 것이고, 만물의 다양성 속에 존재하는 하나의 마음을 확인하는 것이다. 선禪은 봄示과 하나單의 결합어이다. 하나單를 보는 것示이다. 즉, 전체가 하나임을 보는 것이다. 우주 속에 깃든 하나님하나의 진리을 보는 것이다.

따라서 참선參禪이란 우주가 하나의 마음으로 이루어졌음을 주시하는 것이다. 그리하여 우주에 존재하는 다양성 속에 단일성을 확인하는 것이다. 더 나아가, 깊은 명상 속에서 이루어지는 참선은 마음의 근원이 청정한 본성이며 순수의식임을 확인하는 것이다.

하지만, 깊은 명상이라고 해서 마음영혼이 어디를 가는 게 아니다. 마음이 마음순수의식 안에서 마음의 근원을 보는 것이다. 우리의 마음순수의식은 전체이며, 시간, 거리, 공간으로 구획되지 않는다. 순수한 빛의 공간이며, 무한한 빛의 공간이고, 텅 빈 빛의 공간이다.

우리의 마음은 다차원계에 동시에 존재하고 있다. 낮은 차원에서부터 높은 차원까지 모두 병존하고 있는 것이다.[59] 가령, 4선정이나 멸진정滅盡定과 같은 선정은 깊고 순수한 '마음'이 '일체가 끊어진 경계'에 들어간다. 깊은 명상과 선정 속에서 성성적적惺惺寂寂한 의식 상태를 유지하다가 종국에는 마음이 우리의 본성청정한 본성. 진여과 하나 되는 상태에 들어가는 것이다. 그리하여 마음이 전체에 머무르며, 무한한 빛의 공간과 하나가 된다.

종합정리(1): 마음이란 무엇인가?

마음이란 무엇인가? 마음은 도대체 어디에 있는가?

마음은 본래 없는 것이다. 수시로 생겨나고 수시로 사라지니 실체가 없는 것이다. 봄날의 아지랑이 같고, 아침의 이슬 같아서 있는 것 같지만 없다. 마음은 생각, 감정, 욕망, 느낌 등의 다발일 뿐 실체가 없는 것이다. 마음은 고정된 것이 아니고 매순간 새로 생겨난다. 그러므로 마음은 항상 불안정하고 유동적이다.

마음은 광대한 대양에 정박처가 없는 선박과도 같다. 그러다가 찾은 것이 '자아'이다. '몸'을 중심으로 그리고 '나'라는 생각을 중심으로 마음의 구름을 형성한 것이 '자아'이다. 따라서 이제는 자아란 것이 주체의 노릇을 하게 되는 것이다. 당연히 거짓이다. 하지만 모두가 속고 있다. 그러니 몸과 자아를 중심으로 한 평생 거짓 나를 주체로 모시고 봉양하면서 살아가는 것이다. 그러므로 자주 남과 다툰다. 경쟁하고 투쟁한다. 주인主體이 둘이 될 수 없는 탓이다. 이 모든 거짓 구름과 마음 그리고 자아를 걷어치운 곳에 진아眞我가 있다. 그곳은 공空이며 순수의식이다.

종합정리(2): 마음의 본향

한 가지 비유를 들어보자.

마음은 광대무변한 대양 위를 바람에 휩쓸려 떠도는 돛단배와 같다. 광활한 공해共海 위에는 어디 하나 닻을 내릴 곳이 없다. 부평초처럼 떠돌던 마음은 내 몸을 발견한다. 이때 몸이 닻을 내릴 산호초 같은 역할을 한다. 또한 '나'라는 생각이 중심이 되어 '자아'의 역할을 한다. 그렇게 해서 생긴 관념이 '나'라는 자아이다. 잠시 닻을 내리고 내 마음이 정박할 근거지를 제공해준 것은 대단한 사건이다. 무척 고맙고 다행스런 일이다.

하지만 그 역할은 거기까지이다. 그것이 전부인 줄 알았던 나는 나의 자아를 진짜 주체인줄로만 알고혹은 전부인줄로만 알고 이곳에 닻을 점점 더 견고하게 내리게 된다. 이젠 떠날 생각도 없다. 더 큰 바다로 나갈 생각도 없다. 산호초와 닻, 나의 몸과 자아는 점점 더 하나가 되어 '나'라는 생각으로 굳어져 간다. 나의 자아는 이제 자기합리화 혹은 자기방어기제까지 동원하면서 '나'란 놈을 귀하게 여기고 '자아'만을 보호, 유지, 강화시켜 나간다.

내가 본래 어디에서 왔고 나의 근원은 무엇인지는 잊은 지 오래되었다. 나의 본향本鄕은 어디인지, 나의 참 모습은 무엇인지 잊어 버렸다.

그대의 본향本鄕은 그리고 그대의 참 모습은, 이름 붙이기도 어려운 그곳은, 우리가 진아, 공空이라고 이름 붙인 순수의식이다. 어떤 이름도, 형상도 붙일 수 없는 곳, 아무것도 없이 텅 빈 그곳이 그대 마음의 근원이며 본향本鄕이다.

종합정리(3): 마음의 정화와 감정체

우리가 주목할 부분은 감정체아스트랄체이다. 우리가 진아, 공, 순수 의식이라고 부르는 곳으로 넘어가는 과정에서 가장 우리의 발목을 잡는 것이 이 부분이다. 마음속 부정적 카르마는 잠재의식에 쌓인다. 우리가 청소하고 정화해야 할 대상이다. 잠재의식에 쌓인 부정적 에너지는 쓸데없는 고정관념을 강화시키며, 우리의 인식을 탁하게 한다. 안목을 협소하게 하며 진정한 자유와 행복을 가로 막는다.

인간은 신심영身心靈으로 이루어진 존재라고 할 때 영靈은 신성한 존재이다. 그것은 거룩한 신성 그 자체이다. 진아, 공, 순수의식에 조응하는 표현이다. 문제는 중간의 심이라고 부르는 혼魂의 영역이다. 이것은 생각, 감정, 느낌, 욕망 등을 펼치면서 전도된 업식業識과 망상妄想으로 인해 왜곡될 가능성이 크다. 우리가 공과 순수의식으로 넘어갈 때 정화해야 할 대상은 혼魂의식에 쌓인 부정적 카르마이다.

우리가 이성의 힘을 키워 감정과 욕망에서 오는 감각 작용을 통제해야 한다는 것도 같은 맥락이다. 평소 폭넓은 독서와 깊은 성찰 속에서 사유와 경험의 폭을 넓혀나가야 한다. 고요함에서 오는 선정과 지혜의 힘을 기르고 순수의식의 알아차림 속에서 정념正念의 힘을 길러야 한다. 그래야 우리의 인생에서 때론 가혹하게 오는 심각한 시련과 시험을 현명하게 대처하고 최대한 지혜롭게 인생이라는 '고해苦海의 강'을 건널 수 있다.

종합정리(4): 완전한 깨달음

완전한 깨달음의 의식 상태는 순수한 기쁨, 진정한 평화, 절대적 자유, 존재로부터 오는 환희, 영원하고 불변하는 평안이다.

인간의 마음은 다층적인 겹으로 이루어져 있으니 육체 안에는 유체가 있고 유체 안에는 영체가 있다. 유체는 혼soul의 체이니 질량은 거의 없고 육체와 등비等比이다. 혹은 아스트랄astral체라고 부를 수 있다. 영체는 이보다 작은 구球체로 이루어져 있으며,60 영의 격格을 나타낸다.

영체는 그 자체에서 생명의 빛을 발산한다. 영의 격格이 높을수록 맑고 고귀하게 빛난다. 신비로운 빛에 둘러싸인 영체는 영의 격格에 따라 빛의 밝기와 강렬함이 달리 나타난다. 빛의 강렬함은 열기로 나타나 사랑을 의미하며, 빛의 밝기는 조명도로 나타나 지혜를 의미한다. 비유컨대, 영체는 그대 가슴 중앙으로부터 나와 후광에 이르기까지 보석처럼 빛난다. 순수하게 맑고 영원히 빛나는 보석이 그대의 영체이다.

영체의 본질은 순수의식이다. 순수의식은 영체의 본질이자 근원이다. 이것은 이미 크기나 부피를 잴 수 없는 무형의 존재이다. 작다면 겨자씨보다도 더 작고 크다면 우주보다도 더 크다. 시공과 질량을 초월한 개념이며, 차원적으로도 더 높은 영역이다. 늘어나거나 줄어들지 않으며, 태어나거나 죽지도 않는 실체인 것이다. 즉, 의식이며 존재이며 근원이다. 존재의 본질이며, 하나이며 전체다.

종합정리(5): 인생의 단계에서 오는 가혹한 시련들

때론 인생의 단계에서 숨 막히는 시련과 가혹한 시험이 온다. 어쩌겠는가? 자신에 대한 하나의 시험인 것을.

최대한 정신을 차리고 이성의 힘으로 하나하나 풀어나가는 수밖에 없다. 타인에 대한 원망이나 비난은 금물이다. 모두가 자기 내면에 쌓아둔, 그간 해결하지 못했던 카르마의 발현이다. 문제의 원인을 자신으로부터 찾고 반성하며 실천을 통해 풀어나간다.

지구는 움직이는 별이다. 가만있지 말고 행동을 통해 풀어나가야 한다. 하지만 일이 꼬이면 쉽지 않을 때도 있다. 그냥 소낙비를 맞으며 당해야 할 때도 있다. 어쩌겠는가?

하지만 우리는 희망한다. 새로운 가능성과 또 다른 기회의 문이 열릴 수 있기를 꿈꾼다. 영혼의 구원을 노래한 불멸의 시성, 중세 유럽 문학의 천재, 단테가 뼈저린 시련 속에서도 다시 피렌체로 돌아갈 희망의 끈을 놓치지 않았듯이 말이다.

"한쪽 문이 닫히면 다른 문이 열리고... 다른 방, 다른 곳에서 다른 사건이 일어난다. 우리 삶에는 열리고 닫히는 많은 문들이 있다. 어떤 문들은 쾅 소리를 내며 격렬하게 닫히고 만다. … 떠남은 다른 곳으로 이어진다."[61] 이내 빛이 들어오며, 새로운 가능성과 기회가 열린다. "한 문을 닫고서 그 문을 뒤로 하고 떠나는 것은 새로운 전망과 모험, 새로운 가능성과 기회를 일으키는 세계로 들어가는 것을 뜻한다."[62]

우린 각자 자기에게 부과된, 조금씩 다른 빛깔과 무게의 업보를 안고 살아나간다. 자신은 안다. 자신의 숙제가 무엇인지, 자신이 견뎌야 할 삶의 무게가 어떤 것인지.

시간이 지나고 나서 돌아보면 그러한 시련조차도 자신을 성장시키기 위한 하나의 숙련 과정이었음을 알게 된다. 긴 안목에서 보면 자신을 성숙시켜 준 하나의 계기였음을 깨닫게 된다. 로마서 8:28에는 "하나님께서는 모든 것을 협력하여 선을 이루신다"고 나와 있다. 당시 겪을 때는 가혹한 시련 속에서 조각품들이 하나로 꿰어질 리 없다. 하지만 인생을 돌아보면 그러한 고난 역시도 우주가 마련한 하나의 사랑이었음을 깨닫게 된다.

그럼 그뿐일까? 시련이라는 인생의 강을 운 좋게 건넜다면 주변을 돌아보자. 주변에 아직 강을 못 건넜거나 강의 다리에 매달려 두려움에 떨고 있는 많은 어린 영혼들이 보일지 모른다. 그들을 도와야 한다. 지혜로 일깨워 주고 손을 내밀어 함께 건너야 한다.

종합정리(6): 운명의 바람소리를 들어라

운명의 바람소리를 들어라.[63] 의식이 존재를 규정한다.
그대의 의식이 그대의 존재를 규정한다. 의식은 인식awareness하는 기능을 가지고 있다. 또한 인식은 주의attention의 기능을 갖고 있다.

그대가 인식認識을 어디에 두고 있느냐에 따라 그대의 존재는 바뀐다. 그대가 주의主意를 어디에 두느냐에 따라 그대의 존재는 바뀐다. 생각은 창조의 질료이며, 이것을 토대로 문학, 예술, 철학, 그리고 역사가 펼쳐진다. 생각이 바뀌면 우리 뇌의 내부가 바뀐다. 신경전달물질이 바뀌고 뉴런이 바뀌고 시냅스의 연결이 바뀐다. 우리 뇌의 양자장quantum field이 바뀌는 것이다. "생각은 우리 몸을 역동적으로 변화시킨다. 당신이 어떤 생각을 떠올리면 그 순간 몸에서는 새로운 호르몬이 순식간에 분비된다. 갑자기 내리치는 번개처럼 뇌에 전류가 밀려들고 엄청난 양의 신경전달물질이 방출되는 것이다."[64]

"생각하는 것이 그대를 바꾼다"는 명제는 이제 보편적 사실이 되었다. "지금 당장 아무 생각이나 떠올려 보기 바란다. 분노, 슬픔, 영감, 기쁨 … 분명한 것은 이러한 생각이 당신의 몸, 즉 당신 스스로를 바꾼다는 사실이다. … 당신이 마음속에 어떤 것을 품고 있든 그것이 곧 자기 자신이고 자신을 만들어간다. … 주의를 기울이면 모든 것이 현실이 되고, 방금 전까지만 해도 존재하지 않았던 것이 실재하게 된다. … 어디에 주의를 기울이는가는 그만큼 자신에게 많은 영향을 미친다. 즉, 반복적으로 생각하고 집중하는 것이 자신의 존재를 결정하는 것이다. … 아주 작은 정보로도 뇌세포 사이에 새로운 연결이 만들어져 당신이라는 존재를 결정한다."[65]

그렇다면, 생각 이전의 상태는 더욱 중요하다. 생각 이전의 상태에서 그대의 인식을 어디에 두느냐 하는 것이 바로 그대의 정체성을 규정짓는다. 그대의 인식을 내면의 중심에 둘 것인가, 생각, 감정, 느낌 등의 차원에 둘 것인가? 인식을 마음의 근원에 둘 것인가, 생각과 번뇌 차원에서 요동치게 할 것인가?[66]

혹은 더 멋지게는 이렇게 한번 질문을 바꾸어 보자. 마음은 과연 실체가 있는가? 생각, 감정, 느낌, 욕망 등이 과연 실체가 있는가?

한번 찾아보라. 답변은 '없다'가 될 것이다. 마음은 실체가 없다는 점을 자신의 직접적 체험 속에서 명확하게 확인하는 노력이 필요하다. 그런 다음 확인했으면, 마음은 원래 실체가 없으니 그대 마음의 인식을 원래부터 공空한 그 자리, '청정한 본성'에 두는 것이다. 그곳이 순수의식의 장場이며, 창조의 공간이다.

빛나는 창의성이나 영성은 고요한 도리道理, 〈생각 이전의 공부〉에서 나온다無分別知. 텅 비고 고요한 자리에서 우주의 빛寂光을 보고 운명의 바람소리를 듣는다. 어둠이 내리는 적막에서 텅 빈 충만을 느끼며 침묵沈默의 소리를 듣는다. 그러한 우주적 적요寂寥속에서 천재적 작품이 탄생하는 것이다.

주의主意를 두는 곳에 인식이 간다. 내면의 중심이나 마음의 근원에 주의를 두느냐 시끄러운 바깥 경계에 주의를 두느냐 하는 것은 그대 정체성에 관련된 문제이다. 그대가 무명 속에서 바깥으로 끌어당겨진다면 육진과 육근이 그릇된 경계를 일으켜 헛된 망념에 빠진다. 잘못된 업식業識으로 인해 허황된 번뇌와 집착이 생길 것이다.

하지만 그대가 인식의 중심을 마음의 근원에 둔다면 의식은 더없이 맑고 순수한 경지로 변해갈 것이다. 무경계無境界의 삶 속에서 침묵의 소리를 듣게 될 것이다. 어쩌면 운명의 바람소리를 듣게 될 지도 모르겠다. 점점 더 고요하고 평화롭게 발전할 것이다. 그리고 절대적 고요 속에서 영원한 안식을 얻게 될 것이다.

그리하여 마침내, 텅 빈 가운데 명明과 암暗을 초월한 절대적 광명, 영원하고 불변하는 진여眞如의 마음을 얻게 될 것이다.

인간 본성의 영성적 실체

의식, 생명, 그리고 나의 순수의식

태초에 의식이 있었다.[67] 의식은 생명이었으며, 전체로서의 존재였다. 우주의 생명에너지monad, 모나드가 육체로 도킹docking되면서 온전한 인간이 탄생하게 되었다. 인간의 육신에 들어간 원소에너지는 신성이다. 인간의 육신이 생명을 다하면 원소에너지는 분리되는데, 그때는 분리된 그 영체를 영혼이라 부른다. 따라서 인간은 영과 육이 결합된 존재이다.

그림 3-21 인간의 탄생: 영과 육의 결합

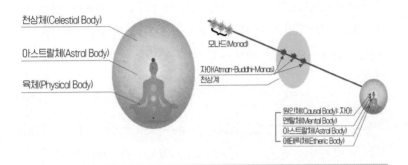

천상체(Celestial Body)

아스트랄체(Astral Body)

육체(Physical Body)

모나드(Monad)

자아(Atman-Buddhi-Manas)
천상계

원인체(Causal Body): 자아
멘탈체(Mental Body)
아스트랄체(Astral Body)
에테르체(Etheric Body)

"태초에 의식이 있었다"는 명제는 심오하다. 이는 로버트 란자 박사의 『바이오센트리즘』[68]에 입각한 연구결과이다. 태초에 우주 혹은 신이 있었다는 명제와는 다른 것이다. 빅뱅을 통해 우주가 탄생했다는 가설은 빅뱅 이전에 무엇이 있었는지에 대해서는 침묵하지만, 태초에 의식이 있었다는 명제는 의식이 시간과 공간을 창출했다는, 그리하여 의식은 시공을 함축하고 있다는 심오한 의미가 된다. 또한 이때 의식이란 본질적으로 신神이다. 신이란 본질적으로 절대이면서 전체이고, 존재이면서 알아차림이기 때문이다.

의식은 물질이 아니므로 입자 이후의 세계를 다루는 물리학으로는 연구할 수 없다. 입자 이전의 세계인 것이다. 그것은 근본적으로 양자혹은 양자 이전의 세계인 것이다. 따라서 양자의 세계를 고려하지 않고 입자 이후의 세계를 다루는 물리학은 아무리 잘해 보았자 부분적 진리일 수밖에 없다. 따라서 앞으로의 물리학은 거시세계를 다루는 이론가령 상대성이론과 미시세계를 다루는 이론가령 양자물리학의 통합이 필요하며, 경험적으로 보이는 입자 이후만을 연구한다는 전제조건이 수정되지 않는다면 언제나 부분 진실일 수밖에 없다.

따라서 시간, 공간, 질량에 구애 받지 않는 의식이라는 변수가 추가되어야 한다. 그렇지 않다면 과학과 종교는 영원히 분리된 채로 지내야 할 것이다. 앞으로도 인류는 얼마나 더 많은 세월을 과학으로 설명되지 못한 미제未濟를 가슴에 묻어둔 채 살아야 할 것인가?

본서가 지니는 의미가 있다면, 그것은 로버트 란자 박사가 규명하는 의식이라는 존재가 과학에서도 중요하지만 지금 이 순간 우리의 내면에 생생하게 존재한다는 것을 다양한 학술적 논리와 근거로 제시하고자 했다는 점이다. 그 심오한 의식이, 빅뱅 이전부터 존재했다는 시공을 초월한 그 의식이, 지금 이 순간 내 안에 리얼하게 존재하고 있다. 그것이 본서에서 자주 언급하는 참 '나', 참 성품이며, 나의 청정한 본성이다. <마음의 근원>의 세계이며, 순수한 의식인 것이다. 지금 이 순간, 나의 생각, 감정, 느낌을 넘어서 존재하는 순수한 의식인 것이다. 한 생각인식이 발생하기 이전의 상태, 존재 그 본연의 모습을 말한다. 바로 그것이 란자 박사가 규명하고자 했던 의식의 본원적 모습이다.

인간의 탄생: 영과 육의 결합

인간의 탄생 과정을 좀 더 구체적으로 살펴보자. 인간에 들어오기 전 영혼 에너지를 모나드monad라고 부른다. 모나드는 의식을 지닌 생명에너지였다. 그것은 존재이며 전체였다. 또한 본질적으로 알아차림의 지성buddhi을 지니고 있다.

〈그림 3-21〉 오른쪽에서 보듯이, 인간 탄생 이전 모나드에서 천상체의 모태母胎가 먼저 형성된다. 아트만-붓디-마나스로 이루어진 자아는 원인체에 착상된다. 이는 멘탈체, 아스트랄체, 에테르체 등으로 점점 더 하강하면서 밀도가 높은 육체로 물현物現된다〈그림 3-21〉 오른쪽 참조. 또 앞에서 보았듯이 인간의 뇌의 삼차원은 신성본성, 영, 감성혼, 본능육 등 영, 혼, 육에 상응하며, 이는 천상계, 아스트랄계, 현실계에 배대된다.

여기서 중요한 포인트는 나의 참 '나'는 육체가 아니라는 점이다. 육체도 아니고, 마음작용혼도 아니며, 근원으로서의 영이다. 그것은 존재이며 전체이다. 전체로서 깨어있고 알아차리는 존재이다.

나의 삶은 나의 참다운 본성에 대한 자각을 할 때 다시 각성된다. 나의 참 존재가 개체와 대상에 더 이상 머물지 않고, 지금 이 순간 전체와 연결된 절대적 의식임을 자각할 때 나의 잠재의식혼의식은 정화된다. 잠재의식이란 원래가 실체가 없는 것이기 때문이다. 절대적 의식과 존재 앞에서 초라해질 수밖에 없는 임시적, 한정적 존재이기 때문이다. 그것은 새벽의 이슬이나 아지랑이처럼 잠시 왔다가 간다. 혹은 봄날의 눈처럼 금방 녹아 사라진다.

내면의 빛

우리 내면에는 '빛'이 있으니, 그것은 우리의 청정한 본성이다. 사회적 지위와 신분, 학벌 고하를 막론하고 각자의 위치에서 내면의 빛을 밝히는 일이 가장 소중할 것이다.

우리는 한 때 '빛'이었다. 그리고 '생명' 그 자체였다. 빛과 생명이 들어와 지금의 '나'가 되었으니, 그 빛을 다시 밝히는 것은 어렵지 않다. 다시 회광반조廻光返照하면 된다. 밖으로 향하는 마음을 안으로 돌려 우리의 본성을 밝히면 된다. 그 본성은 존재이며 전체이다.

지금 이 순간에도 그대 안팎을 비추는 그대 본성의 빛을 자각하라. 전체를 비추는 '순수의식'을 자각하라. 존재는 지금 이 자체로 전체이며 완전하다. 내면의 생명은 그 자체로 완전하니 자존自尊하라.

세상의 삶을 더 잘살기 위해 발버둥치지 말고, 먼저 내면의 빛정신을 밝히는 일에 몰두하라. 그리고 본성을 자각하라. 그런 다음 매일 매일이 좋은 날이 되게 하라. 향상심向上心을 가지고 더욱 빛나는 삶을 완성시켜 나가라.

성품과 기질: 본연지성과 기질지성

유교의 성리학에서는 성품과 기질을 서로 다른 차원의 개념으로 구분하고 있다. 성품은 우주의 본성, 이理에 해당하며, 기질은 인간의 성질, 기氣에 해당하는 것으로서 격格과 차원이 다른 것으로 본다.

성품은 내가 타고난 본성으로서 본연지성本然之性이라고 하며, 기질은 사람마다 각기 다르게 나타나는 성질이므로 기질지성氣質之性이라고 한다. 즉, 기질에는 청탁수박淸濁粹駁이 있어, 맑거나 탁하며 순수하거나 투박함이 사람마다 각기 다르게 발현된다.

본성은 우주_{자연}가 인간에게 부여한 본연적 성품이다. 가령, 자신의 재능이 예술가인 사람이 정치를 할 필요가 없듯이, 용맹스러운 군인이 예술가가 되려고 애쓸 필요는 없다.

하지만, 기질은 자연의 바른 본성이 인간의 삶속에서 변형 혹은 왜곡된 것으로서 우리가 흔히 업業이나 나쁜 습성이라고 부른다. 이는 당연히 고쳐나가야 할 대상이다.

'기'는 지知와 관련되고, '질'은 행行과 관련된다. 즉, '기'는 인지능력이며, '질'은 행동 혹은 실천력이다.

'기'가 맑고 '질'이 순수한 경우에는 힘쓰지 않아도, 능히 지행知行이 뛰어나다. '기'가 맑은데 '질'이 잡되고 순수하지 못하면, 지知는 능하지만 행行은 능할 수 없으니, 성실하고 돈독하게 실천에 힘써야 한다. 반대로 '질'은 순수한데 '기'가 탁한 사람은 '행'은 능하지만 '지'는 능하지 못하니, 성실하고 정치精緻하게 학문에 힘써야 한다.⁶⁹

이 모든 것이 기질을 변화시켜 본연지성本然之性을 회복하고자 하는 노력이다. 이를 수행이라고 한다. 가장 좋은 방법은 '깨어 있음'을 수련하는 것이다. 명료하게 깨어 있는 각성 상태를 자주 갖도록 해보자. 텅 빈, 순수한 각성 상태에서 바르게 관찰하며 자신의 잘못된 기질을 고쳐나가는 것이다.

한편, 몸과 관련해서는 음식, 운동, 바른 습관 등을 통해 건강과 활력을 유지하고, 마음과 관련해서도 일정한 준칙을 명심하자. 준칙이란 붓다가 제시한 여섯 가지 원칙으로 요약된다. 남에게 베푸는 삶_{보시}, 윤리적 삶_{지계}, 인내하는 삶_{인욕}, 성실한 노력_{정진}, 고요하고 평화로운 마음_{선정}, 인생의 목적을 새기는 삶_{지혜} 등이다.

아침에 일어나면 기분이 상쾌한 날도 있지만 몸이 무겁고 우울한 날도 많다. 무겁고 우울한 기질을 밝고 상쾌한 상태로 전환시키는 것이 참다운 지혜이다. 무거운 기운을 떨치고 일어나 움직이거나 일에 몰두하다 보면혹은 운동하거나 밝게 대화하다 보면 어느새 기분이 전환된다. 무엇보다 내가 살고 있는 고해苦海의 세계는, 내가 지금까지 '견디고 버텨준 것'만으로도 대견하다는 자신감自信感을 가져라! 의지와 용기를 갖고 꾸준히 노력한다면 어느새 내 삶은 긍정적이고 행복한 모드로 바뀌어 있을 것이다.

헤르메스의 가르침: 키발리온

고대 이집트의 지혜, 헤르메스의 가르침은 마음의 힘정신력, mental force을 통제하는 법을 다룬다.[70]

그림 3-22 헤르메스 가르침: 마음의 힘

마음에는 1차 의식과 2차 의식이 있다. 1차 의식은 I AM, 즉

존재의 마음이다. 2차 의식은 파생된 마음, 즉 생각, 감정, 느낌이다. 1차 의식에서 2차 의식이 파생된다.

정신력이 강한 사람은 "의지를 통해 주의력을 키우며 자신의 기분과 정신 상태를 통제할 수 있는 비밀"[71]을 지닌다. "의도적으로 주의력을 바람직한 상태에 집중하고 의지력을 통해 마음의 진동을 변화"[72]시킬 수 있다.

이러한 비밀을 모르는 일반 사람들은 기분이나 감정의 추에 쉽게 흔들린다. "환경, 유전, 암시, 자신보다 더 강한 사람의 의지와 욕망 등의 영향을 받고 이에 순종"[73]한다.

정신력이 강한 사람은 "일상적인 환경을 극복하며 어떤 상황에서나 주체적인 사람이 되고, 다른 사람의 영향력과 힘과 의지에 의해 흔들리는 대신에"[74] 분별력 있는 주인이 된다.

그들은 2차 의식인 감정의 극pole of personality보다는 1차 의식인 존재의 극pole of Being에 마음의 중심을 둔다. 존재의 극이란 존재의 근원과 같은 말이다. 참 자아의 근원을 말한다. "리듬의 감정적 작동을 거절하고 자신을 존재의 차원으로 들어올린다. 그리고 내면의 중심에 확고히 머물면서 자신의 존재Being를 강화"[75]한다.

또는 "바람직하지 못한 감정의 진동이 생기면 극성의 원리를 작동시켜 그 반대의 극성인 긍정모드에 집중"[76]함으로써 바람직하지 못한 감정 상태를 없앤다. 이처럼 그들은 자신의 의지를 사용하여 평정심과 마음의 안정을 유지하는 것이다. 이러한 논리와 가르침은 우리에게 시사示唆하는 바가 매우 강력하므로 잘 참조할 필요가 있다.

인도의 요가철학: 옴 만트라

한편, 인도의 요가철학에서는 옴 만트라를 가르친다. 만트라는 신에게 다가가는 신성하고 비밀스러운 주문인데 이것 역시 가르침이 심오하다.

먼저, 옴 만트라를 형상화하면 <그림 3-23>과 같다.

그림 3-23 인도철학: 옴 만트라의 구조

<그림 3-23>에서 맨 위의 둥근 점은 진아투리야, 초의식, 아래 왼쪽은 잠자는 상태숙면위: 깊이 잠듦, 아래 오른쪽은 꿈꾸는 상태몽면위: 꿈, 맨 아래쪽은 깨어있는 상태각성위: 깨어있음를 표현하고 있다. 이는 인간 활동의 세 가지 국면을 말해 준다. 우리의 활동이란 낮에 깨어 있고, 밤에 잠자면서 꿈꾸거나 깊은 숙면에 빠져 있는 것이 전부이다. 진아투리야, 초의식와 세 가지 상태를 구분 짓는 선은 현상계 분리선이다.

그림에서 검은 색으로 표시된 현상계 분리선은 '마야의 베일veil of maya'이다. "마야의 베일을 벗어라"라고 할 때, 마야란 착각 또는 환상을 뜻한다. 보통 우리는 초월계에 속한 진아, 투리야는 못 본다그림에서 진아(투리야, 초의식)은 보라 색으로 표시되어 있다. 초월계의 진리를 볼 수 있는 눈이 없으니 현상에 집착하기 쉽다. 따라서 "마야의 베일을 벗어라"라는 의미는 현상계의 집착을 벗어버리고 '지혜의 눈'을 뜨라는 것이다.

'지혜의 눈'을 뜬 사람은 알고 있다. 먼저, 마음을 아는 것이다. 견문각지見聞覺知가 모두 마음이며, 하나의 마음이 모든 곳에 두루 한다는 사실을 낱낱이 아는 것이다. 하지만 마음이 모두 공空함을 안다. 보고 듣고 말하는 것, 그리고 받아들이고 생각하며 행동하는 것 모두가 시시각각 변하며, 영원히 변치 않는 것은 없다는 사실을 안다. 동시에 그는 견성見性의 중요성을 안다. 견성의 본질은 참 성품이며, 참 성품은 고요한 가운데 알아차리고 있다. 그것은 사라지지 않으며, 순수한 평화와 기쁨으로 존재한다.

라마나 마하리쉬는 『나는 누구인가』에서 이러한 본질적 의식 상태를 진아라고 불렀다. 〈진아의 빛〉이라고도 말했다. 그리고 그 것이 '나'의 본체라고 말했다. 그것은 〈마음의 근원〉이다. 마음이 내면으로 향해 〈나라는 존재〉만이 남은, 순수의식의 근원에 도달한 상태이다.

〈내가 존재한다〉는 느낌은 자명하다. 마음의 습기들이 모두 사라지고 나의 순수한 존재감만 확연한 상태이다. 이것이 우리의 청정한 본성이며, 각성된 순수의식이다.[77]

각성된 순수의식은 생각, 감정, 느낌 너머에 있으며, 순수한 '알아차림'만으로 존재한다. 그것은 한번 계합되면 늘 평안하며 즐거움이 흐른다. 마음의 근원이 "깨어있는" 상태이다.

인간 본성과 정책학의 성찰성

제3의 이성, 성찰성

본성을 깨치고 나면 영원히 존재하는 바탕이 드러난다. 현자들은 영원한 바탕을 진아 혹은 참자아라고 불렀다. 그 특성은 알아차림, 깨어있는 의식과 함께, 늘 평안하고 행복하며 영원하고 청정하다. 현상계의 사물과 대상이 무상無常, 고苦, 무아無我라는 점을 철저히 깨치면, 늘 고요하며 깨어있는 상태, 즉 열반적정涅槃寂靜의 상태가 드러난다고 했다.

이를 잠시 정책학으로 연결시켜 보자. 우리 모두의 본성 밑바탕에는 진정한 자유를 갈망하는 마음이 있다. 또한 풍요로워지고 싶은 욕망과 공동체의 미래를 생각하는 마음도 있다. 이를 정책학자인 찰스 앤더슨Charles Anderson은 제1, 제2, 제3의 이성이라고 불렀다.

제1이성은 인간의 자유에 대한 이성이고 제2이성은 경제적 행복에 대한 인간의 공리적 이성이다. 그리고 더 나아가 제3의 이성으로서 공동선共同善을 추구하는 실천적 이성이 있다는 것이다. 우리는 제1의 이성과 제2의 이성을 포용하는 제3의 이성을 성찰성이라고 부르고자 한다.[78]

성찰성의 시대: 계산에서 공감으로

현대의 뇌 과학자들은 인간 의식이 진화하면 우뇌의 시대가 열릴 것으로 예측하고 있다. 좌뇌左腦는 계산과 논리적 사고를 의미한다면, 우뇌右腦는 직관과 공감을 의미한다. 좌뇌가 좁은 자아의식과 에고를 의미한다면, 우뇌는 넓은 시야, 통합적 사고, 공감과 사랑에 기초한 평화를 의미한다.

지금까지 인류는 힘과 무력의 시대를 거쳐 법과 이성의 시대를 살고 있다. 그런데 과연 인류는 지금의 단순한 법과 이성, 계산과 논리를 넘어 도덕과 양심, 공감과 사랑의 시대를 열 수 있을 것인가? 좌뇌의 시대를 넘어 우뇌의 시대를 열 수 있을 것인가?

인류 역사에 있어서 고대와 중세가 힘과 무력의 시대였다면 근대부터 싹트기 시작한 시대는 법과 이성의 시대였다. 단순한 폭력보다는 법에 의한 질서를 유지하고 무력보다는 이성에 의존해야 한다고 역사는 가르치고 있다. 하지만 근대부터 싹트기 시작한 산업혁명과 자본주의는 인류문명을 극한으로 몰아붙여 또 다른 형태의 지배와 폭력을 낳고 있는데, 그것이 지금 우리가 보고 있는 극심한 자본주의 사회의 민낯이다. 말하자면, 극단적인 계산과 도덕의 붕괴, 나와 남의 분리와 지배, 돈과 물질 만능주의 등이다.

그림 3-24 성찰성의 시대: 힘과 이성에서 도덕의 시대로

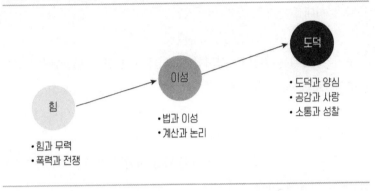

과연 인류는 나와 남을 극단적으로 분리하는 계산과 논리의 시대를 넘어 나와 남이 하나 되는 공감과 사랑의 시대로 나아갈 것인가? 단순한 법과 이성의 시대를 넘어 도덕과 양심의 시대를 열 수 있을 것인가? 인류는 자아를 확장하여 새로운 휴머니즘과 인류애의 시대를 열 것인가?

한편 정책학은 이러한 시대를 준비하고 촉진하기 위해 무엇을 해야 할 것인가? 단순한 효율성의 정책학을 넘어 어떻게 성찰적 정책학을 구현할 것인가?

성찰적 정책학: 지성에서 영성으로

대한민국의 지성, 이어령 박사는 "지성에서 영성으로"를 외쳤다. 지성이 좌뇌에 기초한 계산과 논리를 의미한다면, 영성은 우뇌에 기초한 공감과 사랑을 의미한다. 인류는 과연 좌뇌의 시대를 넘어 우뇌의 시대를 열 수 있을 것인가?

우리의 인체는 참으로 신비롭다. 인체의 신경은 뇌, 척수, 중추신경이 있고, 말단에 가면 말초신경이 있다. 한편 말초신경 중에는 더 극세한 자율신경自律神經이 있어[79] 미주신경迷走神經이라 불리는데, 이것은 뇌나 중추의 명령으로 지배되지 않고 오직 마음작용에 의해 자율적으로 작동된다. 자율신경은 사랑과 공감, 연민과 소통 등 감정 작용에 의해 작동된다.

우리가 남을 사랑할 때 바로 사랑 호르몬이 나온다. 마찬가지로 우리가 남을 공감하고 이해할 때 행복 호르몬이 나온다. 즉, 우리가 남을 사랑하고 공감하게 되면 미주신경에서는 바로 엔돌핀, 세로토닌과 같은 행복 호르몬이 분비되어 우리 몸은 점점 더 건강하고 평화롭게 된다. 나와 남의 분별의식과 대립의식이 줄면서, 우뇌가 활성화되는 것이다. 반면 우리가 남을 무시하고 비난하게 되면 미주신경迷走神經이 가로 막혀 공감능력은 점차 떨어지고, 얼굴은 피폐해지고 어둡게 변해간다. 우뇌는 막히고 마침내 자율신경 실조증自律神經失調症에 빠지는 것이다.

이처럼 현대 뇌 과학이나 첨단의학에서도 우뇌 중심의 삶이 단순한 좌뇌 중심의 삶에 비해 보상받는 인체 메커니즘을 규명해

주고 있다. 이는 단순한 윤리 규범적 당위론이 아니라 하나의 과학이다. 즉, 우뇌가 뛰어난 사람이 공감능력과 영성지능이 뛰어나고 창의성이 더 뛰어난 것이다.

그렇다면 단순한 규범이나 윤리적 당위성을 넘어 인류는 좌뇌 중심에서 우뇌 중심의 존재로 진화할 수 있을 것인가? 우리의 의식이 분열과 투쟁을 넘어 확장된 자아와 인류애에 기초한 사랑을 실현할 수 있을 것인가?

또한, 나와 남이 하나 되고 열린 성찰의 시대를 열기 위해 정책학은 어떤 준비를 해 나가야 할 것인가? 단순한 효율성效率性이나 성과成果 중심의 정책학을 넘어 조직과 사회를 감동으로 이끌고, 그리하여 행복하고 열린 공동체로 만드는 성찰적省察的 정책학을 어떻게 구현할 것인가?

에리히 프롬: 진정한 자유로움

에리히 프롬Erich Fromm은 우리 내면에는 진정한 자유로움을 추구하는 본성이 있는데, 그 본질적 속성을 초월적, 선험적 본성이라고 불렀다. 하지만 초월적·선험적 본성은 사회적·역사적 자아로부터 제약을 받음으로써 우리의 진정한 자유로움은 억압받고 있다고 보았다.[80]

에리히 프롬이 말한 초월적, 선험적 본성은 우리의 존재 바탕, 즉 참 성품을 의미한다. 참 성품의 속성은 진정한 자유로움이다.

즉, 우리는 우리의 참 성품을 깨달을 때혹은 사회적, 역사적 제약을 타파할 때, 비로소 내면의 진정한 자유와 자유로움을 맛볼 수 있는 것이다.

그림 3-25   에리히 프롬: 진정한 자유로움

우리의 진정한 자유로움은 사회적·역사적으로 제약되어 있다. 누구나 우리 본성의 내밀한 부분에는 초월적 본성이 있음을 알고 있다. 그리고 누구나 의식하든 못하든 진정한 자유로움을 추구하고 있다. 내가 돈을 많이 벌고자 하는 이유도, 내가 사회적 지위를 추구하는 이유도, 본질을 따져보면 결국은 '진정한 자유로움'을 얻기 위함이다.

하지만 우리의 자아는 사회적·역사적으로 구조화된 자아이다. 내가 속한 사회적 관계망이 있으며, 내가 존재해온 시간적·역사적 맥락이 있다. 내가 부양해야 할 가족이 있고 나만의 가족사도 있다. 오늘 당장 해야 할 일들이 있고 사회적으로 기대되는 나의 역할도 있다. 쉽게 벗어날 수 없다. 말하자면, 현대 자본주의의 매트릭스matrix와 내가 속한 사회의 구조적 제약망制約網 속에서 나의 자유로움은 가로 막혀 있다. 그래서 '아프다.' 많은 사람들이 아파하고 있다. 많은 경우, 그 이유도 모른 채 아파하고 있다.

역사상 이를 해결해 보고자 하는 많은 노력들이 제안되었다. 마르크스는 이러한 사회적·구조적 제약을 '유물론'이라는 해법으로 풀어보고자 했다. 불교에서는 유심론으로, 기독교나 힌두교 등에서는 유신론으로 각각 풀고자 했다. 또한 그리스 철학, 유교 철학을 위시한 많은 동서양의 철학들도 다양한 방법으로 이 문제를 다루어 왔지만 아직까지 시원한 '솔루션'은 보이지 않는다. 원래 '솔루션해법'은 일루션환상일까? 아니면 인간 의식이 좀 더 성장하기를 기다려야 하는 것일까?

사회과학으로서 정책학의 역할은 무엇일까? 정책학이 사회 속에서 인간의 존엄성을 외치는 학문이라면 구조적·본질적 문제를 외면하고 인간의 존엄성이 실현될 수 있을까? 근본적 정책설계와 같은 본질적 문제의식 없이 점진적·개량적 정책만으로 인간의 존엄성은 실현가능할 것인가?

나의 자유로움을 가로막고 있는, 내가 그 속에서 살아가야 하는 사회적·역사적 제약망制約網을 하나씩 풀어주기 위해, 그리하여 인간의 존엄을 다시 회복하기 위해 정책학은 학문으로서 어떤 역할을 해야 할 것인가? 정책학 내면에 존재하는 실천적 이성으로서의 성찰성은 정책철학과 정책이념이라는 관점에서 어떤 역할을 할 수 있을 것인가?

PART

IV

창조적 혁신

개인의 혁신

창조적 혁신과 정책학

창조적 혁신은 창조적 파괴creative destruction를 통해 이루어진다. 창조적 파괴는 이어서 파괴적 혁신disruptive innovation으로 승화될 때 창조적 혁신이 발생한다.

파괴 없는 창조는 없다. 새로운 시스템이 창조되려면 구체제는 파괴되어야 한다. 낡은 사고가 지워져야 새로운 혁신이 생긴다. 깨끗이 정리된 곳에서 새로운 아이디어가 싹튼다.

그래서 슘페터는 새로운 경제혁신을 위해서는 창조적 파괴가 필요하다고 보았다. 정치적으로도 구체제ancient regime가 무너져야 새로운 변혁이 창출된다.

개인적 차원에서도 그러하다. 비우는 마음 없이 새롭게 채워지지도 않거니와, "익숙한 것과의 결별" 없이 새로운 창조가 싹틀 리 없다. 때론 과감하게 떠나자. "낯선 곳에서 아침"을 맞으며 새로운 내일을 창조해보자.

그림 4-1 인생의 창조적 도전

인생은 험한(거친) 바다를 헤쳐 나가는 항해와도 같다.

인생은 험한 바다를 헤쳐 나가는 항해와도 같다. 거친 풍랑을 헤치고 내 인생을 설계해 나가는 실존적 삶이 내 인생이다. 내가 주체가 되어 설계하고 책임도 진다.

한 시대를 살아가면서 주체로서의 인생은 몇 번의 변곡점을 겪는다. 100세 시대의 인생이다. 은퇴와 결별, 아픔을 겪으면서도 새로운 삶으로의 도약이 가능한 시대인 것이다.

<그림 4-2>에서 보듯이 20대와 30대는 배우면서 발전하고 성장하는 단계이다. 40대와 50대에 성숙하는 단계에 들어간다. 하지

만 인생의 여정에서 종종 좌절과 아픔을 겪는다. 몇 번의 변곡점을 거치면서 성숙해진다. 창조적 파괴를 겪었다면 그 파괴는 새로운 혁신으로 이어져야 한다. 비로소 그때 '변혁적 인간transformational human'으로 거듭날 수 있다.

구시대의 인생 곡선에서 쓰러져가는 존재가 아니라 뉴 시스템으로 변경하여 새로운 발전을 이룰 수 있어야 한다. 이를 위해서는 유연한 생각, 생각의 속도, 진정한 회복 탄력성 등이 필요하다. 또한 자신의 평소 독서와 몰입, 내적 성장, 내공에 기초한 자기만의 전문성핵심기술 등을 평소에 갈고 닦는 것이 중요하다.

이처럼 시대를 배경으로 하는 정책학은 새로운 인생의 생애주기에 대한 이해를 토대로 창조적 정책대안을 내놓을 수 있어야 한다. 4차 산업혁명 시대에 많은 사람들이 실직으로 아파할 때 새로운 처방을 내놓을 수 있는 책임과 소통의 리더십이 필요하다.

스웨덴의 아버지라 불리는 에를란데르 총리는 국가는 '국민의 가정home'과 같은 역할을 해야 한다고 역설했다. 4차 산업혁명 시대에는 산업생산주기가 가팔라지고 짧아짐에 따라 구 산업에 종사하는 사람들의 실직 속도도 빨라질 전망이다. 이때 정부는 실직된 국민들에게 재교육과 재취업을 가능케 하는 정책프로그램 등을 개발할 수 있어야 한다. 스웨덴의 경우에는 2년간 실업급여를 부여한다. 그동안 새롭게 배우고 익혀 재취업을 하는 등 새로운 성장의 기회를 만들라는 것이다.

그림 4-2 생애주기와 변혁적 인간의 변곡점

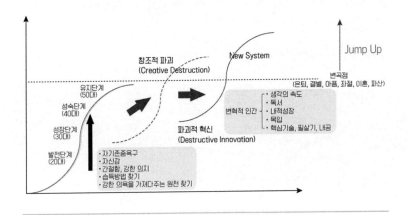

개인의 혁신

개인적 차원의 혁신이 없으면 정책적 뒷받침이 있어도 큰 의미가 없다. 각자가 부지런히 배우고 공부해야 한다. 뉴런과 뉴런의 연결구조, 연결망들을 시냅스라고 하는데, 뇌세포의 시냅스 형태와 망들이 우리의 인격personality을 형성하고 끊임없이 변화시켜 나간다는 게 최근 뇌의 가소성plasticity 이론이다. 즉, 뇌가 플라스틱처럼 변형될 수 있는 성질로 인해 사람들은 기억도 하고 어려운 환경에 민첩하게 대처해 나갈 수 있는 것이다. 또한 새로운 지식이 기억 속에 유지되기 위해서는 새로운 지식을 나타내는 뇌의 변화가 일어나는데, 뇌 신경회로는 유연하여 경험이나 감각 자극에 따라 재구성된다. 신체 내부에서 면역체계와 호르몬 그리고 신경전달물질의 분비가 활성화되면서 뇌의 신경회로는 재구성되는 것이다. 공부를 잘하는 아이가 더 공부를 잘하게 되고, 운동을 잘하는 아이가 더 운동을 잘하게 되는 것은 학습과 경험으로 인해 뇌 세포 속에 신경 경로가 형성 혹은 재구성되었기 때문이다.

그림 4-3 신경전달물질의 전달 메커니즘뉴런의 구조

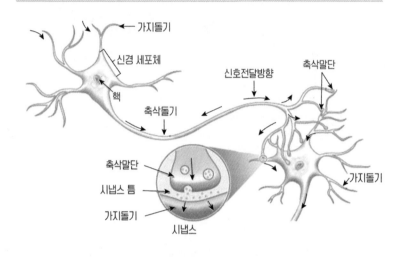

가지돌기

신경 세포체

핵

축삭돌기

신호전달방향

축삭말단

축삭말단

시냅스 틈

가지돌기

시냅스

가지돌기

자료: 고등교과서 생명과학 1, 천재교육 편집부.

그렇다면 우리는 뇌에 긍정적이면서도 좋은, 어떤 자극을 통해 우리의 삶을 한 단계 더 고양시켜 나가야 할 것이다.[1]

* 좋은 책, 고전, 인문학 도서 읽기
* 자신의 필살기핵심기술, 재능 찾기
* 좋은 영화 보고 감명 받기
* 깨어있는 삶과 명상 성찰하기
* 정원을 가꾸며 예쁜 꽃들과 화초, 식물들과 교류하기
* 멋진 곳을 여행하며 엄청난 광경에 압도되기

* 숲속을 걸으면서 사색하기
* 음악을 들으면서 니체, 에픽테토스 등 철학적 명언 곱씹기
* 좋은 친구, 멘토, 스승들과 교류하고 인생의 방향잡기
* 좋은 강연, 위대한 예술, 공연 등을 통해 영혼을 정화시키기

변혁적 인간

변혁적 인간transformational human이란 무엇인가? 이는 니체가 말한 초인超人, Übermensch과도 궤를 같이한다. 니체는 말했다. "인간이 사랑받을 자격이 있는 이유는 이것에서 저것으로 변할 수 있기 때문이며 기존의 것을 무너뜨릴 수 있기 때문이다"라고. 니체는 또 말했다.

"그래서 나는 종래의 자기 자신을 모조리 버릴 수 있는 사람을 사랑한다. 자신의 도덕으로 스스로 나아갈 방향과 운명을 창조하는 사람을 나는 사랑한다. 상처를 입어도 영혼이 흔들리지 않고, 작은 일에도 자신의 전부를 바치고 새로 태어날 수 있는 사람을 사랑한다. 영혼이 넘쳐흘러 자신을 잊으면서 모든 것을 자신의 내면에 포용하는 사람을 사랑한다. 자유로운 정신과 마음이 구비된 사람을 사랑한다. 그대들이여, 잘못된 전통적 가치를 버리고 참모습을 구현하라! 초인이야말로 우리가 지향해야 할 목표인 것이다."[2]

니체는 1880년 『인간적인 너무도 인간적인』에서 다음과 같이 말했다.

"배우고 지식을 쌓고, 그것을 교양이나 지혜로 확장해나가는 사람은 삶이 지겨울 틈이 없다. 왜냐하면 모든 것이 한층 흥미로워지기 때문이다. 그는 다른 사람들과 똑같은 것을 보고 들어도 사소한 데서 교훈을 찾아내고, 사고의 빈자리를 채울 정보를 얻어낸다. 그리하여 마침내 그의 삶은 더 많은 지식과 의미 있는 충만함으로 채워진다."3

니체는 마침내 변혁적 인간인 '초인Übermensch'이 되었고 다음과 같이 말했다.

"내겐 너무나 많은 꿀지식, 경험이 모여져서 이제 감당하기 힘들 정도다. 그러니 그대들이여, 나의 꿀을 전부 가져가라."4

지식의 습득

진정한 배움이 쌓이다 보면 처음에는 양적 성장으로 나타나지만, 이는 마침내 질적 변화로 이어지게 된다. 영혼에 질량이 생기면 내공이 갖춰지고, 내공이 점점 탄탄해져 나간다. 내공의 변화는 의식준위에 변화를 가져오고 양자도약으로 이어진다. 타인을 도와주고 함께 발전해 나가는 일에서 오는 내면의 기쁨까지 더해진다면, 그 기쁨을 통해 빛나는 인생이 되는 것이다.

그림 4-4 지식의 습득과 양자도약

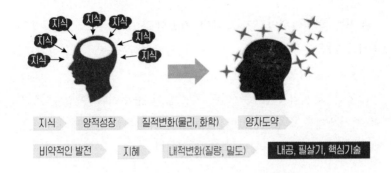

지식	양적성장	질적변화(물리, 화학)	양자도약
비약적인 발전	지혜	내적변화(질량, 밀도)	**내공, 필살기, 핵심기술**

니체는 "낙타에서 사자로 변하고 나아가 아이가 되어야 한다"라고 했다. 여기서 낙타는 의무감과 책임감, 사자는 자유로운 정신, 아이는 창조적 정신을 뜻한다. 따라서 의무감과 책임감을 가진 사람은 자유로운 정신으로 변해나가고, 자유로운 정신은 창조적 정신으로 발전해야 된다는 것이다.

기존에 나를 얽매고 있던 기존의 가치들로부터 자유로워져야 새로운 가치를 창조할 수 있다. 창조적 파괴creative destruction와 파괴적 혁신disruptive innovation을 가져야 한다. 잘못된 과거의 의무, 가치, 습관을 파괴하고, 새로운 가치를 탄생시킬 수 있어야 한다. 새로움을 추구하는 열망과 삶에 대한 의지를 가져야 하며, 깨끗한 순수함, 생동감이 있어야 한다. 이를테면 "나비와 비눗방울"5처럼 진실로 가벼움 속에서 강인함이 있어야 하고, 순수함 속에서 웃음이 필요하며, 날아갈 것만 같은 상쾌함 속에서 춤추는 열정이 필요하다.

의식준위와 양자도약

우리는 의식준위와 양자도약이 가능한 시대에 살고 있다. 우리 의식과 마음은 양자중첩superposition과 양자얽힘entanglement 현상과 같은 방식으로 작동하고 있다.

그동안 고전역학에서는 이런 현상들이 뉴턴이나 아인슈타인처럼 거시세계를 설명하는 이론이었다. 분자이후의 물질세계의 운동법칙을 설명하는 이론에 불과했던 것이다.

이제 양자역학은 원자이하의 미시세계양성자, 중성자, 전자 등과 같은 미립자의 세계에 대해서 설명해 주고 있다. 의식, 마음과 같은 미세한 입자들은 한시도 가만있지 않고 진동한다. 파동으로 움직인다. 즉, 마음세계에서는 시간, 거리, 중력 등이 작용하지 않는다. 한 순간에 즉시 가고 오고, 양자도약하면서jumping around하면서 일초직입여래지一秒卽入如來智, 한 순간에 부처의 지혜에 도달한다. 이를 양자얽힘particle entanglement이라고 한다. 일미심중함시방一微心中含十方 일체진중역여시一體塵中亦如是이다. 하나의 티끌 속에 우주 전체가 들어있는가 하면, 모든 티끌 하나하나가 모두 그러하다. 일념즉시무량겁一念卽時無量劫 무량원겁즉 일념無量遠劫卽一念이다. 한 생각 속에 우주 전체의 역사가 다 들어있고, 우주의 모든 시간은 한 생각 속에 다 들어간다.

뇌 과학도 이런 방식으로 작동한다. 우리의 두뇌 안에 모든 기억과 영상 정보를 담는 하드웨어가 존재하는 게 아니다. 우리의 뇌는 초고속 무선장치처럼 한 순간에 우주의 영점장零點場, zero field 혹은 양자의식의 장場, field에 접속할 수 있다는 것이다. 여기서 초고속 혹은 무선이라는 단어에 주목하라. 그래서 일초즉입여래지ㅡ

初卽入如來智인 것이고 초월성과 내재성인 것이다. 나의 진아참나는 나의 육근육체, 에고과 다른 것이나, 육근을 떠나 따로 바깥에서 찾을 수 있는 것도 아니다. 이원론이면서 일원론인 것이다不二一元論, Advaita.

그림 4-5 의식준위와 양자도약

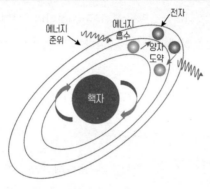

우리의 의식의 도약이 어떤 방식으로 이루어지는가: 질적변화의 창조적 메커니즘

에너지 준위
에너지 흡수
전자
양자 도약
핵자

- 마음&의식: 비물질에너지(기본적으로 양자 의식세계)
- 우리가 뇌에 수많은 정보를 흡수하게 되면 그들 스스로 물리작용이 일어나 체화과정을 거쳐서 지혜로 변모하면서 의식도약(양자도약)이 일어남

창조적 무한지성

인간의 본성자리는 신성과 계합된다. 이를 무한지성이라 부를 수 있다. 그것은 창조의 자리이다. 과학자들이 영점장零點場, zero field 혹은 양자의식의 장場, field이라고 부르는 바로 그것이다. 창조의 자리는 '배열, 조직력, 지성'[6]의 원천적 바탕이다. 우주에 편재遍在한 이러한 무한지성으로부터 창조의 힘이 나온다.

무한지성에서 지능, 생각, 감정, 느낌이 따라 나온다. 지능은 우리의 무한지성, 본성자리인 바탕자리에서부터 나온다. 바탕자리는 양자의식의 바다인 무한지성infinite intelligence, spirit이다. 우리의 존재 그 자체라고 할 수 있는 본성자리는 '알아차리는 능력'이 있는 생각, 감정, 느낌의 주인 자리이다.[7]

당신은 양자의식의 장이다. 양자의식의 장이 당신의 몸과 마음을 시간과 공간이라는 곳에 잡아두는 것이다. 이것은 어디에 얽매이지 않는 무한지성의 필드filed이다. 진정한 당신의 의식은 몸과 마음을 통해 스스로를 표현하지만 몸과 마음의 실체가 파괴되어도 아무 일도 일어나지 않는다. 본질적인 당신은 몸이나 감정 속에서 찾을 수 없다.[8]

인도의 고전적 지혜, 『바가바드기타』에서는 이렇게 말한다.[9]

사람들은 감각이 미묘하다고 말한다. 감각보다 미묘한 것은 지각이다. 하지만 지각보다 세밀한 것은 지능이다. 지능까지도 넘어선 것은 '그'다.[10]
'그'는 결코 태어나지도 않고, 죽지도 않고, 한순간에만 존재하지도 않으며, 사라지지도 않는다. 태어나지 않았고, 한없이 영원하며, 아주 오래되었고, 육신이 죽음을 맞아도 그는 죽지 않는다.[11]

디팩 초프라D. Chopra는 이러한 초월적 실재를 각성하기 위해서는 깨달음이 필요하다고 보았다. 매슬로A. Maslow 역시도 초월적 실재를 깨달은 사람을 욕구8단계이론의 가장 상층부에 두었다. 그 상태에 도달한 사람들은 높은 인식에 도달하게 되며, 초월적 자아와도 같은 자유, 내면의 충만함, 행복, 사랑, 초월성을 느낀다. 그리고 그들은 진정으로 사랑하고 자비를 베풀며 심오한 지혜를 보여준다.[12] 삶에 대한 깊은 통찰 속에서 그들의 내면은 매우 잔잔하고 고요하다.

본성에 밝아지기

본성에 밝아진다는 것은 어떤 의미일까? 그리고 그 본성은 어디에 있을까?

본성의 자리는 디팩 초프라에게 무한지성으로 표현되었다. 잔잔하고 비어있는 바탕에서 우리의 모든 생각과 감정, 느낌이 나온다. 최초의 한 생각도 모두 여기에서 나오는 것이다.[13]

본성 자리는 먼 곳에 있는 것은 아니다. 지금도 우리 눈앞에 펼쳐지고 있다. 울다가 웃다가 기뻐하다가 좌절하는 우리들의 인생처럼, 세상만사가 있다면 지금 이곳에서도 '본성'은 눈앞에서 펼쳐졌다가 사라진다. 그래서 초월성과 함께하는 내재성이라고 할 수 있다.

우리는 본성자리를 밝혀야 한다. 본성자리는 어디로 사라지는 안개가 아니다. 이 자리는 우리의 모든 생각을 밝히는 창조적 에너지 장場, field이다.

여기서 우리는 다음과 같은 질문을 던질 수 있다. 나는 '본성'을 밝히기 위해 어떤 노력을 하고 있는가?

존재중심의 삶

인생에서 중요한 것은 내가 가지고 있는 물질이 아니라 내가 누구인지를 아는 것이다. 물질에 대한 소유는 삶의 도구이긴 하나 모두 다 놓고 가야한다. 다만 존재가 중요하다. 존재하기 때문에 삶은 있는 것이고 존재를 각성하지 못하고 떠나는 것은 못내 아쉬운 일이기 때문이다.

피에르쌍소1998는 느리게 사는 것을 강조했다. 그것은 단순히 속도적인 측면에서 '슬로우 라이프' 혹은 '느리게' 또는 '느긋하게' 산다는 것만을 의미하진 않는다. 그것은 진실로 '존재중심의 삶'을 의미한다.14 존재중심의 삶을 살아야 비로소 안도감, 만족감 그리고 행복, 몰입 등이 따른다.

에머슨2016은 이렇게 표현했다. "세상의 중심에 너 홀로 서라. 우리는 우리 자신의 마음에 번개처럼 스치는 섬광을 발견하고 관찰하는 법을 먼저 배워야 한다. 그러나 얼마나 자주 그 섬광처럼 다가오는 직관을 미쳐 주목해보지도 않고 습관처럼 지워버렸던가!"15 존재를 발견하고, 자신이 누구인지를 알고, 자신의 본성과 직관을 개발해보자. 혼자 있는 시간은 고고함을 만들어준다.16 고요함 속에서 자신을 발견할 수 있고, 자신의 존재감을 폄하하지 않는 고고함 속에서 매력이 쌓여 간다.

인간의식의 창조적 흐름

인간의 의식은 세 가지 흐름이 있다. 너무 무료하거나, 너무 불안하거나 혹은 그 사이에 적절한 평화가 있다<그림 4-6> 참조. 너무 불안한 것도 좋지 않고 너무 무료한 것도 좋지 않다. 이런 경우에는 창조성이 발현될 리가 없다.

그림 4-6 인간의식의 흐름3가지 단계

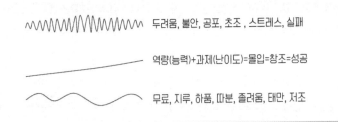

∿∿∿∿∿∿∿∿∿ 두려움, 불안, 공포, 초조 , 스트레스, 실패

———— 역량(능력)+과제(난이도)=몰입=창조=성공

∼∼∼∼∼∼ 무료, 지루, 하품, 따분, 졸려움, 태만, 저조

칙센트 미하이는 몰입의 상태를 권한다. 몰입을 위해서는 자신의 역량을 키워나가되 자신의 능력역량에 비추어 너무 쉽지도 너무 어렵지도 않은 도전 과제를 선정하라고 한다. 그리고 무엇보다도 꾸준히 노력하라는 것이다.

인간의식이 창조적 상태에 있을 때 우리 뇌는 알파파에 들어간다. 인간의 일상생활 상태는 베타파이지만 고요하고 집중상태로 들어가면 알파파에 들어가는 것이다. 그러다가 몰입과 집중도가 더 깊어지면 델타파 상태에 들어가는데, 이때 비로소 초의식 상태로 접어들게 된다. 이를 몰입flow, 무아지경, 삼매라고 부른다.

톨스토이 역시 '대상'에 대한 몰입을 강조한 바 있다. '대상'에 대한 몰입이 궁극적으로는 '나'에 대한 몰입으로 이어진다는 것이다. 가령, 그의 작품, 『안나 카레니나』에서 레빈이 농부들과 함께 혼연일체가 되어 '풀베기'에 몰입하는 유명한 일화가 나온다. 젊은 이와 노인 사이에서 풀베기에 몰입하던 그는 자아의 가장 깊은 곳까지 들어가게 된다. 톨스토이는 이렇게 표현했다. "레빈은 오랫동안 베어나감에 따라 더욱더 무아지경의 순간을 느끼게 되었다. 그런 때에는 이미 손이 낫을 휘두르는 것이 아니라 낫 그 자체가 배후에서 끊임없이 자기를 의식하고 있는 생명으로 가득 찬 육체를 움직이고 있기라도 하듯이, 마치 요술에 걸리기라도 한 것처럼 일에 대해서는 아무 생각도 하지 않는데도 일이 저절로 정확하고 정교하게 되어가는 것이었다. 그런 때가 가장 행복한 순간이었다."[17] 이처럼 레빈은 몰입의 체험을 통해 자아 해방감을 느끼며 최상의 기쁨과 행복을 맛보게 된다. 또한 지주라는 신분의 우월감에 머물지 않고 농부들과의 교감공감과 소통에서 오는 행복감도 느꼈다.

톨스토이가 이러한 소설의 구도를 통해 전하고자 하는 메시지는 '성장'이었다. "몰입 → 자아해방감 → 세상과의 교감"이라는 과정을 통해 인간은 성장하며, 그러한 성장을 통해 기쁨과 행복을 얻게 된다는 것이다. 이처럼, 내면의 근원에 대한 탐구 혹은 몰입은 인간 완성의 출발점이기도 하고 종착역이기도 한 것이다.[18]

그림 4-7 프로이트의 정신분석과 초의식

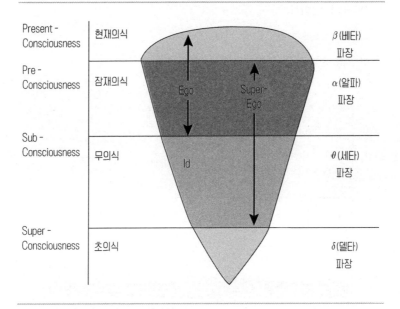

인간의 뇌 파장은 하루 24시간 동안 양의 상태와 음의 상태를 반복한다. 낮 시간 동안 깨어있을 때나 밤에 잠잘 때에도 생각 (+) 상태나 혼침(-) 상태를 반복하는데, 사실 이 모든 파장의 국면에서 초의식이 함께 하고 있다.

초의식, 즉 자신의 주체의식 자리를 알아채고 깨어있는 상태를 불교에서는 정념正念, Mindfulness이라고 부른다. 자신의 본성 자리를 깨닫고 자신의 본성 자리를 정신의 주체로 두고 생활하면 창조성 이 높은 삶을 살게 될 것이다.

불교의 화두선이나 스토아학파의 심리기법, 유교의 함양체찰 등 은 모두 이 자리를 가리키며, 이 자리에 빨리 계합하기 위한 방법들이다. 21세기를 살아가는 우리 역시도 빨리 이러한 이치를 습득할 필요가 있다.

그림 4-8 인간의 뇌 파장과 초의식

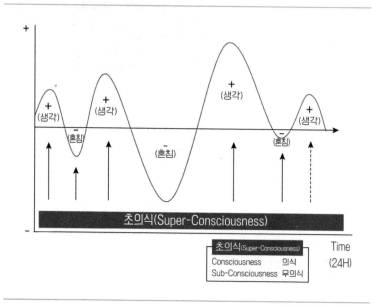

철학으로 묻고 삶으로 답하다[19]

프랑스의 지성 뤽 페리2015는 『철학으로 묻고 삶으로 답하다』에서 다음과 같이 묻는다.

"어떻게 하면 더 좋은 삶을 살 수 있을까?"

뤽 페리는 철학이 추구하는 지혜를 강조한다. 또한, "내재성 속의 초월성"을 제시했다.

"태양의 초월적 아름다움이나 인권의 정당성", 대자연의 "어떤 풍광이나 음악의 아름다움",[20] "말문을 막히게 만드는 예술과 조각의 아름다움", 인간의 삶에서 존재하는 본질적 가치들, 진선미眞善美, 그러한 진정한 가치의 초월성超越性, "결코 훼손할 수 없는 것, 빛나는 것, 강력한 것에 대한 의식."[21] "어디까지나 '내 안에서', 흔히 '하트'라 일컫는 내 가슴 속에서내 생각이나 감각 속에서 가치의 초월성이 드러난다. 분명 '내 안에' 있는 가치들인데내재성, 내 주관성에도 불구하고 마치 바깥 어딘가에서 유입되는 것처럼 강렬한 느낌초월성"으로 다가오는 것이다.[22]

그리고 이러한 초월성은 니체가 말한 새로운 '우상'도, 형이상학자나 광신자의 '공상'도 아니다. 혹은 유발 하라리가 말하는 인간이 창조해낸 '허구'나 '신화'도 아니다. 인간의 삶 속에서 "현실 깊숙이 각인된 인간 실존의 부인할 수 없는 실재"[23]인 것이다.

내 삶에서 '사랑'을 실천하고, 내 자신만의 '고통'을 부여잡고 나만의 생生을 만들어나가는 것이다. "내 삶이란 전체의 맥락 속에서 다양한 소질과 성과, 성취와 상실, 기쁨과 고난 등이 서로 채색되어 얽혀 있는 것"[24]이다. 자신만의 색깔을 내면서 만들어가는 삶을 그 어느 누구도 대신해 줄 수 없다. 이것이 인간의 실존實存, 세상에서 가장 소중하고 존귀한 것이다.

우리는 이렇게 묻는다. 그리고 스스로에게 물어야 한다.

"나는 왜 이 일을 하려고 하는가, 왜 지금 이 사람과 마주하고 있는가, 왜 이렇게 행동하고 있는가, 이 일을 한다면 어떤 일이 내게 일어날 것인가, 그로 인해 내가 더 나은 사람이 될 수 있는가, 나의 삶은 더 영혼 지향적인 것이 될 수 있을 것인가?25

오늘도, 깊어가는 가을 햇살에 투영된, 단풍잎의 채영彩影은 눈부시기만 하다."

무엇을 위해 아침에 일어나는가?26

미국 베네딕트 여성수도자협회 회장을 지닌 조앤 치티스터 수녀는 "무엇을 위해 아침에 일어나는가?"라고 물었다.

그녀는 "어떻게 잘 살아갈 것인지, 어떻게 활기차게 살아갈 것인지를 깨달아야 한다"고 말한다. 그리고 본질적으로 "영적 의식을 고양시키기 위해서 무엇을, 어떻게 해야 하는가?"라고 묻는다.

사람은 밤하늘의 별빛을 바라보며 살아야 한다. 우주가 내게 원하는 것이 무엇인지, 명확한 비전과 꿈이 무엇인지를 새겨야 한다. 그리고 밤하늘의 별처럼 빛나야 한다. 군더더기는 다 집어치우고, 내가 태어난 목적을 향해 살아야 한다. 내가 태어난 목적은 무엇인가?

"어떻게 살 것인가"는, 니체의 『인생록』에 붙여진 책 제목이기도 하다. 니체는 "잘못된 전통적 가치를 버리고 참모습을 구현"하며, "자신을 극복하고 초월한 '초인'이 되라"고 말한다. "돈과 명예를 위해 눈코 뜰 새 없이 바쁘게 살던 사람들이 어느 날, 한가한 사람이야말로 참된 행복을 누리며 살고 있다는 사실을 깨닫는 순간, 그들은 이미 불행한 사람이 되어 있을 것"[27]이라고 경고한다.

도스토예프스키의 작품, 『카라마조프가의 형제들』에는 '양파 한 뿌리'에 관한 유명한 일화가 나온다. 평생 선행이라고는 한 번도 한 적이 없는 고독하고 인색한 노파가 지옥에 갔다. 지옥의 본질은 '단절'이었다. 그녀는 다른 사람을 사랑할 수 없는 고통 속에 살았으며 세상으로부터 단절되어 있었다. 그건 마치 세상으로부터 '도려내어진' 존재와도 같은 것이었다. 궁핍이었으며, 궁핍은 소통과 사랑의 결핍을 낳았다.

하지만 이런 상황 속에서도 그녀를 연민하고 가엾이 여긴 존재가 있었으니 다름 아닌 수호천사였다. 수호천사는 혹시라도 그녀의 인생에서 축복받을 만한 선행이 단 한 건이라도 있었는지를 애써 찾아보았다. 그 결과, '양파 한 뿌리'를 발견하게 된다. 젊은 시절 채소밭에서 일하던 노파가 배고픈 거지를 동정하여 양파 한 뿌리를 건네 준 적이 있었던 것이다. 이러한 사실을 토대로 수호천사는 하나님에게 은총을 간청하였다. 그리하여 마침내 양파 한 뿌리를 통한 구원의 기회를 허락받게 된다. 양파 한 뿌리는 단순한 물질이 아니라 은총의 기회였던 것이다. 하지만, 노파는 또 다시 잘못된 반응을 보이고 만다. 양파를 향해 함께 달려든 지옥의 군중들에게 소리쳤던 것이다. "저리가! 이것 놓으란 말이야. 이건 내 양파야!" 그러고는 양파에 매달렸던 군중들을 발길로 걷어찼다. 그 순간 노파와 군중들은 모두 다시 지옥불로 떨어지고 말았다. 이를 지켜 본 수호천사는 눈물을 흘리며 하는 수 없이 돌아갔다. 여기까지가 유명한 "양파 한 뿌리" 예화이다.

우리는 여기서 노파의 두 가지 행위, 이기주의적 계산법과 발로 걷어찬 행동은 고독과 단절된 자의 전형적인 행위 방식임을 발견한다.[28] "이건 내 양파야!"라고 외친 계산법은 전형적인 자기중심적 계산법이었으며, 발로 걷어 찬 행위는 자기중심적 계산이 행동으로까지 이어진 잘못된 행위분노의 발로發露였던 것이다.

현대의 삶을 살아가는 우리는 모두가 바쁘게 살아간다. 어딘가를 빨리 가야 하고, 누군가를 빨리 만나야 하고, 무언가를 빨리 처리해야 한다.

하지만, 우리가 바쁘게 만나고 바쁘게 처리해야 하는 많은 일들이, 우리의 참된 영적 성숙과는 본질적으로 무관한 일이라면, 우리의 바쁜 행태는 사실상 "분주한 게으름"이 아닐까? 진정한 의미도 없는 허둥댐 속에서 끝없이 표류하다가, 몸도 마음도 나약해지고 죽음을 맞이하게 된다면, 얼마나 많은 후회後悔와 회한悔恨의 눈물을 흘릴 것인가?

죽음에 대한 공포

죽음은 인간에게 근원적인 공포다. 개체로서의 종말을 의미하기에 그야말로 본질적인 두려움이다. 육신의 죽음 앞에서 초연할 수 있는 자가 과연 얼마나 될 것인가. 막상 죽음 앞에 직면하면 두려움에 기겁해서 안절부절 못할지도 모른다.

하지만 이렇게 한번 생각해 보자. 영체에 대해 뚜렷한 확신이 있다면 죽음이 두렵겠는가? 혹은 고대 그리스 철학자, 소크라테스가 그랬던 것처럼, 영원에 대한 지식을 쌓았다면 죽음이 두렵겠는가? 평소 보이지 않는 곳, 즉 '영체'에 착실하게 선행을 쌓은 자라면 죽음이 두렵겠는가?

생명은 죽음을 거스르는 힘이다. 이는 중력의 법칙을 넘어 새로운 법칙에 대한 확인을 의미한다. 고전물리학과 양자역학을 넘어 빛과 사랑이 중심이 되는 영적인 법칙에 대한 새로운 발견을 의미한다. 그래서 생명은 죽음까지도 거스르는 힘이다. 그것은 믿음과 실천으로부터 온다. 생명과 믿음을 통해 죽음까지 거스르는 자, 그들은 분명 영적인 사람이다.

영적인 사람이란 육체보다 영체를 중심으로 사는 사람이다. 사도 바울은 육체가 있다면 영체도 있다고 했다. 영체는 원자보다 작은 크기의 최소 단위로 이루어져 있어 우리의 눈으로는 볼 수 없다. 이것들이 각 생명체의 영체를 이룬다. 따라서 육체는 영체가 있기에 작동한다. 영체로부터 오는 영적인 생명 에너지가 없다면 육체는 아무 감각도 없는 통나무와 같은 죽은 물질일 뿐이다.

육체와 물질계는 고전역학과 중력의 법칙이 적용되는 세계이다. 하지만, 맨탈계아스트랄계에서는 생각과 상념으로 이루어진 세계이므로 미립자양자의 세계에 해당하며, 양자역학과 같은 법칙이 적용된다. 하지만 맨탈계 상위의 영역인 아트만계붓디, 마나스나 초월계절대계, 근원계에서는 양자역학보다 더 높은 차원의 법칙이 적용된다. 최상위 차원인 초월계를 지배하는 법칙은 사랑, 창조, 생명의 법칙이다. 그것은 바로 모나드의 법칙이다. 모나드는 순수한 정신이며, 심원하고 무한하며 지고한 신성이다. 유일자이며 무한자로서 완전,

축복, 신성이며, 최상위 차원에서 만물을 지배하는 법칙이다.

영적인 사람이란 이러한 영적인 진실을 믿는 사람이다. 믿음, 사랑, 선행으로 사는 사람은 유연하고 개방적이며, 지혜와 사랑을 실천한다. 이러한 여정에서 몸과 마음은 점점 더 부드러워지며, 마침내 영적인 몸은 점점 발달되고 상승되어 간다.[29] 그것은 마치 오감의 감각기관으로 이루어진 욕계에서, 보는 것과 듣는 것으로 이미 충분한 빛의 세계색계, 더 나아가 인식으로만 이루어진 초월의 세계무색계로 점점 더 상승하는 것과 같다.

그렇다면, 왜 어떤 사람은 영체에 대한 믿음이 강한 반면 또 어떤 사람은 확신이 전혀 없는 것일까?

고대에서 영성을 추구하던 영지주의자들은 인간을 정신영혼과 물질육체의 두 요소로 구성된 존재가 아니라, 영, 정신영혼, 물질육체의 세 요소로 구성된 존재로 보았다. 이에 따라 인간을 영적 발달 정도에 따라 영적인 인간Pneumatics, 정신적인 인간Psychics, 물질적인 인간Hylics의 세 부류로 구분하였다. 영지주의자들은 세 부류의 인간들 중 영적인 인간과 정신적인 인간만이 '앎'과 '깨달음'을 성취할 수 있으며, 물질적인 인간은 '영적인 앎'에 도달할 수 없다고 보았다. 그 이유는 물질적인 인간은 물질에 너무 몰입해 있어서 더 높은 차원의 실체가 있다는 것을 인지하지 못하기 때문이라고 했다.

영체는 우선 보이지 않는다. 보이지 않기에 믿을 수 없는 것이다. 또한 지식과 사랑으로 성장한다. 육체가 음식을 먹어야 하는 것과 같은 이치이다. 하지만 지식과 사랑은 눈에 보이지 않는다. 따라서 체험으로 인식의 깊이를 가진 사람과 체험해 보지 못한 사람은 차이가 날 수밖에 없다. 지식과 사랑이 쌓일수록, 믿음, 소망, 선행이 많아질수록 내면의 영체는 빛이 나고 확신도 깊어진다. 지식과 지혜는 빛으로, 사랑과 선행은 열기로 나타나면서, 영의 격格이 점점 더 상승되어 간다.[30]

따라서 중요한 문제는 육의 체로 살 것인가, 영의 체로 살 것인가이다. 육적인 감각기관의 노예로 살 것인가, 혹은 믿음과 소망 그리고 실천의 삶을 살 것인가?

육체는 영체가 자라는 모태母胎이다. 영체가 성숙하여 육체를 누에고치처럼 버릴 수 있는 자가 있는가 하면 그렇지 못한 자도 있다. 육체를 어떤 용도로 활용하느냐에 따라 육체의 감각에 만족하는 자도 있고, 영적으로 더 높은 의미의 삶을 사는 사람도 있다. 육체의 쾌락으로 떨어질 수도 있고, 이웃, 국가, 혹은 인류를 생각하는 보다 고귀한 삶으로 격상할 수도 있다.

영체를 성장시키는 삶이란, 우리가 살아있는 동안 육체를 도구삼아 육의 에너지를 영의 에너지로 변환시키는 삶이다. 그리하여 육체 내면에 있는 영체에 보이지 않는 사랑과 선행의 곡식을 차곡차곡 쌓아가는 삶이다. 그리고 그것은 추수의 계절이 오면 판명날 것이다. 영체가 육신을 떠나야 할 때 자신이 쭉정이임을 발견한다면 뒤늦게 후회하지 않겠는가.

그대는 지금 행복한가? 무엇이 가장 소중한 것인가? 내 인생의 본질은 무엇인가?

가을하늘의 따스한 햇살이 창가에 비쳐 눈부시도록 찬란할 때, 그대 몸을 햇살에 맡겨보라. 그리고 스스로에게 한번 물어보자. 나는 지금 행복한가? 내게 가장 소중한 것은 무엇인가? 나는 내 인생의 소중한 본질을 향해 다가가고 있는가?

국가의 혁신

국가는 왜 혁신되어야 하는가

국가 차원에서도 정책적 혁신이 필요하다. 국가는 세계화, 정보화의 급격한 환경변화 속에서 혁신과 변혁 그리고 리더십 도전에 직면하고 있다. 저예산, 저성장 시대의 국가정부에게는 4차 산업혁명이라는 신기술AI, IoT, Big data, Bio-tech, Nano-tech 등의 융합을 통한의 혁명적 격변Revolutionary turbulence이 쓰나미처럼 몰려오고 있다. 이러한 소용돌이적인 환경변화에 직면하여 국가지도자나 정부가 소통과 책임의 리더십을 보여주지 못한다면 그 국가는 도태淘汰된다. 따라서 국가는 언제나 총체적 혁신과 창조적 변혁이 필요한 것이다.

그림 4-9 국가는 왜 혁신되어야 하는가?: 위험관리와 국정거버넌스

국가혁신과 정책학

정책학은 인간존엄성이 실현되는 성찰사회를 지향하고 있다. 경제적 측면으로 보면 효율적인 상태, 정치적으로는 절차적 민주주의를 넘어서는 차원이다. 즉, 사회 구성원들 간의 진정한 신뢰와 숙의를 토대로 자아실현이 가능한 사회를 만들어가는 것이다.

법과 인권을 지키는 것도 어려운데, 앞으로 인간의 의식이 깨어나고 더 성숙해지면 성찰사회가 구현될 수 있을까?

학문은 현실을 반영하지만 때론 현실을 뛰어넘는 이상에 대한 청사진도 제시할 줄 알아야 한다.

도덕성이 높은 성찰사회를 구현하기 위해서 정책학이 해야 할 일은 무엇일까?

창조적인 변혁을 통해 긍정적 문화와 긍정성을 확산하고, 진정으로 깨어있는 시민들을 형성해 나가야 한다.

자유민주주의와 시장자본주의의 틀을 굳건히 하면서도 나와 남을 가르고 인권을 무시하는 갑질의 폐해를 줄여나갈 수 있을까? 신뢰와 사회 자본을 만들어 나가면서 우리 사회에 진정한 긍정심리를 확산시켜 나갈 수 있을까? 더 나아가 법과 제도를 넘어 도덕과 양심이 구현되는 성찰사회가 실현될 수 있을 것인가?

이는 정책학이 보다 진지하게 천착해야 할 연구과제들이 아닐까 생각한다.

100세 시대의 정책학

우리나라는 초고령사회를 넘어 장생사회로 진입하고 있다. 이건 우리나라만의 현상은 아니다. 세계적으로 100세 시대가 다가오면서 장생사회에 대한 담론과 생애주기이론이 주목받고 있다. 이러한 시대의 흐름 속에서 정책학은 어떤 준비를 해야 할까?

장생사회는 인류의 삶의 패턴을 단순한 선형적인 삶에서 순환적인 삶으로 바꾸고 있다. 배우고 일하고 은퇴하는 선형적인 삶에서 배우고 일하고 은퇴하고 다시 배우고 일하고 은퇴하는 등 순환적인 삶이 가능해진다. 특히 미래의 장생사회는 육체적 질병으로부터 인간이 자유롭고, 실패로부터 성찰을 얻으며, 지식으로부터 자유롭게 될 것으로 예측된다. 하지만 도덕적으로 바람직한 사회가 되기를 바란다면 정책적 준비가 필요하다. 기술의 발전은 무서울 정도로 빠르고 거대하다. 따라서 준비가 없는 장생사회의 진입은 큰 재앙이 될 수 있다.

사이보그의 등장, 바이오와 대체 장기의 등장, 장생사회의 도래 등은 인간의 의식과 도덕에 심대한 영향을 끼칠 것이다. 이에 맞춰 정책학은 법적, 제도적, 윤리적으로 어떠한 준비를 해야 할까?

미래학자들은 이미 "윤리2.0ethic 2.0"을 강조한다Joel Kotkin, 2017; Ric Murry, 2017. 급격한 과학기술의 발전, 양극화의 심화, 인공지능으로 인한 인간 가치 기준의 변화, 기후 변화, 세계화 등의 도전에 대응하여 새로운 가치관과 도덕관을 수립해야 함을 강조한 것이다. 정책학의 성찰성에 대한 고민과 윤리2.0은 맞닿아 있다윤기영, 2017.

100세 시대의 정책학은 특히 미래사회에 대한 준비가 필요하다. 미래예측과 정책분석을 바탕으로 미래사회에 대한 정책준비를 해야 한다.

가령 스마트시티 등 미래도시에 대한 정책적 준비가 필요하다. 리더십, 예산, 기술 인프라 역량, 인적역량 등에 대한 준비를 점검하고 전략을 마련해야 한다.

인공지능과 로봇, 사이보그 등 포스트 휴먼에 대한 법제도의 점검과 함께 윤리적 대책도 마련해야 한다. 장생사회에 대한 준비의 일환으로 새로운 개념의 웰비잉well-being과 웰다잉well-dying에 대한 법제도적 준비도 필요한 시점이다.

삶과 죽음, 그리고 정책학

거리의 모습들을 본다. 분주히 움직이는 사람들의 모습은 다양하지만 우린 그 속에서 삶과 죽음을 본다.

죽음은 휘어져 있다. 반면에 삶은 생동한다. 죽음은 구부러져 있고 삶은 약동한다.

삶은 웃음이다. 죽음은 슬픔이다.
삶은 의지이다. 죽음은 꺾임이다.
삶은 의지로 생동하며 죽음은 꺾임으로 인해 주저앉는다.

100세 시대이다. 장생사회가 도래하면서 정책학은 삶과 죽음 그리고 그 너머에 대해서도 준비해야 할 때이다. 무엇이 행복인지, 무엇이 지혜로운 삶과 죽음인지에 대한 정책적 안목이 필요하다.

큰 안목으로 보면 죽음은 존재하지 않는다.
죽음이라는 환상과 두렵다는 생각만이 존재할 뿐 죽음 그 자체는 '없다'.
죽음은 상태의 변화이고 하나의 과정일 뿐 고정 불변의 실체가 아니다.

국가혁신의 과제와 지향점[31]

인간의 존엄성 실현이라는 정책학의 이상가치와 국가경쟁력과 삶의 질 향상이라는 목표를 달성해야 한다. 이를 위한 정책과제로는 정책역량, 관리역량, 인프라역량이 필요하다.

세계사적, 시대사적으로 몰아닥친 변화와 단절, 불확정성으로 인한 국정의 불확실성은 압도적인 정책환경으로 작용하고 있다. 모든 수준의 공공조직은 자원의 빈곤, 세계화의 압박, 정보화의 급진전, 시민들의 증대된 욕구, 국가재정 적자와 같은 문제에 직면함은 물론, 이른바 조직의 '미래의 충격future shock'이라고 불리는 상황에 직면하고 있다. 미래의 정부조직은 이러한 조직들의 변화에 대처하고, 문제를 해결하기 위한 더 나은 방법들을 개발해야 한다.

우리나라 정부는 국정관리의 정상화를 위해 국가역량을 강화할 필요가 있다. 특히 정책역량, 관리역량, 인프라역량의 강화를 통해 국정관리의 생산성효율성, 민주성참여성, 신뢰성성찰성을 제고해야 한다. 정부 내부의 생산성 증대를 토대로 정책의 참여성과 대응성 제고 등 민주성을 강화하고, 더 나아가 정부와 시민 간의 신뢰trust와 권한위임empowerment을 토대로 사회적 자본social capital을 강화해야 한다. 국가혁신을 위해 중요한 것은 개혁과 관련하여 바람직한 뉴거버넌스의 틀을 구축하고, 이에 대해 국민들의 신뢰를 획득하는 일이다. 신뢰는 그 자체를 21세기 정부혁신의 요체로 삼을 정도로 중요한 일이다Nye et al., 1998.

복잡한 문제의 발생원인과 해결책

사람은 왜 싸울까?

사람이 싸우는 이유는 힘의지이 팽팽하게 부딪히기 때문이다. 힘과 힘이 한 치도 물러서지 않고 팽팽하게 부딪힐 때 갈등이 온다. 이러한 사회갈등으로 꽉 찬 사회를 초갈등사회라고 부른다.

예전에는 이러한 문제를 해결하기 위해 강압적인 방식을 사용하였다. 가정에서 아이들끼리 싸움이 일어나면 부모가 해결하고, 조직에서 구성원들이 싸우면 구성원들의 상관들이 해결했다. 국가 간 다툼이 일어나면 권위를 가진 국제기구에서 해결했을 정도로 강압적인 방식을 추구했다.

칼 포퍼는 다음과 같이 말했다. "이 세상에는 가치들 사이에 해결 불가능한 충돌이 항상 존재한다. … (따라서) 인류 사회에서 충돌이 전혀 없을 수 없다. 그런 사회가 있다면, 아마도 인간의 사회가 아니라 개미의 사회일 것이다. 따라서 우리는 충돌의 감소를 도모해야만 한다."[1] 또한 니체도 "살아있는 모든 것들은 힘을 추구하며 자신을 강화하고 고양시키려 하기 때문에 세계에서의 투쟁이 불가피하다"고 말하면서, "모든 세계에서 살아 있는 것들은 자신의 감각적 욕망을 충족시키기 위해서가 아니라 자신의 힘을 확인하고 증대시키기 위해 싸운다. 이 세상은 모든 것들이 서로 힘을 겨루는 세계이고, 니체는 이러한 현실을 냉정하게 인정하는 것이 중요하다"고 말한다.[2]

하지만 이런 충돌과 투쟁적 방식은 결국 심각한 후유증을 남기고 우리의 사회적 자본을 갉아먹는다.

그렇다면 좀 더 지속가능하고 평화로운 해결방안은 없을까?

첨단기술만으로 문제해결이 가능할까?

AI, 로봇, 빅데이터, 사물인터넷, 드론 등 범용기술의 등장으로 인해 4차 산업혁명이 한창 진행 중이다. 이에 따라 4차 산업혁명의 신기술들이 가져올 사회문제 해결 효과에 대한 낙관적 기대도 무성하다. 하지만 첨단기술만으로 사회적 갈등이 첨예하게 대립되는 복잡한 문제들을 해결할 수 있을까? 기껏해야 보조적 역할이다. 본질적으로 중요한 것은 대화와 합의의 정신이다. 복잡한 문제일수록 대화와 합의가 필요하다.

복잡성이 낮은 문제는 문제의 일부분만 고치거나 혹은 권위자의 지시에 따를 때 해결될 수 있다. 하지만 복잡성이 높은 문제는 문제의 당사자들이 새로운 해결책을 찾아내어야만 한다. 복잡성이 높은 문제의 풀이는 해결책을 찾을 때까지 끊임없이 대화해야 한다. 열린 생각, 열린 감정, 열린 태도가 핵심이다.

따라서 말하기와 듣기 그리고 대화를 통하여, 분열주의에 머무르지 않고 광범위한 사회적 합의를 이끌어 낼 수 있는 시나리오 씽킹 플래닝Scenario Thinking Planning이 필요하다. 이를 위해서는 통합과 포용의 리더십이 요구된다아담 카헤인, 2007.

현대사회는 복잡한 문제Complex problem, 사악한 문제Wicked problem의 발생이 빈번하다. 이들은 쉽게 풀리지 않는 문제들로서 다양한 이해관계자들의 이익이 얽혀있는 게 특징이다. 이러한 복잡성이 높은 문제에 대해 평생 천착한 학자가 있다. 바로 아담 카헤인이다.

복잡한 문제는 왜 발생할까?

아담 카헤인Adam Kahane은 복잡한 문제의 발생 원인으로, 역학적 복합성, 발생학적 복합성, 사회학적 복합성을 제시했다.[3]

첫째, 역학적 복합성은 원인과 결과의 거리가 시간적으로나 공간적으로 멀리 떨어져 있어서 어떤 원인으로 그런 결과가 나왔는지 인과관계를 즉시 파악하기 어려운 경우이다. 러셀 액코프Russell Ackoff는 이러한 문제를 '혼란 덩어리'라고 불렀다.

둘째, 발생학적 복합성은 어떤 문제가 우리에게 익숙하지 않고 예측할 수 없는 방식으로 전개되어 가는 경우를 말한다.

셋째, 사회학적 복합성은 어려운 문제 앞에서 사람들의 의견이 극단적으로 갈리며 개인이 자신의 의견을 완강히 고집하는 경우를 말한다. 다양한 이해관계자들 간에 복잡한 이해관계의 충돌이다.

현대 정책과정은 사회학적 복합성 때문에 인과관계가 더욱 불분명해지고역학적 복합성, 이로 인해 더욱 예측하기 어려운 형태로 꼬여간다발생학적 복합성. 그리고 점점 더 해결하기 어려워지고 복잡해지며, 결국 파국으로 치닫게 된다.

복잡한 문제는 어떻게 해결할 수 있을까?

아담 카헤인은 힘의지과 대칭되는 개념으로 사랑공감을 제시했다. 차이와의 공존을 인정하지 않는 힘과 의지는 충돌할 수밖에 없다. 힘과 의지가 충돌할 때 중립적인 조정자가 있어야 한다. 바로 통합과 포용의 리더십이다.

힘이 없는 사랑은 무기력하고 임시적인 평화를 만들 뿐이다. 반대로 사랑이 없는 힘은 폭력만 나타나고 일방적인 평화를 만들 뿐이다. 이것 역시 지속적이지 않다. 힘이 뒷받침이 된 사랑 혹은 사랑이 뒷받침이 된 힘이 진정한 평화를 만들 수 있다.

자보르스키는 그의 저서, 『동시성: 리더십 내면의 길Synchronicity: The Inner Path of Leadership』에서 다음과 같이 말한다.

"만약 개인과 조직이 물러나서 상황을 관망하거나 혹은 한 치도 양보하지 않는다면 평화란 없을 것이다. 그 대신 창의성을 가지고 시나리오 플래닝Scenario Planning을 통해 움직인다면, 우리는 앞으로 일어날 미래를 평화적으로 창조할 수 있을 것이다."[4]

남아프리카 공화국의 성공사례: 몽플레 프로젝트

아담 카헤인은 1991년 당시 남아공에서 첨예했던 흑백갈등을 시나리오 플래닝을 통해 해결한 당사자이다. 몽플레 컨퍼런스를 통해 남아공 미래지도자들과 함께 화해와 상생적 방안을 도출하는 데 성공했다. 그의 경험과 지혜는 『통합의 리더십Solving Tough Problems』, 『포용의 리더십Power and Love』에 잘 정리되어 있다.

몽플레 워크숍: 원하는 것이 아닌 일어날 수 있는 일만 말하라

1991년 9월 첫 워크숍은 케이프타운 외곽의 아름다운 포도농장 몽플레Montflair에서 개최되었다.

워크숍은 다국적 석유회사 셸Shell의 시나리오 플래닝 방법과는 다르게 진행됐다. 우선 프로젝트 팀은 시나리오를 만들기 위한 정보를 다른 곳에서 모을 필요가 없었다. 참가자들 각자가 다양한 견해를 대표하고 있었기 때문에 이들의 이야기에 귀를 기울이기만 하면 됐다. 그들은 현재가 아닌 10년 후 남아공의 미래에 대한 몇 가지 모습을 그려보는 것으로 공동의 대화를 시작했다. 참가자들을 다른 배경을 가진 사람들로 섞인 작은 그룹으로 나뉘어 브레인스토밍을 진행했다. 셸에서 파견된 아담 카혜인은 회의 조정자facilitator로 참가자들에게 몇 가지 대화의 원칙을 따르도록 했다. 그들 자신이나 지지 정당이 원하는 미래에 대해서는 말하지 말라고 주의를 주었다. 평소 그들이 미래를 바라보는 방식에서 벗어나, 자신이 원하는 것과는 상관없이 앞으로 일어날 수 있는 일들에 대해서만 말하게 했다.

3일간 진행된 첫 워크숍에서 30개의 시나리오가 나왔다. 이후 조사 작업을 보조하기 위한 지원 팀이 구성이 되었고 핵심 참가자들코어 팀은 매주 미팅을 가지면서 30개의 이야기를 합치고 간추려 9개의 시나리오를 만들었다.

그 해 11월에 열린 두 번째 워크숍에서 참가자들은 9개의 시나리오를 검토하고 그 중 지금의 남아공의 상황에 적절한, 가장 중요하고 설득력 있는 시나리오 4개를 채택하였다. 두 번째 워크숍 이후 참가자들은 자신들이 속한 단체, 정당, 학계로 돌아가 이 4개의 시나리오를 테스트하였다.

세 번째 워크숍은 1992년 3월에 열렸다. 참가자들은 다시 단순하고 명쾌하게 다듬은 4개의 시나리오에 몽플레 시나리오라고 이름을 붙였다. 이후 14페이지의 시나리오는 주요 정당의 대표 등 70여 개가 넘는 그룹에서 발표되고 논의되었다. 또한 시나리오 결과물은 비디오와 소책자로 제작이 되거나, 신문 뉴스 등을 통하여 전국에 배포되었다<표 5-1> 참조.

표 5-1 몽플레 컨퍼런스의 시나리오 플래닝 전개과정

1차 워크숍 (1991.09)	• 워크숍 참가자들의 브레인스토밍을 통한 30개의 시나리오 도출 • 30개의 시나리오를 토대로 9개의 시나리오 도출 • 참가자를 4개의 팀으로 재구성 • 각 팀장은 정리된 내용을 전체회의에서 발표 • 몽플레, 아름다운 전원의 포도농장, 현대식 컨퍼런스, 평화로운 　분위기(저녁, 와인)
2차 워크숍 (1991.11)	• 보다 풍성해지고 심화된 9개의 시나리오 내용 • 9개이 시나리오 중 지금의 남아프리카공화국의 상황에 적절한 　4개의 시나리오 채택 • 워크숍이 끝난 후, 참가자들은 자신의 네트워크로 돌아가 　4가지 시나리오를 시험
3차 워크숍 (1992.03)	• 4가지 시나리오를 재검토, 최종 형태의 시나리오 도출
4차 워크숍 (1992.08)	• 도출된 최종 시나리오의 공표 방법 결정 • 중요한 럭비시합 관람을 위해 4시간 동안 휴식시간을 가짐 • 4시간의 휴식시간 동안 참가자들은 주요 고위층을 포함한 더 　많은 사람들 앞에서 시나리오를 발표하고 시나리오의 타당성을 　시험 • 백인 자유민주당 대표와 우파 보수당 대표, 당시 집권당이었던 　국민당의 대표도 워크숍에 참석

새의 이름을 딴 4가지 시나리오들

여섯 달에 걸친 대화와 3일간 진행된 3차례의 워크숍을 통하여 정치 체제의 이행이라는 가장 중요하면서도 불안정한 요소에 초점을 맞춘 네 개의 시나리오가 탄생했다.

'타조' 시나리오는 소수 집단인 백인 정부가 타조처럼 자신의 머리를 모래 속에 처박고 다수의 흑인들이 요구하는 민주주의로의 이행을 거부하는 것이다. 백인 분리주의자들과 흑인 극단주의

자들의 영향력이 커지고, 상호소통이 멈추며, 나라 전체가 양극화되어 혼란에 빠지는 상황이다.

또 다른 암담한 미래상을 보여주는 '레임덕_{절름발이 거위}' 시나리오는 약체 과도정부가 들어서서 모든 세력의 눈치를 보지만 그 어떤 세력도 만족시키지 못하고 개혁이 이루어지지 않으며 지연되는 상황이다. 결국 투자자들은 투자를 망설이고, 성장과 개발은 불확실성 속에서 활력을 잃는다.

'이카루스' 시나리오는 너무 태양 가까이 날다 떨어져 죽은 '이카루스'를 상징하는 것으로 아프리카민족회의가 권력을 잡는 가장 가능성이 높은 시나리오로 인식되었다. 체질적으로 자유로운 흑인 정부가 대중의 지지를 얻어 권력을 장악하고, 대중의 선심을 살 공약을 지키려고 노력하는 상황을 가정한다. 신생 흑인 정부는 이상적이고 고귀한 포부를 품고 거대하고 감당하기 힘든 비용이 들어가는 국가사업을 추진한다. 그러나 결과적으로 재정적인 문제에 부딪히고 경제가 붕괴될 것이라는 진단이 나왔다.

이런 문제점과 모순들을 그나마 가장 잘 극복할 수 있는 대안으로 나온 시나리오가 '플라밍고_{홍학}의 비행' 시나리오이다. 이것은 가장 긍정적인 남아공의 미래 모습을 담고 있다. '레임덕' 시나리오처럼 연합정부에 관한 것이지만 '올바른' 연합이란 어떤 모습인가를 보여준다. 남아공의 모든 대표 세력들이 연합해서 서로를 배타하지 않고 점진적으로 개혁을 이루어 나가는 모습을 그리고 있다. 플라밍고가 날아갈 때, 천천히 날아오르고 함께 날아가는 모습을 따와 국민 참여로 새로운 사회를 건설해 나가는 것을 강조했다. 경제 성장과 정치적 평등이 상호 보완 관계를 유지해가는 현실적이고 협조적인 시나리오다<그림 5-1> 참조.

그림 5-1 몽플레 컨퍼런스의 최종 시나리오

타조 (Ostrich)	레임덕 (Lame Duck)	이카루스 (Icarus)	플라밍고들의 비행 (Flight of the Flamingoes)
• 소수집단인 백인 정부가 타조처럼 자신의 머리를 모래 속에 처박고 다수의 흑인들이 요구하는 협상안에 응하지 않는 것	• 약체 정부가 들어설 경우를 가정 • 약체 정부는 모든 세력의 눈치를 보지만 그 어떤 세력도 만족시키지 못하기 때문에 개혁이 이루어지지 않고 지연됨	• 자유로운 흑인정부가 대중적인 지지를 얻어 권력을 잡음 • 이상적이고 고귀한 포부를 품고 거대하고 경비가 많이 드는 국가사업을 추진 • 무리한 사업추진으로 재정적 문제에 부딪힘	• 남아프리카 공화국의 성공적인 전환 시나리오 • 남아프리카 공화국의 모든 대표세력들이 연합하여 서로를 배타하지 않고 천천히 새로운 사회를 건설

몽플레 프로젝트의 성공요인

시나리오 플래닝은 결과보다 과정을 중요시한다. 그 과정에서 복합적 이해관계자들 간의 창의와 성찰을 중요시한다. 남아프리카 공화국의 성공사례에서도 이를 확인해 볼 수 있다.

아담 카헤인이 남아공으로 가기 전, 남아프리카 공화국은 몇 가지 관점에서 사회적 갈등에 직면했다. 1980년대, 인종분리정책으로 인해 흑인과 백인이 대립했으며, 소수 백인을 대표하는 정부와 급진적 반대세력인 흑인 간에 무력충돌이 발생했다. 클리크 대통령은 1990년 만델라 석방 및 반대세력 합법화 등 정치적 노력을 시도했지만, 그럼에도 불구하고, 남아공의 갈등은 쉽게 해결되지 못한 채 무정부상태가 계속되었다.

이때, 클리크 대통령의 권한 위임을 받은 남아공의 대학교수인 르 루는 새로운 기획을 준비했다. 르 루는 남아공의 전환을 이끌기 위한 전략을 짜고자 했는데, 구체적으로 더 나은 남아공의 미래를 만들기 위해 구성원들의 협동을 유도하는 현실 참여적인 시나리오를 만들고자 했다. 이를 위한 시나리오 기획을 위해 분야의 국제적 전문가였던당시 카헤인은 다국적 석유회사인 쉘의 시나리오 기획 담당 전략 연구원이었다 아담 카헤인을 남아공으로 초대했다.

그렇게 아담 카헤인은 남아공으로 날아가 시나리오 플래닝의 조정자facilitator 역할을 하게 된다. 그는 몽플레 컨퍼런스를 기획했고, 마침내 성공시켰다.

몽플레 컨퍼런스의 성공요인은 무엇일까? 아담 카헤인은 성공요인을 다음 네 가지로 꼽았다.

첫째, 대화와 담론의 장을 마련했다. 몽플레Montflair는 전원적인 풍경을 가진 아름다운 포도농장으로, 이곳에 위치한 회의장에서 서로 다른 인종과 배경을 지닌 22인의 참여자들은 성공적인 해결방안을 도출할 수 있었다. 담론 장소의 전원적인 풍경도 성공요인으로 한 몫 작용한 것이다. 그들은 물고기 뱃속에 들어가 관찰하듯, 어려운 문제의 본질 속으로 들어가 문제의 원인과 해결방안에 대해 토론했다.

둘째, 부정적인 언어를 사용하지 않았다. 단순해보이지만, 사용하는 언어는 매우 중요하다. 언어는 참가자들의 사고를 긍정적으로 바꿈으로써 그들의 태도를 변화시켰다.

셋째, 정치지도자들의 참여와 실사구시적 접근이다. 정치지도자들은 보여주기식이 아니라, 직접 그들의 미래에 대해 골똘히 고민하면서 참여자들과 대화를 나누었다. 토론 결과 역시 실질적인 정책으로 반영되었다. 새롭게 정권을 잡은 흑인정부는 몽플레 컨퍼런스의 시나리오에 주목했다. 이를 통해 자칫하면 이상적인 계획를 내용으로 하는 이카루스 시나리오로 남아공을 파탄에 빠뜨릴 뻔한 상황을 조화와 통합의 플라밍고 시나리오로 바꿀 수 있었다. 남아공의 '성장과 고용과 재건설'이 실현되는 중요한 계기가 된 것이다. 사람들은 이를 "위대한 U턴The Great U-Turn"이라고 부른다.

넷째, 대화와 담론을 통해서 사회적 문제를 해결할 수 있다는 가능성을 발견했다. 남아공 국민들은 직접 대화와 담론을 통해 사회적 갈등을 해결했고, 통합과 포용의 중요성을 직접 체험했다.

몽플레 컨퍼런스를 아담 카헤인과 함께 진행시켰던 자보르스키는 성공요인에 대해 다음과 같이 말했다.

"우리가 어떻게 행동하느냐에 따라 미래의 모습이 결정된다. 만약 개인과 조직이 물러나서 상황을 관망하는 대신, 혹은 한 치도 양보하지 않는 대신, 열의와 책임감을 가지고 시나리오 씽킹 플래닝Scenario Thinking Planning에 참여한다면, 우리는 앞으로 일어날 미래를 성공적으로 창조할 수 있는 것이다."

새로운 시대의 휴머니즘

학문의 융합은 왜 필요한 것일까?

복잡한 문제해결을 위해서는 학문의 융합, 즉 통섭이 필요하다. 특히 오늘날처럼 4차 산업혁명의 시기에는 과학과 함께 인문학적 상상력이 필수적이다. 가령 스마트 시티를 건설할 때도 어떤 공간 배치가 사람이 살기에 편리할 것인지에 대한 고민이 필요하다. 자율 주행차가 다닐 수 있는 공간 배치도 필요할 것이다. 미래는 상상하는 자의 몫이라고 했다. 4차 산업혁명은 산업이라는 단어가 들어갔으나 사실은 산업혁명이라기보다는 문화혁명에 가깝다. 인간 생활 전반에 걸친 문명사적 변화 말이다.

그런데 과학과 인문학 간에는 오래된 학문적 장벽과 긴장관계가 있어왔다. 스노우−리비스 사례로 알려진 이 논쟁은 두 학문 분과 간 몰이해와 틈새를 잘 보여주고 있다. 찰스 스노우1959가 먼저 두 학문 간의 차이에 대해 포문을 열었다.

"인문학자와 과학자 간에는 몰이해, 때로는 적의와 혐오로 틈이 크게 갈라져 있다. 그러나 그보다 더한 것은 도무지 서로를 이해하려 들지 않는다는 점이다. 인문학자는 열역학 제2법칙, 질량과 가속도를 알지 못하며, 과학자는 셰익스피어의 작품을 읽지 않는다."[5]

그러자 이번에는 프랭크 리비스1962가 응대했다. 인문학의 우위론을 내세운 것이다.

"과학과 기술에 의해서 생활수준이 높아지는 것 자체가 삶의 만족도 증가를 의미한다고 보기 어렵다. 보다 많은 빵을 가졌다는 것이 보다 행복하다는 것을 의미하는 것은 아니다. 과학에서는 '무엇을 위한 것인가?'라는 깊은 물음이 결여되어 있다. 문학은 바로 그 물음에 대답하려는 노력이다. … 과학은 인간적 가치가 결여되어 있다."[6]

찰스 스노우가 인문학자는 과학의 법칙을 알지 못한다고 하자, 프랭크 리비스는 과학의 발전만으로는 행복해질 수 없다고 응수한 것이다.

과연 누구의 주장이 옳은 것일까? 혹은 이들의 주장처럼 어느 학문이 우위에 있다고 할 수 있을까? 열역학 제2법칙과 질량, 가속도만 안다고 행복할 수 있을까? 반대로 셰익스피어의 작품만

읽는다고 행복할 수 있을까?

표 5-2 스노우-리비스 논쟁: 과학과 인문학

스노우-리비스 논쟁
• 문학적 지식인(literary intellectuals)과 과학자(scientists) 간에는 몰이해, 때로는 적의와 혐오로 틈이 크게 갈라지고 있다. 그러나 그보다 더한 것은 도무지 서로를 이해하려 들지 않는다는 점이다. 인문학자는 열역학 제2법칙, 질량과 가속도를 알지 못하며, 과학자는 셰익스피어의 작품을 읽지 않는다. — 찰스 스노우(1959)
• 과학과 기술에 의해서 생활수준이 높아지는 것 자체가 삶의 만족도 증가를 의미한다고 보기 어렵다. 보다 많은 빵을 가졌다는 것이 보다 행복하다는 것을 의미하는 것은 아니다. 과학에서는 '무엇을 위한 것인가?'라는 깊은 물음이 결여되어 있다. 문학은 바로 그 물음에 대답하려는 노력이다. 과학적 사고보다 근본적인 인간의 지적활동이 있고, 그것이 있음으로써 오히려 과학활동이 가능하다. 과학은 인간적 가치가 결여되어 있다. — 프랭크 리비스(1962)

자료: The Rede Lecture(1959). 『The two cultures and the scientific revolution』, 캠브리지대; 번역본: 『두 문화: 과학과 인문학의 조화로운 만남을 위하여』(C. P. Snow, 사이언스북스, 2001, p.15).

바야흐로 통섭이 필요한 시대이다. 학문과 학문간 융합이 필요하고 통합적 사고가 필요하다. 과학과 인문학적 상상력은 결합되어야 한다. 라스웰이 제창한 정책학은 태동부터가 연합학문지향성을 강조한다. 정책문제 해결을 위해서는 과학과 인문학, 사회과학과 미래학 등 다양한 분야의 학제 간 결합이 필요하다.

하버드대 진화생물학자로 잘 알려진 에드워드 윌슨2005 역시 지식의 대통합, 통섭을 강조한다. 그의 주장을 살펴보자.

"통섭을 추구하는 일은 산산조각 난 교양 교육을 새롭게 하는 길이다. … 진정한 개혁은 과학을 학문적 측면과 교육적 측면

에서 인문사회과학과 통섭함으로써 완성될 것이다. … 매일매
일 우리를 괴롭히는 쟁점들 중 대부분, 예컨대 인종 갈등, 무
기 경쟁, 인구 과잉, 낙태, 환경, 가난 등은 자연과학적 지식과
인문사회과학적 지식이 통합되지 않고는 해결할 수 없다."[7]

에드워드 윌슨은 인류가 미래로 갈수록 통합과 통섭이 더욱 절
실해질 수 있음을 간파한 것이다. 그의 말대로 4차 산업혁명과 기
술혁신으로 인해 나타나는 거대하고 복잡한 문제를 해결하기 위
해서는 과학과 인문학이 통합되어야 한다.

표 5-3 에드워드 윌슨: 지식의 대통합

에드워드 윌슨(2005): 지식의 대통합-통섭 강조
인간의 역사과정을 물리적 역사 과정에서 살펴보면, 그것이 별의 역사든 아니면 생물의 역사든, 분리할 만한 근본적인 차이는 존재하지 않는다. 천문학, 지질학, 그리고 진화생물학 역시 일차적으로 역사적인 분과들이다. 하지만 그것들은 통섭을 통해 자연과학의 다른 분야들과 연결되어 있다. 오늘날 역사학은 그 자체로 기초학문 중 하나이다. 통섭을 추구하는 일은 산산조각 난 교양 교육을 새롭게 하는 길이기도 하다. (중략) 진정한 개혁은 과학을 학문적 측면과 교육적 측면에서 인문사회과학과 통섭함으로써 완성될 것이다. (중략) 매일매일 우리를 괴롭히는 쟁점들 중 대부분, 예컨대 인종 갈등, 무기 경쟁, 인구 과잉, 낙태, 환경, 가난 등은 자연과학적 지식과 인문사회과학적 지식이 통합되지 않고는 해결할 수 없다.

자료: 에드워드 윌슨(2005). 『지식의 대통합-통섭』. 최재천, 장대익 옮김, 사이언스북스. p.43-46.

사람은 왜 빛나는 삶을 살고 싶을까?

사람은 빛나는 삶을 살고 싶어 한다. 누구에게 물어보아도 빛나
는 삶을 살고 싶지 않은 사람은 없을 것이다. 누구나 자기 자신의

경쟁력을 갖추고 지식을 흡수해서 영혼의 진화 발전을 도모하고 싶어 한다. 더 나아가 남을 도와서 보람을 느끼는 삶을 살고 싶어 한다.

빛나는 삶을 살아가는 것, 그건 사람이 태어난 이유이기도 하다. 나도 당신도 빛나는 삶을 살기 위해서 살아간다.

빛나는 삶이란 무엇일까? 또 어떻게 하면 삶이 빛나게 될까?

빛나는 삶이란 자기 자신을 갖추고 자신의 영혼의 밀도density가 높아져서, 그 결과로 자연스럽게 남을 돕고 사회를 돕고 국가를 돕고 인류에 이바지하는 삶, 그리하여 스스로 빛나는 존재가 되는 삶을 말한다.

그건 돈이 많고 지위가 높아지거나 혹은 지식이 많아진다고 되는 것은 아니다. 돈이 많고 지위가 높아지거나 지식이 많아지면 남을 도울 수 있는 조건이 더 충족되는 건 사실이다. 즉, 필요조건은 될 수 있다.

하지만, 진정으로 자신을 갖추고 남을 돕는 마음가짐과 자세를 확고히 할 때 빛날 수 있게 된다. 또한 깨달음이 일어나 자신의 영혼 안에서 지식과 경험이 양적으로 쌓이고 쌓여 그들 간의 융합과 충돌이 일어나고, 서로 간에 압력이 발생하여 폭발함으로써 스스로 물리적 변혁physical transformation이 발생할 때 스스로 빛날 수 있게 된다.

저 밤하늘의 별을 보라. 그들도 처음에는 먼지, 가스, 성운과 같은 물질들을 당기고 끌어 모아 양적으로 성장하는 과정을 거쳤다.

양적으로 질량이 커진 행성이 되었다고 스스로 빛나진 않는다. 그건 질량과 질량이 모여 서로 다른 압력으로 충돌하고 융합하는 과정에서 밀도가 높게 뭉쳐졌을 때 폭발하고 터져버려 새로운 질료의 물질로 형질의 변화가 일어남으로써 빛나게 되는 것이다. 즉, 양적 성장이 임계치를 지나면서 압力이 발생하여 충돌과 융합이 발생해 질적 변화로 발전하면서 빛을 발하는 항성恒星이 되는 것이다.

지금 왜 인간의 존엄성인가?

4차 산업혁명이라는 거대한 파도를 맞이한 우리가 다시 '인간의 존엄성'에 주목하는 이유는 무엇일까?

급속한 첨단기술의 발전 속에서 4차 산업혁명 시대는 철학의 빈곤과 문명의 한계점에 봉착했다. 현대문명의 병폐가 여실히 드러나고 있다. 그리고 과학기술의 발달 속에서 인간은 주체성을 잃고 있다. '물질만능주의' 혹은 '과학만능주의'로 인해 독립성이 상실되고 있으며, 또 다른 신으로부터 종속당하고 있다.

여기서 '휴머니즘과 인간의 존엄성'을 강조하려 함이다. 무엇보다 우리가 사는 사회는 변동성, 불확실성, 복합성, 모호성으로 대변되는 4차 산업혁명이라는 '거대한 물결' 앞에 서 있다. 우리는 인간의 독립성과 창조성을 회복하여 자유롭고 평등한 시대를 열어가야 한다. 또한 행복과 가치, 내일을 바라보는 인간사회를 지향하고 나아가야 할 필요가 있다.

포스트 휴먼과 트랜스 휴머니즘

인류는 "첨단 과학기술의 발전에 힘입어 바야흐로 자신의 진화 방향을 스스로 결정할 수 있는 미증유의 시대를 맞이했으며, 호모 사피엔스와 구분되는 포스트 휴먼의 출현 가능성을 목전"[8]에 두고 있다.

포스트 휴먼이란 기존 호모 사피엔스의 육체적·정신적 한계를 첨단 과학기술을 이용해 뛰어넘도록 만든, 무한 능력의 인간을 말한다. 육체적·정신적 능력이라는 것은 인간의 숙명인 노화로부터 해방되는 것을 의미한다. 트랜스 휴머니즘transhumanism은 과학과 기술을 이용하여 인간의 정신적·육체적 능력과 성질을 개선하려는 지적·문화적 운동이다. 트랜스 휴머니스트들은 생명과학과 신생기술이 이를 해결해 줄 것이라고 기대한다. 트랜스 휴머니즘에 의해 탄생한 신인류가 바로 포스트 휴먼이라고 할 수 있다.

이처럼 트랜스 휴머니즘이나 포스트 휴머니즘은 과학기술의 힘을 빌려 인간의 제반 한계를 초월할 수 있다는 새로운 철학적 사조 혹은 담론을 의미한다.

첨단기술의 발달에 따라 사람과 기계가 한 몸에 공생하는 사이보그 인간이 자연인간을 심신 양면에서 압도적으로 능가하게 되므로 포스트 휴먼 혹은 슈퍼 휴먼이라고 부른다. 유발 하라리처럼, 호모 사피엔스가 슈퍼 휴먼이나 사이보그 인간에게 지구의 주인 자리를 내주게 될 운명이라고 주장하는 학자들이 늘어나고 있다.[9]

트랜스 휴머니즘의 선두주자라고 할 수 있는 스웨덴의 철학자 닉 보스트롬은 "가장 중요한 진전들 중 하나는 우리가 기술적 수단을 통해 직접적으로 우리의 생물학적 특성을 변경시킬 수 있다는 점이다"[10] 라며 흥분에 빠져 있다. 포스트 휴먼은 사이보그 혹은 마인드 업로딩에 의한 인체, 의식, 컴퓨터와의 접목형태로 나타난다. 이는 "완전히 인위적으로 만들어진 인공지능일 수도 있고, 자신의 육체를 버리고 슈퍼양자컴퓨터 안의 정보 패턴으로 살기를 선택한 업로드의 형태"_{바이오기술, 나노기술, 신경인지과학의 융합을 통해 이미 기술적으로는 마인드 업로딩이 가능한 수준에 이르렀다[11]}일 수도 있다.

인간의 의식이 슈퍼 양자컴퓨터에 업로딩되어 육체의 한계를 극복하고 소위 영생에 이를 수도 있다는 것은 인간이 혼종의 사이보그가 된다는 의미와도 같다. 특히 신경공학에 의해서 뇌기능이 향상된 사이보그가 출현할 전망이다. 예컨대, 뇌에 이식된 칩에 의한 송수신장치로 한 사람의 뇌에서 다른 사람의 뇌로 직접 정보가 전달되는 것이다. 이는 과거와는 전혀 다른 새로운 차원의 윤리적 과제를 던져주고 있다. 한마디로, 인간의 의식과 윤리는 따라가지도 못한 채 기술과의 괴리만 커져가는 기현상이 벌어지고 있는 것이다.

우리는 과연 그러한 변화의 길을 추구해도 좋은 것일까?

무엇보다도 사회적 합의를 바탕으로 새로운 법제도의 정비가 필요하다. 아니나 다를까 보스트롬과 같은 학자들은 개인, 집단, 국가 사이의 의사를 조율하고 합의점을 만들어가기 위한 지구적 규모의 단일체제 의사결정기구를 벌써 제안하고 있다. 하지만 이러한 단일체제 의사결정기구는 소수의 사람들에 의해 장악될 위험성이 있거니와 무엇보다도 사이보그로서의 삶이 가져올 인간성 파괴는 생각만 해도 끔찍한 일이다.

인간의 의식과 도덕성 문제를 한번 생각해 봤으면 한다. 과연 인간의 이성과 합리성이 충분히 신뢰할 만한 수준에 이르렀는가 하는 것이다. 인류 역사를 돌이켜보면 생물학적 종으로서의 호모 사피엔스는 과연 충분한 도덕이나 양심 혹은 '인간됨'을 제대로 키워왔는지가 의심스러운 게 사실이다.

유발 하라리의 비판적 담론을 빌리지 않더라도 인류 역사에서 다른 인종을 말살하려 들거나 동물들에 대한 무자비한 살육의 증거들은 차고도 넘친다. 다른 민족생명에 대한 대량학살예를 들어 유대인 학살과 같은 광기, 인간을 노예로 부려먹는 탐욕, 종교라는 명분으로 법과 원칙을 무시하는 오만, 마녀사냥으로 사람들을 잡아 죽이는 폭력 등 비인간적인 예들은 모두 열거하기도 어렵다.
흑인차별, 소수민족억압, 인권유린 등은 또 다른 예들이다.

"절대로, 절대로, 다시는 이토록 아름다운 땅에서 사람이 다른 사람의 존엄성을 짓밟는 고통은 반복하지 말아야 합니다. 모든 영혼을 파괴하는 인간의 인간에 대한 '억압', 억압하는 자와 억압받는 자 모두를 자유롭게 하는 것이 내 평생의 사명이었습니다."

남아공의 인종차별 속에서 27년여를 감옥에서 보내야만 했던 넬슨 만델라 대통령의 위대한 연설을 다시금 생각해 보게 한다.

인간 의식에 대한 깊은 성찰

이쯤에 이르면 지금 우리에게 당장 필요한 것은 기술의 발달이나 접목이 아니라는 각성을 하게 된다. 오히려 "인간이란 어떤 존재인가에 대한 자기이해"[12]와 함께 연민과 동정심에 기초한 진정한 사랑의 마음을 키우는 일일지도 모른다는 생각이 든다.

창조주가 인간에게 연약한 육체와 무지함을 준 것은 어쩌면, 인간들 스스로 더 성찰하고 성숙하라는 깊은 뜻이 담겨있는 것 같다. 즉, 시련과 아픔에 취약한 조건을 통해 다른 사람의 고통에 공감하고 동정심을 통해 사랑을 배워나가라는, 그리하여 마침내 더 큰 의식으로 성장하라는 깊은 뜻이 담겨 있는 것은 아닐까? "내가 맞으면 아프기 때문에 남을 때리지 않고, 먹지 못하면 배고프기 때문에 배고픈 사람에게 동정심을 갖는다. 영원히 살 수 없기에 겸손한 마음을 가지며 욕심을 내려놓을 수 있는 것이다. 인간에게 약점이 없다면 인생에서 배울 수 있는 교훈이 얼마나 될까? 인간은 삶 속에서 고통을 통해 인격이 단련된다."[13]

일본의 사상가 우치다 다쓰루內田樹는 '성숙한 사람'의 "필수 덕목으로 타인의 마음, 타인의 고통에 대한 감수성, 타자에 대한 이해와 공감"[14]을 꼽았다. 또한, 고통에 대해 작가 수전 손태그는 이렇게 말했다. "타인의 고통에 연민을 보내는 것만으론 부족하다. 그 고통을 쳐다볼 수 있는 우리의 특권이 그들의 고통과 연결되어 있을지도 모른다는 사실을 숙고해야 한다." 우리도 여기에서 출발해야 한다.[15]

인류가 진정 이 세계를 바람직하게 관리하면서 지속가능한 발전을 이루도록 하기 위해서는 무엇보다 인간 의식의 향상이 필요하다. 인간 스스로 돌아봄을 통해 '인간성'을 개선시키려는 노력이 선행되어야 한다. 이는 기술의 힘으로 해결될 일이 아니다.

'차이와의 공존', '역지사지의 마음', '공감소통의 정신'이 필요하다. '차이와의 공존'은 특히 주목할 필요가 있다. 이는 원효의 사상으로 일심一心, 화쟁和諍, 통불교通佛敎이다. 원효는 '불일이불이不一而不二', 즉 '세상은 하나도 아니요 둘도 아니다'고 했다. 차이가 있기에 '하나'는 아니지만 넘어설 수 있기에 '둘'도 아니다. 이는 "동일성을 부정하고 현상학을 토대로 존재의 다양성을 추구하는 포스트 모더니즘"과도 일맥상통 한다.[16]

본서에서 거듭 강조한 바와 같이, 인간은 정신과 육체의 존재이며, 특히 정신은 근본적 의식본성과 파생적 의식자아의 이원성으로 구성되어 있다. 육체와 기술이 이러한 정신과 의식을 대신할 수는 없다. 인간 의식의 핵심에 해당하는 근본적 의식본성에 대한 더 깊은 고찰이 필요한 시점이다. 인간의 본성, 특히 실천 이성이 과학기술을 통제하고 선도할 수 있는 새로운 철학적 패러다임의 모색이 요구되는 것이다.

새로운 휴머니즘의 미래

새로운 인본주의의 시대가 열려야 한다. 과거의 인본주의는 신본주의에 대립된 인본주의였다. 하지만 지금의 인류는 지금까지의 인류역사 진행 속에서 제공된 모든 지식을 흡수하고 진화 발전한 새로운 인류이다. 바로 그들이 세상을 주체적으로 운용하며 역사를 선도해야 하는 시대이다.

그러기 위해서는 새로운 인본시대를 열어야 한다. 과거의 신본주의와 대립되는 이분법적 인본주의가 아닌, 하늘과 땅과 사람의 조화로운 이해 속에서 사람人이 주체主體가 되는 새로운 휴머니즘을 열어야 하는 것이다.

휴머니즘의 방향은 자아의 확장과 인류애에 토대를 두어야 한다. 또한 인간의 이성과 정신의 핵심 정수라고 할 수 있는 양심과 도덕성을 좀 더 발전시키는 방향이 되어야 한다. 이것은 결코 새로운 발견이 아니다. 그동안 인류역사 속에서 발전시켜온 정신의 정수를 재확인하고 발전시킬 필요가 있는 것이다. 유교에서도 선비들은 군자의 길을 걷고자 했다. 자신의 내면의 핵인 청정한 본성을 발견하고 인격의 완성을 추구하고자 했다.[17] 서양에서도 대자연의 섭리는 신의 뜻이라고 보았다. 신의 본성을 좇아 인간도 사랑과 공존인류애을 실천해야 한다고 생각했다.

동서양이 모습과 표현은 달랐지만 우주에 존재하는 신성을 따라 인간 내면에 존재하는 청정한 빛을 추구해야 한다고 본 것이다. 다만 이 청정한 빛은 인간의식의 진화 정도에 따라 '밝기'를 달리한다. 현재 벌어지고 있는, 혹은 가까운 미래에 더 본격화될 4차 산업혁명 시대의 기술적 변혁이 인류애와 공존하는 방향으로 진행될 것인가? 그것이 관건이다.

새로운 휴머니즘과 공(空)의 세계: 초월의식의 바다

공空의 세계라는 담론을 통해 새로운 휴머니즘을 한번 고찰해 보자. <그림 5-2>는 본서 <그림 2-6>에서 제시했던 왼편의 우주적 자아 대신 공空으로 대체한 것이다.[18]

그림 5-2 공空의 세계: 초월의식의 바다

자료: Story4u, "초월의식과 접속"에서 수정 인용.

먼저, 공空의 세계란 무엇인가?

공空의 세계란 무한의 세계이다. 초월의식과 진여眞如의 바다이다. 그곳은 무한자의 고요가 존재하는 곳이고 창조자의 초월이 존재하는 곳이다. 순수의식이 존재하는 곳이고 무한자의 절대 고요가 머무는 곳이다. 초월과 평화 그리고 깨어있음으로 존재하는 곳이다. 일찍이 노자께서 도道라고 이름 붙였던 곳으로, "도가도 비상도道可道 非常道; 도를 도라고 하는 순간 이미 도가 아니다"이다.

공空의 세계에는 어떻게 접속하는가?

공空의 세계는 판단중지를 통해 접속한다. 현재 내가 가지고 있는 생각, 판단, 느낌에 대한 판단중지를 통해 들어갈 수 있다. 본서에서 강조한 "나는 누구인가?"라는 질문, "몰라, STOP!"이라는 문구 모두가 판단중지를 위한 도구이다.

낮은 계界에서는 높은 계界의 차원을 인지하지 못한다. 1차원에서는 2차원을 인지할 수 없고, 2차원에서는 3차원을 인지할 수 없듯이, 3차원의 인간은 초월계를 인지할 수 없다. 그것은 오로지 판단중지를 통한 깊은 명상을 통해서만 가능하다. 파충류의 뇌로는 포유류의 세계를 이해할 수 없고, 포유류의 뇌로는 영장류의 이성세계를 이해할 수 없다. 같은 논리로, 인간은 초인적인 감각기관의 계발을 통해 깊은 명상에 들어가야만 초월세계에 접속할 수 있다.[19]

그렇다면, 굳이 공空의 세계에 접속해야 할 이유는 있을까?

공空의 세계에 접속하지 않고는 진정한 평화와 행복이 없기 때문이다. 그것은 개체 차원의 인류에게도 그렇고 인류 전체 차원에게도 그렇다. 인류는 그동안 오랜 세월을 살아오면서 많은 데이터가 축적되었다. 이제 인류는 새로운 인류로의 도약이 이루어지는 특이점singularity을 목전에 두고 있다. 진화의 여정 속에서 한때 인류는 대뇌 신피질을 통해 이성을 계발한 시점이 있었다면,[20] 이제는 전두엽前頭葉, frontal lobe의 계발을 통해 새로운 초감각과 윤리의식을 갖춘 신인류로 진화할 시점에 도달했다는 주장과 전망이 나오고 있다.[21]

공空의 세계에 접속한다는 표현은 부분적, 단절적, 분열적 자아로부터 공의 세계, 즉 순수의식의 세계를 회복한다는 의미이다. 순수의식의 세계는 전체적, 통합적, 균형적 자아로서 세상을 균형 잡힌 시각으로 본다. 새로운 휴머니즘에서 말하는 인간의 모습은 더 이상 왜곡되고 분절되며 편파적이어서는 안 된다. 자신의 정체성을 온전히 회복한 인간이어야 한다. 그리하여, "어떤 내적인 분열과 소외에 빠진 인간이 아니며, 편협과 왜곡에서 벗어나 순수한 평화, 전체적 실존을 회복해야 한다."[22]

원래 인간에게는 온전한 정신이 들어왔다. 그것은 분열되지 않은 전체로 연결된 순백의 자아였다. 그것은 정신이었으며 순수 알아차림과 판단기능을 갖춘 지성이었다. 그리고 당연히 동물적 감각이나 욕망과 같은 물질덩어리는 아니었다. 설령 육체의 세포와 도킹되면서 육肉적인 기질과 성향이 발생했다 치더라도혹은 살아가면서 여러 겹의 에고적 자아가 덧씌워 졌다고 하더라도 이제 순수한 존재로서의 인간은 분열된 자아상을 극복하고 전체와 하나로 연결된 정신을 회복해야 하는 것이다.

무엇보다도, 이제는 무엇이 가짜 행복이고 무엇이 진정한 행복인지 깨달을 때가 되었다. 물질세계, 탐진치貪瞋痴, 이기적 욕망으로는 진정한 행복이 오지 않는다는 것은 경험적 데이터로도 충분히 많이 축적되었다.
그럼에도 불구하고 세상 도처에는 아직도 갈등과 투쟁과 욕망으로 인한 불화가 가득 차 있다. 어떻게 하면 되는가?

뚜렷한 답은 없다. 노력할 뿐이다.

먼저, 개인적 차원에서 현대 심리학의 관점에서 마음의 구조를 이해하고 평정심과 순수의식을 찾기 위한 노력을 해야 한다.

무엇보다 리더의 역할이 중요하다. 행복의 알고리즘을 깨달은 선각자들은 개인과 사회를 바른 가르침으로 이끌어야 한다. 미리 고통을 겪어 본 그리고 해탈을 성취한 선각자들은 "내가 고통을 체험해 보니 '탐진치貪瞋痴'의 알고리즘으로는 행복을 얻을 수 없었을 뿐더러 오히려 고통만 가중될 뿐"[23]이었다는 사실을 알려야 한다. 그들은 가슴 차크라가 열리고 송과체가 각성된 존재들이다. 고요하고 영원한 자리, 평화롭고 빛나는 실체로서 송과체松果體, pineal gland가 마침내 완성된 존재들이다.

마지막으로 정책의 역할이다. 국가적 차원에서 그리고 국제적 차원에서 지도자들의 깨어있는 선도적 정책 거버넌스가 필요하다. 클라우스 슈밥Klaus Schwab, 제레미 리프킨Jeremy Rifkin, 유발 하라리 Yuval Harari, 예헤츠켈 드로어Yehezkel Dror 등 많은 선각자들의 외침이 있어왔다. 특히 최근 정책학계의 석학, 예헤츠켈 드로어는 『지도자를 향한 외침: 미래 위험으로부터 인류를 구원하기 위한 비망록 For Rulers: Priming Political Leaders for Saving Humanity from Itself』[24]을 통해 인류가 처한 생태적, 재난적, 전쟁적 위기에 대해 다급한 어조로 경고한 바 있다. 결국, 인류의 기술 문명이 어디를 향하고 있는지에 대한 냉철한 깨달음과 위기의식이 필요하며, 전체 인류 차원에서 깨어있는 정치적 지도자들의 각성覺醒과 집단적 노력Collective action이 절실히 요구되는 시점이다.

본서는 이러한 문제의식을 담고 있다. 개인의 심리적 차원에서는 마음의 구조를 통해 평정심과 순수의식에 대한 이해를 담고 있고, 정책의 거버넌스 차원에서는 리더의 역할, 평정심과 정책학, 4차 산업혁명에 부응하는 정부모형과 정책의 역할 등을 제시하고 있다. 아주 작은 노력이지만, 이러한 노력들이 모여야 할 것이다.

새로운 휴머니즘과 4차 산업혁명

2017년 세계경제포럼다보스포럼에서는 4차 산업혁명의 핵심에 새로운 휴머니즘이 있어야 하며, 이를 실현시키기 위한 전략으로 "소통과 책임의 리더십responsive and responsible leadership"이 필요하다는 주장이 제시되었다.

4차 산업혁명 시대의 정부는 불안감과 좌절감을 느끼는 사람들에 대해 진솔하게 반응하면서 공정하고 지속 성장이 가능한 대안을 제공하는, 책임감을 가진 정부이어야 한다는 것이다. 구체적으로 사회적·경제적 리더들은 물리적인 기술의 진화와 더불어 4가지 지능상황맥락지능, 정서지능, 영감지능, 신체지능을 갖추어야 한다는 점이 강조됐다.

첫째, 상황맥락지능이란 인지한 것을 잘 이해하고 적용하는 능력을 의미한다.

둘째, 정서지능이란 생각과 감정을 정리하고 결합해 자기 자신 및 타인과 관계를 맺는 능력을 말한다.

셋째, 영감지능은 변화를 이끌고 공동의 이익을 꾀하기 위해 개인과 공동의 목적, 신뢰성, 여러 덕목 등을 활용하는 능력을 말하며 그 핵심으로 '공유sharing'에 주목하고 있다.

넷째, 신체지능은 개인에게 닥칠 변화와 구조적 변화에 필요한 에너지를 얻기 위해 자신과 주변의 건강과 행복을 추구하고 유지하는 능력의 중요성을 강조하고 있다.

다보스 포럼의 슈밥Klaus Schwab 회장 역시 4차 산업혁명이라는 혁명적 변화 혹은 더 나은 세계로의 진화는 기술적 혁신이 아닌 새로운 휴머니즘에 있다고 보고 있다. 그에 따르면 앞으로 과학기술이 인간을 넘어서는 위기를 맞을 수 있다. 이러한 현 시점에서 중요한 점은 세계적 지도자 혹은 정부가 갖추어야 할 덕목이 단순한 기술적 역량만이 아니라는 것이다. 그것보다는 오히려 정서적·영적 역량이 더 강조되고 있음에 주목해야 할 것이다.

결론 및 함의

자, 이제 본서에서 논의한 정책학의 평정심에 대해 생각을 정리하면서, 본서를 마무리하기로 하자.

정책학의 평정심 구현: 사유와 방향성

정책학은 정책현상에 대한 과학적 규명과 탐구를 목적으로 하면서 철학적 지향점은 인간의 존엄성이 충실히 구현된 사회의 실현을 목적으로 한다. 여기서 강조하는 '인간의 존엄성', 즉 라스웰 H. Lasswell, 1951이 생각했던 정책학의 완성은, 법률에 근거한 민주주의 정책학이었다. 지덕智德을 강조하며 공동선共同善을 추구하는 동양적 정신관이 아니라, 1951년 당시 서구의 상황에서의 법과 제도적 민주주의에 기초한 인간의 존엄성이었다.

그러나 정책학에서 의미하는 인간의 존엄성이 법률과 제도에만 갇혀있는 것인가? 그건 아닐 것이다. 정책학에서 의미하는 인간의 존엄성은 휴머니즘이라는 정신적 가치를 내포하는 보다 성찰적이고 정이 넘치는 동태적인 개념이 되어야 할 것이다. 현재 인류는 지속적으로 발전하고 있으며, 인간에 대한 이해나 성숙도 역시 증진되고 있다. 또한 4차 산업혁명이라는 거대한 물결 속에서 우리는 급격한 변화를 마주하고 있다. 그렇다면 이제 새로운 휴머니즘의 개념을 정립함에 있어 법과 제도 중심의 '인간의 존엄성'이라는 정책학의 이상理想을 새롭게 고찰해 보아야 한다.

정책학의 완성을 위해서는 '정책학의 성찰성'을 넘어 '정책학의 평정심'까지 인식의 지평이 확장되어야 한다. 즉, 평정심이란 복잡한 사회문제와 다양한 행위자들의 갈등 속에서 성찰성과 함께 추구해야 할 이상이자 지향점인 것이다. 정책학에서 평정심을 유지하는 것은 정책학의 최고 명제인 인간의 존엄성을 실현하기 위해서 꼭 필요한 과제이기도 하다. 이것이 본서가 왜 평정심에 주목하며, 특히 현대 정책학에서 평정심의 가치를 지향해야 하는가에 대해 고민했던 이유이다.

정책학의 평정심 구현: 전략 및 제언

그렇다면 성찰을 중심으로 한 평정심을 정책학에서는 어떻게 접목시키고 실현할 수 있을까? 개인적 차원에서 자아의 깊숙한 내면을 들여다 볼 수 있는 평정심과 국정전반에 걸친 통치의 과학이라 일컫는 정책학을 어떻게 접목해야만 진정한 의미의 인간의 존엄성의 실현이 가능하게 될 것인가?

사실 이는 앞으로 많은 지성이 모여 오랜 시간 동안 이론이 정립되어야만 하는 심도 깊은 주제이다. 다만 이에 대한 단초를 제공하기 위해, 본서에서는 정책학의 평정심을 구현하기 위한 방향성을 다음과 같이 제시하고자 한다.

첫째, 공동체를 성숙한 사회로 이끌어가기 위해서는 리더의 역량이 매우 중요하다. 특히 다양한 역량 가운데 필요한 것이 바로 평정심이다. 이것은 도덕적 정서지능으로 소위 제9의 지능이자, 세계적 교육심리학자 하워드 가드너가 말하는 영성지능실존지능이기도 하다.

리더는 평정심을 통해 다양한 이해관계자들의 마음을 살피고 다양한 사회문제를 본질적으로 해결할 수 있는 열린 마음을 가져야 한다. 이러한 리더의 평정심을 함양하기 위해서는 스스로 평정심을 수양하는 개인적인 방법과 함께 제도적 설계를 통한 교육이라는 사회적 차원의 방법이 있다. 즉, 스스로 평정심을 갖고자 하는 의지와 더불어, 정책적으로 평정심을 키울 수 있는 덕목을 개발할 수 있는 체계적 교육이 필요하다. 체계적인 교육으로 형성된 평정심은 개인의 덕목 형성에서 더 나아가 사회 공동체 전체로의 전이轉移와 확장擴張을 이룰 수 있을 것이다.

현대 교육, 특히 우리나라 교육은 '사람다움'에 대한 교육이 부재하다. 사람이 어떻게 살아야 하고, 사람 노릇을 하려면 어떻게 해야 하는지에 대한 사유가 들어설 틈이 없다. 인문학문학, 역사, 철학을 증진한다고 하나 흉내내기에 불과하다. 당장 부모부터 문사철文史哲을 공부하면 굶는다고 막는 실정이다. 인성을 개발하고 지원해 삶 자체가 소중하다는 것을 일깨워야 하지만 개인이 할 수 있는 수준을 이미 넘어 섰다.[25] 국가가 나서야 한다. 국가 정책이 아니고서는 사람들에게 그 힘이 미치지 않기에 보다 체계적인 교육철학에 기초한 교육정책의 실질적 구현이 필요하다.

둘째, 평정심을 함양하기 위한 교육은 제도적으로 지식과 정서, 윤리실천 교육을 포괄해야 한다. 전통적인 덕목 위주의 예절교육에 그쳐서는 안 된다. 개인의 내면을 깊이 있게 성찰하는 평정심의 수양을 위해 타인에 대한 배려, 공공의식, 준법정신 등의 교육과정들이 종합적으로 설계되어야 한다. 즉, 종합적 인성 교육이어야 한다. 이와 같은 교육을 통한 평정심의 향상은 개인의 평정심과 사회적 책무의식을 요구하는 사회윤리를 향상시킴으로써 공동체의 지知·정情·의意를 조화롭게 완성시킬 것이다.

셋째, 정책학에서 평정심을 구현하기 위해서는 정직하고 사심私心없는 자세가 필요하고, 우리의 정책학을 스스로 온전히 돌아보는 성찰의 시간이 필요하다.

국제질서와 과학기술의 급격한 변화에 직면한 지금 새로운 정책과 기술을 무조건적으로 수용하는 것이 과연 옳은 것일까? 서구사회의 정책 방향과 기술을 벤치마킹하되, 그들의 발자취를 단순 모방할 게 아니라 우리가 가지고 있는 고유한 DNA에 천착할 필요는 없는 것일까?

동양학문은 예로부터 서양과 달리 지덕知德이 모든 부분에 내포되어 있다. 화중생련花中生蓮을 기억하자. 이는 활활 타는 불길 속에서 청초하고 아름다운 꽃을 피워내는, 동적으로 살아있는 "실사구시의 연꽃정신"을 의미한다. 혼란스러운 상황 속에서도 우리의 발자취를 다시금 되새기면서 나아갈 길을 개척하는 회고와 성찰의 과정이 필요하며, 이는 정책학에 있어서도 평정심의 내재화에 한 걸음 더 다가설 수 있게 해줄 것이다.

마지막으로, 정책 전반의 과정에서 평정심의 내재화가 필요하다. 현대사회에 등장하는 정책문제는 복잡하고 거대한 구조를 가졌기에 문제의 근본을 파악하는 내면적 성찰과 평정심이 요구된다. 특히 정책을 형성하고 집행하는 과정 속에서 다양한 이해관계가 얽혀 갈등이 심화되고, 정책의 편향偏向 현상이 일어나고 있다. 한 쪽에 치우친 정책형성 및 결정은 만족스럽지 못한 정책결과를 가져온다. 그 갈등을 형성한 자가 인간이고, 그 인간들이 모여 또 다른 갈등을 낳는다.

갈등 해결의 열쇠는 독선獨善과 아집我執이 아니다. 평정심을 통한 초연함과 공평무사公平無私, 그리고 갈등의 본질을 찾고자 하는 힘力이다. 하지만 최근에는 눈에 보이는 물질적인 성과만을 좇는다. 가시적인 성과만을 중시하여 정책의 산출물에만 집착하고 있다. 정책의 계량화 및 과학화는 이미 객관성, 투명성, 신뢰를 넘어 하나의 독단적인 권위權威와 도그마dogma로 고착되고 있다.

비가시적인 영역으로 성찰성과 평정심에 대한 우리 사회의 진지한 고민과 담론은 배제되고 있다. 따라서 더 늦기 전에 정책학이 근본적으로 지향하는 인간의 존엄성이라는 이상적 가치에 비추어 성찰성과 평정심에 대한 본질적 고찰이 필요하다.

4차 산업혁명을 위시한 현대 사회의 모든 갈등과 문제들은 점점 더 불확실하고 복잡해지고 있다VUCA: Volatility, Uncertainty, Complexity, Ambiguity. 정책 전문가들의 독단적 사유나 분석만으로는 평화로운 해법이 될 수 없다. 평정심을 기반으로 다양한 사회 각층의 사람들이 모여 오랜 시간 함께 고민하는 과정이 제도적으로 필요하다. 가령, 남아공의 몽플레Montflair 프로젝트에서 보여준 시나리오 씽킹 플래닝Scenario Thinking Planning 이나 우리나라 신고리 5, 6호기 공론화

과정에서 보여준 숙의민주주의가 좋은 성공 사례이다. 이는 비록 시간이 지체되거나, 조금 더딘 과정이 될 수 있지만, 결국 더 큰 지혜로 이어져서 정책성공까지 이르게 되는 것이다.

현대 사회의 문제의 본질을 보다 깊이 있게 꿰뚫어 볼 수 있고, 외부환경에 흔들리지 않는 평정심에 기초한 합의와 공론의 장이 필요하다.

또한, '보이지 않는 가치'에 대한 보다 깊은 철학적 탐구가 필요하고, 이를 정책과정에 녹여내는 실천적 노력이 필요하다. 그럴 때 우리는 평정심의 정책학 실현에 한 걸음 다가설 수 있을 것이다.

에필로그

본서는 과학과 철학의 융합이라는 거대 담론을 다루면서 정책학의 지혜에 대해 탐구하였다. 특히 평정심이라는 주제에 대해 천착하였는데, 현대는 매우 불안한 시대이므로 변동성과 불확실성 속에서 <평정심>이라는 주제에 주목할 필요가 있다고 보았기 때문이다.

그리스 스토아철학, 불교철학, 유교철학, 인도철학 등에서 다루고 있는 평정심이라는 주제를 살펴보고, 평정심에 도달하는 기법들에 대해서 논의해 보았다. 이는 동서양의 만남이기도 하다. 고대와 현대, 동양과 서양 할 것 없이 인생을 살아가는 인간의 도리와 목적은 자신의 주체를 발견하고, 자신의 내면에 존재하는 평정심을 확고히 하는 한편 더 큰 미덕을 발전시키는 것이었다.

본서에서 특히 집중한 단어는 <마음의 근원>이다. 진여의 자리, 내면의 중심과도 동일한 표현인 이 단어는, 생각, 감정, 느낌, 의지들이 발생하기 이전의 의식 상태를 지칭하였다. 켄 윌버Ken Wilber 의 표현대로라면, 우리 의식의 층위는 생각, 감정, 느낌, 의지 등이 있고, 그 맨 안에 내면의 중심, <마음의 근원>이 있을 터였다. 라마나 마하리쉬는 이를 '진아眞我의 빛'이라고 불렀다. 한 생각이 발생할 때마다, 한 상태가 펼쳐질 때마다, "이게 뭐지?" 혹은 "나는 누구인가?"를 탐구하라고 하였다. 이 생각이, 이 감정 상태가 어디서 나왔지 탐구해 들어가 보면 결국 내면의 중심자리라는 것이다. 그것이 <마음의 근원>이다.

이 자리의 특성은 먼저 고요하다는 것이다. 그리고 텅 비었다. 그런데 전체적으로 깨어있고 알아차리고 있다. 또한 평화롭다. 늘 평화로우며 안락하고 영원하다. 태어남도 없고 죽음도 없으며, 이름도 소리도 형상도 모두 초월한 곳이다. 그리하여 의식 상태에 접속하면 늘 평화롭고 고요함이 흐른다. '알아차림'의 상태로 순수하게 존재하는 영원불멸의 자리이다.

이 자리는 지칭하는 용어도 많아 동서양 철학의 각 학파마다 다르게 불렀다. 먼저 그리스 스토아 철학에서는 이데아IDEA라고 부르고, 이곳에 접속한 평화로운 의식 상태를 고요하고 단단한 마음, <평정심>이라고 불렀다. 기독교에서는 신성, 하나님의 자리I AMness, 진리의 영이라고 불렀다. 불교에서는 불성, 법신불의 자리, 진여심참마음, 참성품, 참나, 일심이라고 부르고, 이곳에 이른 의식 상태를 열반 혹은 해탈이라고 불렀다.26

또한, 유교에서는 천리, 천명이라고 부르고, 이 자리에 이르는 길을 도道라고 불렀다天命之爲道. 힌두교인도철학에서는 브라흐만이라고 부르고, 붓디이성, 지성를 활용하여 내면의 아트만에 이르면 영원하고 불변하는 자아에 도달할 수 있다고 했다. 이곳은 소리도 없고 형상도 없는 곳이니, 혹자는 '침묵의 소리'라고 부르고, 또 다른 이는 '운명의 바람소리'라고 지칭했다.

인류문명이 발전하고 인간의식이 진보하면서 이제 '깨달음'도 신비의 영역이라기보다는 하나의 과학적 현상이 되었다. 현상과 본질에 대한 정확한 이해와 인과관계에 따른 노력이 뒷받침되면 결과는 이루어지는 것이다. 물론 실천적 노력과 수행에 따른 직접적 체험이 필요하다. 가령, 켄 윌버2016: 23 역시 동일한 견해를 피력했는데, 그에게 있어 신뢰할 수 있는 영성이란 "의식 내면의 뚜렷한 변화"를 동반하는 것이었다.[27] 또한 그것은 인간 의식의 일정한 패턴에 대한 뇌 과학, 양자역학 그리고 심리학적 변화를 동반하는 현상이었다.[28]

AI, 로봇, 스마트 기술 등으로 대변되는 4차 산업혁명 물결의 파고가 높아지면서 인간의 존엄성과 휴머니즘이 인류의 물질문명을 선도해 나갈 필요성이 커지고 있는 지금, 정책학은 동서양 고전에 대한 정확한 이해를 바탕으로 정책철학을 정립할 필요가 있다. 특히 정책학이 인간의 존엄성을 실현하고자 하는 학문이라는 점에서 본다면 인간에 대한 이해, 그리고 인간의 본성에 대한 이해가 필수적일 것이다. 이를 바탕으로 보다 높은 수준의 과학과 지성의 장이 펼쳐질 필요가 있을 것이다.

인간을 육체, 마음, 영혼을 갖춘 영적 실재로 파악했을 때, 새로운 휴머니즘에 대한 철학적 방향은 분명해진다. 인간이 지닌 생물학적 자아와 함께 영적 자아에 대한 탐구를 놓치지 않을 때 인간 존재에 대한 실존적 토대가 더욱 견고해진다. 이는 다가오는 4차, 혹은 그 이후의 첨단과학기술 문명 속에서도, 인간이 진정한 '사람중심'과 '휴머니즘'을 잃지 않도록 도와줄 것이다. 그래야만 인간의 존엄성과 새로운 휴머니즘이라는 철학적 토대의 정초定礎가 마련될 것이다.

　마지막으로, 이 작은 책자가 정책학의 인식적 지평을 확장하는 데 조금이라도 도움이 되었으면 하는 바람을 가지면서 글을 맺는다.

참고문헌

국내문헌

[단행본]

권기헌. (2007). 『정책학의 논리』. 박영사.

권기헌. (2010). 『정책분석론』. 박영사.

권기헌. (2012). 『정의로운 국가란 무엇인가』. 박영사.

권기헌. (2013). 『행정학 콘서트』. 박영사.

권기헌. (2014). 『정책학 강의』. 박영사.

권기헌. (2017). 『정부혁명 4.0 따뜻한 공동체, 스마트한 국가』. 행복한 에너지.

권기헌. (2018). 『정책학 콘서트』. 박영사.

권기헌. (2018). 『정책학의 향연』. 박영사.

니체. (2007). 『인생론 에세이: 어떻게 살 것인가』. 이동진 역. 해누리.

닉레인. (2009). 『미토콘드리아: 박테리아에서 인간으로, 진화의 숨은 지배자』. 김정은 역. 뿌리와 이파리.

디팩 초프라. (2014). 『마음의 기적』. 도솔 역. 황금부엉이.

랄프 왈도 에머슨. (2016). 『세상의 중심에 너 홀로 서라』. 강형심 역. 씽크뱅크.

로마노 과르디니. (2016). 『삶과 나이: 완성된 삶을 위하여』. 김태환 역. 문학과지성사.

로맹 롤랑. (2006). 『라마크리슈나』. 박임·박종택 역. 정신세계사.

뤽 페리. (2015). 『철학으로 묻고 삶으로 답하라』. 성귀수 역. 책읽는 수요일.

마틴 셀리그만. (2014). 『긍정심리학』. 김인자 옮김. 물푸페.

박찬국. (2017). 『초인수업: 나를 넘어 나를 만나다』. 21세기북스.

백완기. (2005).『한국 행정학 50년』. 나남.

사이토 다카시. (2015).『혼자 있는 시간의 힘』. 장은주 역. 위즈덤하우스.

소걀 린포체. (1999).『티베트의 지혜』. 오진탁 역. 민음사.

아담 카헤인. (2008).『통합의 리더십: 열린 대화로 새로운 현실을 창
　　조하는 미래형 문제해결법』. 류가미 역. 에이지21.

아담 카헤인. (2010).『포용의 리더십: 미래를 바꾸기 위해 진정 우리에
　　게 필요한 것은 무엇인가?』. 강혜정 역. 에이지21.

아보 토오루, 후나세 순스케, 기준성. (2010).『신면역혁명』. 박주영 역.
　　중앙생활사.

윌리엄 어빈. (2012).『직언: 죽은 철학자들의 살아 있는 쓴소리』. 박여
　　진 역. 토네이도.

윤홍식. (2015).『논어: 양심을 밝히는 길』. 정당인 역. 살림.

이소윤·이진주. (2015).『9번째 지능: 같은 재능, 전혀 다른 삶의 차이』.
　　청림출판.

정창영. (2000).『도덕경』. 시공사.

정창영. (2000).『바가바드 기타』. 시공사.

조앤 치티스터. (2013).『무엇을 위해 아침에 일어나는가: 인생 오랜 질
　　문들에 세상의 모든 지혜가 답하다』. 한정은 역. 판미동.

칙센트 미하이. (2003).『몰입의 기술』. 이삼출 역 서울: 더불어.

칙센트 미하이. (2004).『Flow』. 최인수 역. 서울: 한울림.

칙센트 미하이. (2006).『몰입의 경영』. 심현식 역. 서울: 황금가지.

칙센트 미하이. (2006)『몰입의 경영』. 심현식 옮김. 민음인.

칙센트 미하이. (2009).『자기진화를 위한 몰입의 재발견』. 김우열 역.
　　서울: 한국경제신문.

톰 스톤. (2010).『평정심』정채현 역. 아시아코치센터.

하워드 가드너. (2007).『다중지능』. 문용린·유경재 역. 웅진지식하우스.

한나 아렌트. (2006).『전체주의의 기원』. 이진우·박미애 옮김. 한길사.

헨리 데이빗 소로우. (2017). 『월든』. 박연옥 역. 위즈덤 하우스.

[논문]

김명희·김영천. (1998). "다중지능이론: 그 기본 전제와 시사점", 한국 교육과정학회, 「교육과정연구」16권(1): 299-330.

김미헌. (2015). "아들러의 개인심리학에 근거한 집단상담 프로그램의 효과 : 고등학생의 우울감소 및 희망고취를 중심으로". 강원대학교 교육학석사학위 논문.

김임순·김성훈. (2015). "교육학: 가드너의 다중지능이론이 교육에 주는 함의", 「인문학연구」, 49, 395-422.

문상호·권기헌. (2009). "한국 정책학의 이상과 도전. 「한국정책학회보」. 18(1): 1-27.

박민철. (2007). "The Life and Work of Sigmund Freud 프로이트의 삶과 업적", 「한국정신분석학회지」18권 1호:3-11.

박병준. (2014). "한나 아렌트의 인간관-[인간의 조건] 에 대한 철학적 인간학적 탐구". 「철학논집」, 38(단일호): 9-38.

송석재. (1996). "프로이트의 도덕발달 이론에 관한 고찰", 한국교원대 학교 대학원 석사학위논문.

오홍명. (2015). "열등감에 관하여", 「철학과 현상학 연구」, 제 67집, 67-105.

이영재. (1997). "다중지능이론의 교육학적 의의", 한국발달장애학회, 「발달장애학회지」제1호, 135-148.

이재정. (2014). "정치인과 거짓말: 그들은 왜 거짓말을 하는가?", 「한국정치연구」, 23(3): 1-27.

임의영, 고혁근, & 박진효. (2014). "한나 아렌트 (Hannah Arendt) 의 공공영역과 행정". 「정부학연구」, 20(3): 71-100.

임의영. (2014). "공공성의 인간적 토대와 행정", 「사회과학연구」, 제 54집 제 2호, 217-248.

전은정. (2017). "『빌리버드』에 나타난 자기 이해와 사회적 연대". 성균
　　관대학교 석사학위 논문.
홍성기. (2007). "우리는 얼마나 전체주의에 가까운가?", 시대정신, 34호
　　(봄).

[보고서 및 기타]
권기헌 외. (2015a). 「정부 3.0을 통한 공공가치 실현방안 연구」. 행정
　　자치부 정책연구보고서.
정민. (2017). "2017년 다보스 포럼의 주요 내용과 시사점: 소통과 책
　　임의 리더십이 필요". 현대경제연구원 보고서. 17(2): 1-13.
경향신문. (2016). "'공적 가치' 실현 위한 행위 탐구…인간과 정치에
　　새 가교를 놓다.", 3월 31일.
경향신문. (2017). "[신고리 원전 건설 재개] 첫 숙의민주주의 경로가
　　도출…'갈등조절 모델'로 자리잡나".10월.20일.
채널예쓰. (2015). "좋아요 대신 미움받을 용기 택할 것", 3월 17일
한겨레. (2017). "4차 산업혁명 어떻게 준비해야 하나?", 3월 2일.
허프포스트코리아. (2015). "휴가보다 일이 더 행복해? '일의 역설'은
　　왜 생기나". 7월 29일.

국외문헌 ───────────────────────────────

Arendt, Hannah. (1951). The origins of totalitarianism. Harcourt
　　Brace And Company New York.
Arendt, Hannah. (1958). The Human Condition. Chicago: The
　　University of Chicago Press, 1958.
Arendt, Hannah. (1968). Between Past and Future. New York: The
　　Viking Press, 1968.
Bradford, A. (2016, May 12). Sigmund Freud: Life, Work &

Theories.

Calvin S. Hall and Gardner Lindzey. (1980) Theories of Personality.

Einstein, A. & Freud, S. (1991). Why war? Redding, CA: CAT Pub. Co.

Freud, S. (1918). Reflections on war and death. New York: Moffat, Yard.

Jaworski, Joseph & Flowers, Betty S. (1998). 『Synchronicity: The Inner Path of Leadership The Inner Path of Leadership』. Berrett-Koehler Publishers.

Kelly, G., Mulgan, G., & Muers, S. (2002). 『Creating Public Value: An analytical framework for public service reform』. London: Strategy Unit, Cabinet Office.

Lasswell. (1951). The Policy Orientation. H.D. Lasswell and D. Lerner(eds.). Policy Science, Stanford Uni, Press, 3-15.

Scheier MF, Carver CS. A model of behavioral self-regulation: Translating intention into action. In: Berkowitz L, editor. Advances in Experimental Social Psychology. Vol. 21. San Diego, California: Academic Press; 1988. pp. 303-346.

World Economic Forum(Global Agenda Council). (2012). 『Future of Government-Fast and Curious』. World Economic Forum, REF 280812.

찾아보기

미주

프롤로그

1 조앤 치티스터. (2013).『무엇을 위해 아침에 일어나는가: 인생 오랜 질문들에 세상의 모든 지혜가 답하다』. 한정은 옮김. 판미동. p.273.

2 조앤 치티스터, 전게서, p.288.

3 조앤 치티스터, 전게서, p.269.

PART I

1 아보 도오루, 후나세 슌스케, 기준성. (2010).『신면역혁명』. 박주영 옮김. 중앙생활사 p.56~58.

2 닉 레인. (2009).『미토콘드리아: 박테리아에서 인간으로, 진화의 숨은 지배자』. 김정은 옮김. 뿌리와 이파리. p.15~49.

3 아보 도오루, 후나세 슌스케, 기준성. (2010).『신면역혁명』. 박주영 옮김. 중앙생활사. p.55~58.

4 평정심은 사실 우리 본성의 특성이다. 본성의 특성에는 여러 개가 있는데 그 대표적인 것이 평정심이다. 이러한 평정심은 상락아정(常樂我淨)의 특성을 갖는다.

5 에픽테토스. (2014).『자유와 행복에 이르는 삶의 기술』. 강분석 옮김. 사람과 책.

6 헨리 데이빗 소로우. (2017).『월든』. 박연옥 옮김. 위즈덤 하우스.

7 헨리 데이빗 소로우, 전게서.

8 엄밀하게 말하면 이데아는 현상계에 대비되는 초월계(절대계)를 의미한다. 이데아는 본질, 진리이며, 현상계는 그 그림자 혹은 현상에 지나지 않는다. 로고스는 이러한 이데아에서 구현되는 신의 법칙, 우주의 법칙을 말하는데 이러한 로고스는 당연히 인간에게도 적용된다. 여기서 중요한 점은, 인간에게는 신적

인 이성(신성, 로고스)이 부여되어 있다는 것이며, 인간은 자기에게 부여된 이성으로 신성을 발현시켜 나가야 한다는 점이다. 다시 말해, 인간의 이성을 통해 우주의 법칙을 탐구해 나가며, 이를 자신의 내면에 체화시켜 나가는 삶이 최고로 고귀한 인생인 것이다. 이것이 인생이 목적론이다.

9 윌리엄 어빈. 『직언: 죽은 철학자들의 살아 있는 쓴소리』. 박여진 옮김. 토네이도. p.49.

10 윌리엄 어빈, 전게서. p.49.

11 윌리엄 어빈, 전게서. p.52.

12 윌리엄 어빈, 전게서. p.53.

13 윌리엄 어빈, 전게서. p.49.

14 윌리엄 어빈, 전게서. p.17.

15 열반을 실체로 보는 것에 대한 거부감을 가진 학설이 있으나 여기에서는 논외로 한다. 오온이 무상 고 무아임을 절실하게 깨달으면 그 결과로서 오는 평온의 상태가 열반이지 달리 열반을 불변의 실체로 본다면 상견의 오류에 빠지며 열반을 힌두교의 아트만(참나, 진아)로 보는 것과 유사하다는 것에 대한 부담감(문제점)에 대한 지적이다. 여기에서는 학설을 논하는 자리는 아니므로 견해를 이 정도로 소개만 해두고자 한다.

16 윤홍식. (2014). 『내 안의 창조성을 깨우는 몰입』. 봉황동래.

17 정창영. (2000). 『바가바드 기타』. 시공사. p.262-263, 272.

18 정창영. (2000). 『도덕경』. 시공사. p.263.

19 정창영. (2000). 『도덕경』. 시공사. p.265.

20 소걀 린포체. (1999). 『티베트의 지혜』. 오진탁 옮김. 민음사. p.89

21 소걀 린포체, 전게서.

22 소걀 린포체, 전게서.

23 정창영. (2000). 『바가바드 기타』. 시공사. p.263-264.

24 소걀 린포체. (1999). 『티베트의 지혜』. 오진탁 옮김. 민음사. p.94-95.

25 김태형. (2014). 『싸우는 심리학: Erich Fromm 인간의 시대』. 서해문집, p.90-91; Story4u, "마음의 정화(인격개조)?"에서 인용.

26 톰 스톤. (2010). 『평정심』 정채현 옮김. 아시아코치센터. p.215.

27 양자장이라고도 부른다. 톰 스톤. (2010). 『평정심』 정채현 옮김. 아시아코치터. p.169.

28 톰 스톤, 전게서. p.214.

29 윤홍식. (2014). 『내 안의 창조성을 깨우는 몰입』. 봉황동래; 이 명상기법은 윤홍식 선생이 지도하는 홍익학당에서 자주 사용하는 수행기법이다; 이 수행기법의 최초의 출처는 보조국사 지눌 스님의 '단지불회(但知不會) 시즉견성(是卽見性)'이라는 문구에 있다. 단지 모르는 줄만 알면 바로 견성할 수 있다는 뜻이다. 근래에 와서 숭산 스님은 "오직 모를 뿐" 수행기법을 전 세계 제자들에게 지도하여 선풍을 일으킨 바 있다. 또한 화엄경의 대가였던 탄허 스님도 자주 언급하곤 했다. "성인의 공부는 모르는 공부에 있다. 아는 공부는 대상과 지식의 공부이다. 하지만 진짜 공부는 생각 이전의 공부, 즉 일념진여(一念眞如)의 자리, '모르는 공부'에 있다." 이것은 또한 무분별지의 중요성을 강조한 것이기도 하다.

30 이 양자적 에너지는 생명에너지에 해당한다. 또한 창조에너지이다. 수행을 통해 관념이 벗어지면서 몸에 경락이 풀리는데, 특히 하단전이 계발되면서 단전에서 뜨거운 생명에너지가 근원 에너지로서 작용한다. 생명에너지 즉, 쿤달리니 에너지를 의미한다. 또한, 관념이 벗어진다는 말의 의미는 자신의 생각과 관념을 정지시켜주는 수행을 통해 에고의 고정관념과 집착이 벗어지면서 내면의 순수함과 고요함을 회복한다는 뜻이다. 단전의 뜨거운 에너지가 온 몸을 돌면서 아픈 데와 막힌 데를 먼저 치유해 주면서 강력한 면역력이 생긴다. 또한 성 에너지가 활성화되기도 한다. 하지만 이것은 일시적 현상으로서 사람에 따라서 다르지만 일주일 정도 지나면 정착된다. 결국 정신의 고요함과 평화로움으로 귀결된다. 수행의 과보를 몸의 현상으로 설명하는 데에는 한계가 있기 때문이다. 육체적 현상이나 체험은 나타났다가 사라진다. 시작이 있다면 반드시 끝이 있는 것이다. 항상 존재하고 있는 의식을 깨달았을 때에만 그 깨달음이 영원하며, 그 의식은 언제나 우리 내면에 진정으로 존재하고 있는 것이다.

31 켄 윌버. (2016). 『켄 윌버의 통합심리학』 조옥경 옮김. 학지사. p.23-24, 20.

32 로버트 란자, 밥 버먼. (2018). 『바이오센트리즘: 왜 과학은 생명과 의식을 설명하지 못하는가?』. 박세연 옮김. 예문아카이브.

33 가령, 평정심과 같은 책을 탐독하면서 그곳에 소개된 평정심의 심리기술에 대해서 연습해 보자. 다음에 소개하는 책은 매우 정리가 잘된 훌륭한 책으로서 참고할 가치가 크다. 톰 스톤. (1999). 『평정심』. 정채현 옮김. 아시아코치센터. p.124-127.

34 맨리 P. 홀. (2017). 『별자리 심리학』. 윤민+이강혜 옮김. Yoon&Lee, p.61.

35 윤홍식. (2014). 『내 안의 창조성을 깨우는 몰입』. 봉황동래.

36 근원적(본원적) 마음은 우리의 본래 마음이며 마음의 청정한 본성(진여심)이라고 할 수 있다. 여기에서 일상적(개체적) 마음이 탄생하는데, 생각, 감정, 느낌 등으로 나타난다. 모든 일상적 마음이 잘못된 것은 아니지만, 부정적 경험을 하게 되면 억눌린 감정이나 느낌이 잠재의식에 쌓이게 된다. 이러한 잘못된 업식(業識)은 우리의 청정한 본성을 왜곡시키는데, 이렇게 잘못된 모습으로 나타나는 마음을 가짜마음, 거짓마음, 망심, 가아, 에고마음(생멸심)이라고 부른다. 여기에 비해 우리의 근원적 마음을 청정한 본성, 진여심, 본래마음, 진심, 진아, 참나, 참마음, 초의식, 깨어있는 마음 등으로 부른다.

37 마음의 주변부에서 곧장 바로 자신의 근원(根源)으로 들어가는 것을 몰입이라고 한다. 몰입에는 '나'에 대한 몰입과 '대상'에 대한 몰입이 있다. 앞에서 말한 몰입은 전자, 그러니까 '나'라는 근원을 바로 찾으라는 것을 말하며, 불교에서는 이것을 최상승선(禪)이라고 부른다. 라마나 마하리쉬의 ≪자아탐구법≫ 역시 이러한 방법을 권한다. 주체와 대상이 분리되기 이전의 '나'의 근원을 탐구하라는 것이다. 직지인심(直指人心) 견성성불(見性成佛)의 가르침이기도 하다. 보통은 그것이 안 되니까 사물이나 대상에 대한 몰입을 먼저 해 보라고 한다. 화두선 혹은 간화선 역시도 화두라는 매개를 통해 나의 근원으로 들어가는 방편을 취한다. 한편, 흥미롭게도, 톨스토이 역시 '대상'에 대한 몰입을 말한바 있다. '대상'에 대한 몰입이 궁극적으로는 '나'에 대한 몰입으로 이어진다는 것이다. 가령, 그의 작품, ≪안나 카레니나≫에서 레빈이 농부들과 함께 혼연일체가 되어 풀베기에 몰두하는 장면이 나온다. 젊은이와 노인 사이에서 풀베기에 몰입하던 그는 자아의 가장 깊은 곳까지 들어가게 된다. 이러한 몰

입의 체험을 통해 자아 해방감을 느끼며 최상의 기쁨과 행복을 맛보게 된다. 또한 지주라는 신분의 우월감에 머물지 않고 농부들과의 교감(공감과 소통)에서 오는 행복감도 느꼈다. 톨스토이가 여기서 전하고자 하는 핵심 메시지는 '성장'이었다. "몰입 → 자아해방감 → 세상과의 교감"이라는 구도를 통해 인간은 성장하며, 그러한 성장을 통해 기쁨과 행복을 얻게 된다는 것이다. 그리고 그것이 인생의 궁극적 목적이라는 것이다. 이와 같은, '나'에 대한 몰입과 '대상'에 대한 몰입, 그리고 톨스토이가 강조하는 '성장'이라는 주제에 대해서도 한번 참조해 보기 바란다. 다만, 한 가지 분명한 것은, 톨스토이의 '성장'도, 니체의 '초월'도, 에리히 프롬의 '자유'도, 혹은 도스토예프스키의 '자유'라는 주제도 모두 '나'라는 내면의 근원에 대한 탐구 없이는 도달할 수 없다는 점이다. 이처럼, 자아탐구를 통해 <마음의 근원>에 이르는 것은 인간 완성의 출발점이기도 하고 종착역이기도 한 것이다.

38 한형조·권오영·최진덕·이창일·이동희. (2010).『심경: 주자학의 마음훈련 매뉴얼』. 한국학중앙연구원출판부, p.171.

39 정순목. (2011).『퇴계평전』. 지식산업사. p.176.

40 한형조·이창일·이숙인·이동희·최진덕, 전게서. p.82.

41 한형조·이창일·이숙인·이동희·최진덕, 전게서. p.82-83.

42 한형조·이창일·이숙인·이동희·최진덕, 전게서. p.83

43 한형조·이창일·이숙인·이동희·최진덕, 전게서. p.140.

44 한형조·이창일·이숙인·이동희·최진덕, 전게서. p.141.

45 맨리 P. 홀. (2017).『별자리 심리학』. 윤민＋이강혜 옮김. Yoon&Lee, p.49, 113-114.

46 러셀 커크. (2018).『보수의 정신: 버크에서 엘리엇까지』이재학 옮김. 지식노마드. p.80-83.

47 이해영, "정책사상에서 정책의 선(善)의 개념에 관한 논의"『국정관리연구』. p.8-9.

PART II

1 전제남. (2018). 『참 나: True Self』. 제세. p.89.

2 전제남, 전게서, p.86-87, 89.

3 보고 듣고 냄새 맡고 맛보고 촉감을 느끼고 판단하는 여섯 가지 우리 육체기관의 작용, 안근 이근 비근 설근 신근 의근을 통칭하여 육근이라 한다.

4 세존영화의 깊고 신묘한 진리의 가르침이다. 이를 의상조사의 법성게에서는 이렇게 노래하고 있다. 진성심심극미묘 불수자성수연성眞性甚深極微妙 不守自性隨緣成. 우리의 참성품(청정한 본성)은 한없이 깊고 신비롭고 묘하여 한시도 고정되어 있지 않으며 인연과 상황에 맞게 이룰 뿐이다.

5 영명연수대사, 『돈교오위문』; 황정원. (2015). 『우리말 능엄경』. 운주사.

6 능엄경은 다음과 같이 표현한다. 보리열반(菩提涅槃) 원청정체(元淸淨體) 상주진심(常住眞心) 성정명체(性淨明體). 우리 마음의 진심(眞心)인 보리열반의 자리야말로 맑고 깨끗한 순수의식의 결정체이니, 청정심(淸淨心)이야말로 영원하고 불변한 우리의 참 성품 자리로다. 그리고 이는 참으로 맑고 밝은 광명체로 지금 이 순간도 빛나고 있구나!

7 황정원, 전게서.

8 견해가 다른 이유는 분석의 차원에 따른 것이다. 개체에 중심을 둘 것인가, 정신이나 마음에 둘 것인가, 전체의식에 둘 것인가 등에 따라 달라진다.

9 전제남. (2018). 『참 나: True Self』. 제세. p.89.

10 전제남, 전게서, p.97.

11 전제남, 전게서, p.89.

12 전제남, 전게서, p.86, 88-89.

13 전제남, 전게서, p.87.

14 전제남, 전게서, p.86-87, 89.

15 뤽 페리. (2015). 『철학으로 묻고 삶으로 답하라』. 성귀수 옮김. 책 읽는 수요일. p.335.

16 김상운. (2016). 『왓칭²』. 정신세계사, 189쪽.

17 또한 양극단의 스펙트럼도 정해진다. 가령 태양빛은 하나이나 파동에 따라 자외선과 적외선의 양극단으로 나뉘듯이, 감정은 하나이나 파동에 따라 기쁨과 슬픔의 양극단으로 나눠지는 것이다.

18 붓다는 욕계, 색계, 무색계 등으로 삼계의 차원을 나눈 바 있다. 인간의 욕망으로 이루어진 욕계에서 욕망이 옅어지면서 빛으로 이루어진 색계에 진입한다. 그리고 더 나아가면 육체와 형상이 없지만 정신 작용으로만 이루어진 무색계에 들어간다. 깨달음을 완성하여 부처를 이루면 삼계를 초월한다고 주장했다.

19 이 장에서 논의되는 자아의 열림, 인간의식의 구조, 불교의 유식이론, 참나의 의식상태 등은 졸저, 『정책학콘서트』 『정책학의 향연』 (박영사, 2018)을 수정·보완하였음.

20 여기서 신령스러운 의식이란 본질적으로 알아차림이다. 이 알아차림이 붓디이다. 이 내밀한 붓디의 능력이 제8 아뢰야식, 제9 청정심의 본체이다. 다시 말해, 원인체는 신성한 의식과 이를 둘러싸고 있는 개체성(마나스)로 이루어져 있고 신성한 의식은 제8식과 제9식으로 세분되며, 개체성(마나스)는 제7식(말나식)으로 세분된다. 이러한 논의와의 연결을 유식이론 관점에서 고찰하기 위해서는 본서의 앞에서 논의한 마음의 구조: 청정한 본성은 어디에 있는가?를 보라.

21 육체에 들어오기 전 인간은 창조주의 근원 질료로 이루어진 의식이었다. 의식을 지닌 입자로서 모나드MONAD(Turiyatma)라고 불린다. 모나드는 초월계의 현상이다. 모나드가 영적 입자로서 원인체(causal body)를 입으며 인간의 개체적 자아로 탄생하는 자세한 메커니즘에 대해서는 뒤의 인간의 본질적 구성, 인간의 영적 탄생, 생명근원의 내용: 생명 탄생의 메커니즘 등을 참조하기 바람. 또한, Story4u, "욕망 카르마 해탈"에서 참조하기 바람.

22 Story4u, "참나찾기"에서 수정 인용.

23 세명의 입문자. (2014). 『헤르메스 가르침: 키발리온』. 김태항 옮김. 하모니.

24 헤르메스 7대 원리을 구체적으로 살펴보면 다음과 같다. 세명의 입문자. (2014). 『헤르메스 가르침: 키발리온』. 김태항 옮김. 하모니에서 인용.

1. 유심론의 원리

   "디올THE ALL은 마음이고 우주는 마음작용mental이다."

   "만물이 디올 안에 있지만 디올이 만물 안에 있기도 하다ALL in ALL. 이것을 진실로 이해하는 사람에게 위대한 지식이 다가온다."

2. 상응의 원리

   "위와 같이 그렇게 아래는 같고, 아래와 같이 그렇게 위는 같다"

3. 진동의 원리

   "현 상태에 머무는 것은 아무것도 없다. 모든 것은 움직이고 진동한다."

4. 극성의 원리

   "모든 것은 이중적이다. 모든 것은 극성을 지니고 있고 서로 반대되는 쌍이 있다. 같음과 다름은 동일하고 반대되는 것은 속성상 같으나 그 정도에 있어서 다르며 양극단은 만난다. 모든 진리는 반만이 진리이다. 모든 역설을 조화롭게 조정될 수 있다."

5. 리듬의 원리

   "모든 것은 들어오고 나가는 움직임이 있고 상하 움직임이 있다. 이처럼 모든 것에는 각자 나름의 흐름이 있다. 모든 것에서는 추의 움직임이 나타나고 오른쪽으로 움직인 만큼 왼쪽으로 움직이다. 이처럼 리듬은 서로 보상한다."

6. 인과의 원리

   "모든 원인에는 그 결과가 따르고 모든 결과에는 그 원인이 있다. 모든 것은 법칙에 따라 일어난다. 우연도 우리가 인식 못한 법칙의 또 다른 이름이다. 많은 단계의 원인이 있고, 어느 누구도 이 법칙에서 벗어나지 못한다."

7. 성의 원리

   "모든 것에는 성이 존재하며 그것은 남성 원리와 여성 원리로 존재한다. 성은 모든 계에 현시한다."

25 정본수능엄경에서 인용함; 또한 황정원. (2015). 『우리말 능엄경』. 운주사, 참조할 것.

26 Story4u, "NPC 이론: 내면의 목소리"에서 인용.

27 김상운. (2016). 『왓칭2』. 정신세계사, 32-33쪽.

28 우리 본래의 마음이라고 하여 본래마음, 진짜마음, 진심, 진아, 참마음 등으로 불리며, 근원적(근본적) 마음이라고도 한다. 이에 대칭되는 마음은 가짜마음, 거짓마음, 망심, 가아, 에고마음 등이며, 에고적(파생적, 부정적) 마음이라고도 한다.

29 이 세상의 만상 만물은 모두 전기와 같은 파동으로 이루어져 있다. 각자 파동의 양태는 다르지만, 모두 파동의 성질을 띤다는 점에서 공통적 특성을 갖는다. 사람, 동물, 사물 할 것 없이 모든 물질이나 생물은 입자(양자, 전자)로 이루어져 있는데, 이러한 소립자들은 결국 파동으로 이루어져 있다. 파동은 에너지이며 플러스와 마이너스로 이루어져 있다. 결국 근원적으로 들어가 보면, 만물의 파동을 가능하게 만드는 그 근본적 생명 에너지 장(場)을 마음이라고 부른다.

30 다이아몬드와 같다고 하여 금강심(金剛心)이라고 부르며, 부처님의 마음법문에 관한 대승경전을 금강경, 금강반야바라밀다심경이라고 부른다.

31 한형조·권오영·최진덕·이창일·이동희. (2010). 『심경: 주자학의 마음훈련 매뉴얼』. 한국학중앙 연구원출판부, p.171.

32 한편, 몰입을 통해 에너지가 축적되는데 이를 통해 용기를 얻어 세상의 정의를 향해 나아간 경우도 있다. 바로 남명 조식인데, 경의라고 하여 고요할 땐 경(敬)에 머물고, 나아가서는 의(義)를 위해 투쟁하라고 외쳤다. 남명계열의 제자들은 임진왜란을 맞아 의병을 일으킴으로써 구국의 대열에 앞장선 사례가 많았다.

33 『심경』은 『근사록』과 함께 조선 선비들의 마음 수련 교과서가 되었던 책이다.

34 한형조·권오영·최진덕·이창일·이동희, 전게서, p.65.

35 김우창. (2016). 『깊은 마음의 생태학』. 김영사. p.198.

36 김우창, 전게서, p.198.

37 김우창, 전게서, p.198.

38 김우창, 전게서, p.200.

39 김우창, 전게서, p.198.

40 김우창, 전게서, p.198.

41 권오봉. (2012).『퇴계선생 일대기』. 교육과학사. p.333.

42 이 그림은 원래 중국 원대의 학자, 정황돈의 심학도를 인용한 것이다. 그만큼 퇴계 역시 정황돈의 이론에 적극 동의하고 있다는 뜻이다. 한형조·권오영·최진덕·이창일·이동희. (2010).『심경: 주자학의 마음훈련 매뉴얼』. 한국학중앙연구원출판부, p.26.

43 성학십도의 핵심 요약은 다음의 책을 참조하였다. 한형조. (2018).『성학십도: 자기 구원의 가이드맵』. 한국학중앙연구원출판부.

44 한형조, 전게서, p.61.

45 한형조, 전게서, p.72.

46 한형조, 전게서, p.75.

47 한형조, 전게서, p.105.

48 한형조, 전게서, p.387과 p.197.

49 한형조, 전게서, p.639.

50 대승기신론에서는 마음을 진여문(眞如門)과 생멸문(生滅門)으로 나누고 있다. 진여문이 마음의 본체 자리라면, 생멸문은 생각, 감정, 오감으로서 무상하게 변하는 자리이다. 진여문이 진심(본체, 진아)의 자리라면, 생멸문은 인심(가아, 에고)의 자리인 것이다.

51 사실 이 문제는 공자 이래 중국철학사를 관류貫流 해온 근본 문제라고 할 수 있다. 즉, 중국철학사는 자연과 인간, 혹은 무위와 작위의 관계를 어떻게 설정하느냐 하는 문제를 둘러싸고 전개되는데, "작위의 공부로 어떻게 무위의 본체에 도달할 수 있겠는가" 하는 회의론적 문제로 요약되는 것이다. 한형조·권오영·최진덕·이창일·이동희, 전게서, p.143.

52 한형조. (2018).『성학십도: 자기 구원의 가이드맵』. 한국학중앙연구원출판부. p.54.

53 한형조, 전게서, p.123.

54 한형조, 전게서. p.61-75.

55 이때 동양적 관점은 마음(心) 중심의 본체론이고, 서양적 관점은 경(敬) 중심
의 공부론이다. 물론, 동양적 관점이라고 하여 모두 마음(心) 중심의 본체론으
로 통일된 것은 아니며, 서양적 관점이라고 하여 마음(心) 중심의 본체론을 수
용하지 말라는 법도 없다. 가령, 스피노자나 쉘링과 같은 서양의 철학자들은
마음(心) 중심의 본체론과 직관적 통찰을 강조했다. 또한, 조선의 성리학 역시
몸과 마음의 가지런히 하는 경(敬) 중심의 공부론을 우선적으로 강조했으며,
이를 통해 점차 마음(心) 중심의 본체론을 깨닫는 수순을 향했다. 동양철학 내
에서도 주자학과 양명학의 핵심적 논쟁은 모두 이 문제와 관련되어 있다. 주
자는 본체와 공부, 양쪽의 필요성을 모두 인정하는 등 양립적인 태도를 취한
데 반해, 양명학파는 본체 중심의 논리를 중점적으로 펼쳤다. 자세한 내용은
한형조·권오영·최진덕·이창일·이동희, 전게서, p.222, 213-219 참조바람.

56 인식(생각) 이전의 단계, '직관지直觀知'를 주장한 사람은 스피노자이다. 헤겔
은 전체적 통찰 혹은 절대정신絶對精神의 구현으로 표현했다. 한형조·권오영·최
진덕·이창일·이동희, 전게서, p.224-225.

57 물론 거꾸로 작을 때는 티끌 하나도 들어설 틈이 없는 것이 마음이다. 이를
의상조사는 법성 게에서 비유하기를, 일미심중함시방(一微心中含十方)라고 했
다. 하나의 티끌 속에 우주 전체가 들어간다. 마음의 세계를 표현한 것이다.
또한, 일념즉시무량겁(一念卽時無量劫)이다. 한 생각 속에 우주 전체의 시간이
다 들어있다.

58 영명연수대사,『돈교오위문』; 황정원. (2015).『우리말 능엄경』. 운주사.

59 하지만, 본문에서도 언급했듯이, 퇴계의 그림에서 위에 심(일신주재의 자리)을
두고, 아래에 경(일심주재의 자리)을 둔 것은 잘못이다. 이것은 본성, 몸, 마음
이라는 구도를 명확히 하지 못한데서 오는 오류이다. 위에 본성(일심주재의 자
리)을 두고, 아래에 경(일신주재의 자리)로 새롭게 정립되어야 한다. 마음의 본
성(知, 알아차림)을 깨닫고, 몸과 마음의 조신함과 삼가함을 수양(공부)함으로
써 개체에 남은 습기를 모두 닦아내어야 한다는 이론으로 명확한 체계를 정립
해야 한다. 이렇게 정립할 때 전자는 이(理 혹은 心(본성)) 중심의 본체론에
해당되고, 후자는 경(敬 혹은 몸과 개체마음) 중심의 공부론(수양론)에 해당된
다. 즉, 전자의 마음의 본성은 전체의 자리(理, 성, 절대정신)이고, 후자의 몸
과 마음은 개체의 자리이다. 이때 후자의 마음이란 나라고하는 몸(개체)과 연

관된 생각, 감정, 오감을 의미하며, 내 마음의 본성은 전체의식이라는 점을 미처 인식하지 못한 전도(轉倒)된 마음이다.

60 한형조·권오영·최진덕·이창일·이동희, 전게서, p.27.

61 청헌, 자성청정. (2018).『참나의 삶』최호열 엮음. 미라클. p.92, 86.

62 김우창, 전게서, p.210.

63 사단과 칠정이 모두 진여가 한번 굴러(전변하여) 발현된 "생각의 양태"라는 논점은 시사하는 바가 매우 크다. 인의예지가 우주의 이(理)를 규정하는 특성이 될 수는 있겠으나 인의예지를 잉태한 존재론적 본체에 대해 한걸음 더 깊이 들어가면 어떻게 될 것인가? 이는 한 생각(분별)이 벌어지기 이전의 세계에 대한 좀 더 깊이 있는 탐구가 필요하다는 것을 의미한다. 이것은 단순한 미발심(未發心)이라는 용어와는 다른 것이다. 존재론적 본질에 대한 깊은 통찰(洞察)이 필요하고, 진여(眞如)의 본체에 대한 좀 더 깊이 있는 천착(穿鑿)을 요하는 문제이다. 고요하고 텅 빈 가운데 알아차림의 본질에 대한 좀 더 깊은 존재론적 궁구(窮究)말이다.

64 전제남. (2018).『참 나: True Self』. 제세. p.10-11.

65 전제남, 전게서, p.96, 23.

66 전제남, 전게서, p.25.

67 전제남, 전게서, p.25.

68 켄 윌버. (2016).『켄 윌버의 통합심리학』조옥경 옮김. 학지사. p.11.

69 켄 윌버, 전게서, p.19.

70 켄 윌버, 전게서, p.23.

71 켄 윌버, 전게서, p.23.

72 켄 윌버, 전게서, p.23.

73 켄 윌버, 전게서, p.20.

74 켄 윌버, 전게서, p.20.

75 순수 존재감은 무극의 자리이다. 우리 정신의 가장 깊은 체험, 이 궁극의 자리를 라마나 마하리쉬는 진아(眞我, 참나)라고 불렀다. 화엄종을 펼친 신라의 의상 대사는 『법성게(法性偈)』에서 이 진여의 자리를 진성(眞性, 참된 성품)이라고 불렀다. "법성원융 무이상 제법부동 본래적 무명무상 절일체 증지소지 비여경 진성심심 극미묘..."(법의 성품 원만하고 걸림 없어 이원성이 없으며, 모든 법은 변함없이 본래가 고요하다. 이름 없고 모습 없어 일체가 끊어지니 수도로 증득하는 지혜 없이는 알 수가 없다네. 참된 성품 깊고 깊어 지극히 오묘하니...)

이러한 무극의 순수 존재감에서 '나라는 의식(I AM)'이 나오니, 이는 태극의 자리이다. 라마나 마하리쉬는 무극의 무(無)와 공(空) 자리만을 엄격하게 진아라고 보고, 태극은 진아가 미묘한 순수 에너지로 확장된 상태라고 보았다. 따라서 진아인 순수의식과 구별하여 순수마음이라고 불렀다. 무극의 순수 존재감에서 한번 움직여 나라는 의식이 발생한 것이다. 즉, 순수한 존재감에서 나라는 의식이 미묘한 레벨에서 생기면 태극이 된다. 하지만 아직 이때의 나라는 의식은 개체적 수준의 에고가 아니며 우주적 차원의 순수한 에너지이다. 순선무악(純善無惡)의 세계이며, 음양으로 미묘하게 나눠져 있지만 엄격한 분리가 아니라 순수 에너지가 통합된 상태이다. 세상을 창조할 준비가 이루어 진 상태이므로 인격화하면 창조주이며, 비인격화하면 태극(I AM)이다.

이러한 내면의 현상에 대한 관찰은 동서양이 일치한다. 동양에서는 이를 무극과 태극이라고 부른 반면 유대교의 신비주의에서는 아인소프(無)와 세피롯(창조주, 신의 속성, 생명나무)라고 불렀으며, 그리스 철학의 플로티노스는 일자(一者)와 누스(Nous)라고 불렀다. 누스(정신)를 한번 성찰(reflection)하게 된 순수 에너지의 모습을 이데아라고 불렀다. 동양에서도 태극을 둘로 다시 나누어 누스와 이데아에 해당되는 개념을 원신과 원상이라고 불렀다.

아무튼 이러한 무극과 태극의 자리(절대계)에서 황극의 차원(현상계)으로 내려온다. 생각, 감정, 오감 혹은 생각, 감정, 느낌, 의지가 발생하면서 현상계의 모든 사물과 대상들이 펼쳐지는 것이다. "나는 기뻐"에서부터 "나는 힘들어, 우울해" 등 개체적 수준에서 에고와 같은 온갖 생각과 감정들이 현상계에서 전개되는 것이다. 종합해 본다면 무극의 자리는 존재, 태극의 자리는 창조, 황극의 자리는 경영이라고 지칭할 수 있다.

76 영명연수대사, 『돈교오위문』; 황정원. (2015). 『우리말 능엄경』. 운주사.

77 내맡기는 삶을 "Surrender experiment(보이지 않는 '더 큰 힘'에 대한 복종)"라고 부르며, 자신의 삶에서 가장 모범적인 결과를 보여준 사람이 있다.

바로 마이클 싱어이다. 그는 미국 뉴욕타임스 베스트셀러 1위에 오른 『상처받지 않는 영혼』과 『될 일은 된다』의 저자이다. 마이클 싱어는 에고 차원에서 일어나는 일에 일희일비(一喜一悲)하지 않고 내면의 영에 맡기는 삶이 무엇인지, 그리고 그것을 어떻게 실천하는 지에 대해 잘 보여주고 있다. 자신의 극적인 성공 스토리와 극적인 위기에서 다시 명예를 회복하는 그만의 이야기를 통해 에고를 극복하는 삶이 무엇인지를 여실히 보여주고 있다. 인도의 성자 라마나 마하리쉬는 『나는 누구인가』에서 '신에 대한 완전한 복종'을 이야기하고 있다. 여기서 신이란 진아이며 '더 큰 힘'이므로 같은 메시지이다. 마하리쉬는 말한다. "삶이란 우리가 하려고 한다 해서 다할 수 있는 것도 아니고, 하지 않으려 한다고 해서 안할 수만도 없다. 우리가 의식하고 있지 않은 채로 거의 대부분의 일들이 진행되고 있다. 신에 대한 완전한 복종이란 모든 생각을 버리고 마음을 신에게만 집중하는 것을 의미한다." 완전한 헌신을 의미하는 것이다. 우리가 신에게만 집중할 수 있다면 우리는 삶에 대한 저항으로부터 오는 고통으로부터 벗어날 수 있다. 삶의 저항으로부터 두려움이 온다. 삶의 흐름과 하나가 되어버린 사람에게 두려움은 일어나지 않는다. "사실 모든 행위는 <더 큰 힘>이 하고 있으며, 어떤 <더 큰 힘>이 각 개인의 의식의 진화 정도에 따라서 이 세상의 모든 일을 경영해 나가고 있다." 라마나 마하리쉬. (2011). 『나는 누구인가』. 이호준 옮김. 청하. p.168.

78 권기헌, (2018). 『정책학의 향연』. 박영사. p.109

79 윤홍식. (2014). 『내 안의 창조성을 깨우는 몰입』. 봉황동래.

80 몰입이 깊어지는 단계를 네 단계로 나눌 수 있다. 이를 율곡은 지정정안(止定靜安)으로 나누었다. 지정정안(止定靜安)이란, 1) 지(止): 대상에 대해 생각을 하나로 모으는 단계, 2) 정(定): 대상에 대한 집중은 있으나 잡념이 공존하는 단계, 3) 정(靜): 잡념보다 집중의 정도가 높아 고요한 단계, 4) 안(安): 대상과 몰아일체가 되어 완전히 몰입된 단계를 말한다. 이 마지막 단계(몰입 4단계라고 부른다)에서는 세로토닌 등 호르몬이 분비되어 몰입에 신바람이 나며, 슈퍼의식(초의식, 참나의식)이 발현된다. 윤홍식, 전게서.

81 권기헌, (2018). 『정책학의 향연』. 박영사. p.120.

82 우주적 자아에 집중하는 공부는 순수 알아차림의 존재를 자각하는 것이다. 이를 "이(理) 중심의 본체론"이라고 부른다. 반면 오른쪽 끝에 있는 작은 나는 개체적 자아인 바, 이처럼 인식되는 작은 나에서 출발하여 몸과 마음을 갈고 닦아

수양하는 공부를 경(敬) 중심의 공부론이라고 부른다. 자세한 내용은 한형조·권오영·최진덕·이창일·이동희, 전게서, p.222, 213-219 참조바람.

83 이를 이리(理) 중심의 공부론이라고 한다. 이러한 입장은 스피노자가 강조한 직관지直觀知의 견해와 일치한다. 스피노자는 하나의 실체라는 입장에서 개체적 자아와 우주적 자아의 일치를 주장하며, "존재하는 모든 것은 신 안에 있고 어떠한 것도 신 없이는 존재할 수 없다"고 주장하였다. 스피노자에 의하면, 신 또는 우주라고 하는 하나의 실체는 강조되지만 개별적 주체는 강조되지 않는다. 한형조·권오영·최진덕·이창일·이동희, 전게서, p.229-230 참조바람.

84 청정한 본성을 찾는다고 할 때 정리해 두어야 할 개념이 인격신과 비인격신이다. 신은 대자연의 기운 에너지인데, 여기에는 천, 지, 인의 세 가지 기운이 있다. 천신, 지신, 인신이다. 이 중에서 천신과 지신은 천지 대자연의 기운 에너지로서 비인격신이다. "천지 기운은 가만히 계시사 인이 동하는구나"라고 할 때 천지 대자연의 기운은 작위로서의 능동태라기 보다는 인신(영혼신)을 포태하고 있는 대자연의 기운인 것이다. 그렇다면, 본성이란 무엇인가? 청정한 본성이라고 하고, 몸과 마음 이전의 바탕자리 혹은 생각, 감정, 오감 이전의 참성품 자리는 무엇인가? 그건 일체의 생각과 분별이 끊어진 자리를 의미한다. 일체를 "모르겠다" 하고 내려놓으면 청정한 본성이 드러난다. 그것은 개체적 몸도 아니요 마음도 아니요 영혼도 아닌 일체의 경계와 대상을 초월한 자리이다. 텅 비어 고요한 가운데 알아차리는 총명한 의식이 있다. 허공처럼 광활하고 텅 비었으나 성성(惺惺)하게 깨어있다. 그것이 참나의 의식 상태이다.

85 불교의 유식이론에서는 인간 의식을 여덟 가지로 나누고 있다. 즉, 1) 전오식(안식, 이식, 비식, 설식, 신식), 2) 느낌식(의식, 제6식), 3) 생각식(계산식, 개체의식, 말나식, 제7식), 4) 저장식(무몰식, 아뢰야식, 제8식)으로 나눈다.

86 요가수트라에 보면, 우리 업의 형상은 선천과 후천을 통틀어 그동안 지어온 업보 전체가 있고(산치타 카르마), 전체 카르마 중에 이번 생에 내가 받아야 할 카르마(프라라브다 카르마)가 있다. 한편 지금 바로 지어서 바로 과보를 받는 카르마가 있는가 하면 지금 지은 카르마가 산치타 카르마에 저장되어 있다가 다음에 인연과 조건이 성숙되었을 때 받는 과보의 카르마가 있다. 이에 아뢰야식을 이숙식(異熟識)이라고도 부른다.

87 본문의 <그림 2-23>에서 보면 중앙의 붉은 핵이 보이는데, 혹자는 이를 특히 강조하여 제10식 '건율타야식'(진실심, 견실심)이라고 부르기도 한다. 초월

의식으로 초의식, 슈퍼의식으로 불린다. 이는 붉은 핵을 둘러싸고 있는 무의식과 다른 층위임을 강조하는 용어이다. 붉은 핵 주변을 둘러싸고 있는 의식이 무의식으로서 장식藏識, 함장식函藏識, 여래장如來藏인데, 이는 인간의 카르마(業)를 종자로서 저장하는 자리이다. 종자가 현실에서 나타나기도 하고, 현실의 업이 종자로 다시 저장(薰習)되기도 한다. 무의식에 저장되어 있다가 시간과 인연이 성숙되면 나타나므로 이숙식異熟識으로 불리기도 한다.

개별무의식, 집단무의식, 원형, 콤플렉스, 아니마, 아니무스 등 현대심리학도 이 자리까지는 많은 연구가 이루어졌다. 하지만, 아직 현대심리학도 무의식을 넘어선 심층차원으로서의 제9식과 제10식인 초월의식(초의식, 공심, 순수청정심)까지는 연구가 이루어지지 못하고 있다.

무의식도 둘로 나누는데, 업을 저장한 장식(제8식)과 장식(함장식, 제8식)을 둘러싸고 있긴 하지만 업에 오염되지 않는 자리가 있다하여 청정심(암마라식, 제9식)으로 구분한다. 전자에 해당하는 종자들은 후천종자들로서 그림에서 검은 점과 세모 2세트로 표시되어 있다. 이와는 달리 청정식이 관리하는 선천종자들도 있는데 그림에서는 별들로 표시되어 있다. 여기에서 선천종자라 함은 지난 생의 업보도 있지만 우주의 순수 운영원리를 말한다. 가령, 인의예지나 육바라밀(보시, 지계, 인욕, 정진, 선정, 지혜) 등은 우주의 순수원리에 해당한다. 하지만 통설은 이 모든 제8식(장식, 함장식), 제9식(청정심, 암마라식), 제10식(초월의식, 순수청정심)을 통틀어서 아뢰야식이라고 부른다. 하지만, 라마나 마하리쉬는 제10식만을 엄격하게 진아(眞我)라고 불렀고, 순수하게 알아차리는 자리로서 초월의식(공, 무, 순수의식, 진여)라고 보았다. 제9식의 경우는 진아(眞我)가 미묘하게 부풀어진 상태라고 하여 순수마음이라고 불렀다.

88 불교에서는 이러한 경지를 대원경지大圓鏡智라 하였다. 즉 우주적 스케일의 큰 거울과 같이 우주 전체를 꿰뚫어보고, 시간과 공간을 넘어선 지혜를 획득한 경지란 뜻이다. 제8식무의식계을 청정하게 하여 근본무명根本無明과 미세망념微細妄念을 모두 극복하면 나타나는 경지이다. 한편 제7식잠재의식계에 존재하는 아상我相, 인상人相, 중생상衆生相, 수자상壽者相을 모두 극복하면, 나와 남, 사물과 대상을 일체 평등하게 보는 지혜가 생기므로 평등성지平等性智라 한다. 또한 제6식현재의식이 분별과 망상, 탐진치와 집착에 벗어나게 되면 현상을 있는 그대로 깨끗하게 그 실체를 관찰, 분석, 판단하는 지혜가 생기는 바, 묘관찰지妙觀察智라 한다. 더 나아가 제5식감각기관에서 보고 듣고 맛보는 모든 작용이 무한대의 능력으로 작용하여 주변을 청정하게 하고 또 조화롭게 하는 지혜가 생기므로 이를 성소작지成所作智라고 한다.

89 카렌 암스트롱. (2010).『축의 시대』정영목 옮김. 교양인, p.ii.

90 카렌 암스트롱, 전게서, p.ii.

91 카렌 암스트롱, 전게서, p.ii.

92 지안 스님. (2015).『대승기신론 신강』. 조계종출판사. p.55, 47.

93 지안 스님, 전게서. p.55.

94 지안 스님, 전게서. p.184-185.

95 실체(實體)와 양태(樣態)라는 용어는 스피노자의 개념이다. 스피노자는 "스스로 존재함"을 실체(實體)라는 개념으로 규정짓고 우주 만물의 제1자는 만물에 내재하는 신(神)으로 보았다. 아리스토텔레스는 이성에 근거하여 자신에게 내재하는 신의 법칙(로고스)을 찾을 때 인간은 행복을 실현할 수 있다고 보았다(행복론, 목적론). 또한 자신의 의지를 발휘하고 습관을 다스려 지적인 덕과 품성적인 덕을 길러야 한다고 보았다. 그리고 실제 행동에 있어서도 마땅함과 적정함을 근거로 중용의 덕을 습관화할 때 'Arete(탁월함)'을 성취할 수 있으며, 이것이야말로 최고의 행복이라고 규정지었다. 한편, 스토아 철학은 실체를 우주(자연)로 보았다. 우주(자연)은 로고스(신성)라는 우주법칙으로 운행하지만 동시에 인간에게도 이러한 이성의 힘을 부여했음을 발견했다. 따라서 인간은 우주(자연)이 자신에게 준 이성(로고스)의 힘을 강화하여 자신의 육체에서 오는 정념(파토스)의 유혹을 통제할 수 있을 때 평정심과 행복을 얻을 수 있다고 보았다. 유교 성리학적 표현을 빌리자면, "존천리 극인욕(存天理 克人慾)," 본연지성에서 오는 천리(天理)의 덕은 함양하되, 기질지성에서 오는 인욕(人慾)은 절제하라는 것이다.

96 보조지눌. (2015).『진심직설: 참 마음이란 무엇인고?』. 원순 역해. 도서출판 법공양. p.49.

97 윤홍식. (2014).『내 안의 창조성을 깨우는 몰입』. 봉황동래.

98 윤홍식, 전게서.

99 말하자면, '견문각지어'(見聞覺知語)가 모두 마음이다.

100 영명연수대사,『돈교오위문』; 황정원. (2015).『우리말 능엄경』. 운주사.

101 영명연수대사, 전게서.

102 영명연수대사, 전게서.

103 영명연수대사, 전게서.

104 영명연수대사, 전게서.

PART Ⅲ

1 전제남. (2018). 『참 나: True Self』. 제세. p.89.

2 영체를 육체에 안착시키는 과정에서 질량이 거의 없는 영체를 고정시키기 위해 다량의 접착제를 투여했고, 그것이 인간이 겪는 모든 문제의 근본원인이라는 견해가 있다. 오솔길. (2014). 『참나와의 친밀한 만남』. 라람. p.82-84. 물론 이러한 견해 외에도 불교처럼 전생의 업보를 제시할 수도 있고, 힌두교처럼 삼스카라라고 하는 인간의 근본 불안의식, 혹은 칼 융과 같이 집단무의식(Archetype)을 인간의 근본적인 굴레로 제시할 수 있을 것이다.

3 근원적(근본적) 마음은 우리의 본래 마음이며 마음의 청정한 본성(진여심)이라고 할 수 있다. 여기에서 개체적(파생적) 마음이 탄생하는데, 생각, 감정, 느낌 등으로 나타난다. 모든 개체적 마음이 잘못된 것은 아니지만, 부정적 경험을 하게 되면 억눌린 감정이나 느낌이 잠재의식에 쌓이게 된다. 이러한 잘못된 업식은 우리의 청정한 본성을 왜곡시키는데, 이렇게 잘못된 모습으로 나타나는 마음을 가짜마음, 거짓마음, 망심, 가아, 에고마음(생멸심)이라고 부른다. 여기에 비해 우리의 근원적 마음을 청정한 본성, 진여심, 본래마음, 진심, 진아, 참나, 참마음, 초의식, 깨어있는 마음 등으로 부른다.

4 육체와 가까운 곳의 3개는, 에테르체Etheric body, 아스트랄체Astral body, 멘탈체Mental body이다. 이들은 육체와 가까운 곳에 위치하면서 육체의 건강과 밀접하게 관련되어 있다. 특히 에테르체는 자신의 육체 건강 상태를 보여주는 바로미터barometer 같은 역할을 한다. 가령, 육체의 어떤 장기에 질병이 오면 에테르체는 바로 생기가 어둡고 탁하게 변한다. 또한, 자신의 감정이 불편해서 정신적 스트레스를 심하게 받으면 바로 자신의 육체 건강에도 부정적 영향을 미치게 된다. 처음에는 불편한 정도이다가 오래 지속되면 치유가 어려운 질병으로 발전하기도 하는 것이다. 육체에서 먼 곳의 3개는, 원인체

causal body, 에테릭 템플릿체Etheric template body, 다이아몬드체 diamond body, 천상체celestial body이다.

5 불교에서는 물질로 이루어진 세계(욕계), 빛으로 이루어진 세계(색계), 정신으로 이루어진 세계(무색계)로 구분하기도 한다. 세 명의 입문자. (2014). 『헤르메스 가르침: 키발리온』. 김태항 옮김. 하모니. p.92

6 가령, 졸저, 『정책학의 향연』, 박영사, 2018: 95쪽 그림을 보라.

7 와칭의 저자 김상운 작가는 자신의 육체에 국한하지 말고 우리의 마음에 눈을 뜨라고 말한다. 우리의 마음은 우주의 광활한 빛과도 같으니 제3의 관찰자 관점에서 와칭(Watching)한다면 많은 기적이 발생한다. 육체가 곧 나라는 협소한 생각에서 벗어나게 되면 엄청난 지혜와 힘 그리고 많은 치유의 기적이 발생한다는 것이다. 김상운. (2011). 『왓칭(WATCHING)』. 정신세계사.

8 원인 공간은 원인체(causal body)에 해당하는 마음으로서 인과체의 세계라고 할 수 있다. 이는 영혼의 자아 개체성이 부여되는 차원이므로 영혼 공간이라고도 할 수 있겠다. 또한 무한한 영의 공간이란 순수한 의식이며 순수한 영적 빛의 공간을 의미한다. 김상운 작가는 용어를 다음과 같이 정리하고 있다. 육신의 공간, 감정의 공간, 생각의 공간, 영혼의 공간, 무한한 빛의 공간으로 원주 모양을 하면서 바깥으로 점점 더 커져가는 개념이다. 그리고 무한한 빛의 공간은 영혼의 공간을 품고 있고, 영혼의 공간은 생각의 공간을, 생각의 공간을 감정의 공간을, 감정의 공간은 육신의 공간을 각각 품고 있다. 명칭의 차이는 있지만 유사한 구도로 이해해도 좋을 것이다. 다만 무한한 빛의 공간이라고 하면 물리적 빛으로도 오해될 소지가 있기에 무한한 영의 공간이 더 적절한 표현이라고 생각한다.
김상운. (2016). 『왓칭^2』. 정신세계사, 32-33쪽.

9 눈을 감고하든 뜨고 하든, 앉아서 하든 누워서 하든, 혹은 명상을 하지 않고 일상생활 속에서 하든, 인식만 명료하게 깨어있으면 모두 똑같은 의식 상태를 체험할 것이다. 공부가 깊어지면서 체험도 깊어질 것이며, 체험이 깊어질수록 깨달음도 깊어질 것이다.

10 김상운. (2011). 『왓칭(WATCHING)』. 정신세계사.

11 이는 오라(aura)로 나타나며, 오라(aura)를 촬영하는 사진기, 킬리안(Kirlian) 사진기가 개발되어 있다. 즉, 생체의 흐름, 에너지체를 찍는 킬리안 촬영기술

이 개발되어 있다.

12 권기헌. (2018). 『정책학의 향연』. 박영사. p.109.

13 로맹 롤랑. (2006). 『라마크리슈나』. 박임, 박종택 옮김. 정신세계사. p.34-35; 권기헌, (2018). 『정책학의 향연』. 박영사. p.138.에서 재인용

14 보에티우스. (2018). 『철학의 위안』. 박문재 옮김. 현대지성; 맨리 피 홀(Manly P. Hall), "진리에 대한 사랑"에서 인용.

15 수행의 '방편'은 여러 가지가 있을 수 있다. 자신만의 화두를 가지고 있는 경우도 있고, 사구게(四句偈)를 지니고 늘 마음을 각성하는 경우도 있다. 다라니를 암송할 수도 있겠다. 핵심은 판단중지이다. "이게 뭐지?" "나는 누구인가?" 등의 질문을 통해 일이 있을 때마다 판단중지를 하며, 생각이전의 상태, <마음의 근원>으로 돌아가는 것이다. 일이 없을 때에는 깊은 명상이나 참선을 통해 고요함 속에서 자신의 존재와 하나가 된다. 인식의 명료함 속에서 전체와 하나가 되는 것이다.

16 권기헌. (2018). 『정책학의 향연』. 박영사. p.112.

17 마이클 발트슈타인 & 프레드릭 비세 공역, 렌스 오웬스 편집. 『요한의 비밀 가르침(The Apocryphon of John)』, 2015년 10월 3일.

18 아트만은 인도에서 개체적 자아(에고)라는 의미로 쓰이기도 하는데 이 때문에 아트만은 불교의 오온(五蘊)과 같은 것으로 여겨져 극복해야 할 단어의 의미로 쓰이기도 한다. 하지만 여기서 사용된 아트만이라는 단어는 인간 존재의 내면의 핵으로서 참나와 같은 의미이다. 이 경우에 아트만은 영원하고 불변하는 자아를 의미한다.

19 Story4u, "아스트랄프로젝션"을 토대로 수정 인용함.

20 영체는 좁은 의미에서는 멘탈체를 의미한다. 넓은 의미에서 영체는 더 상위의 마나스, 아트만, 절대계의 순수의식을 모두 포괄한다.

21 영혼은 에너지적 실체entity로서, 천상체celestial, 에테릭 템플릿etheric template, 아스트랄astral, 멘탈mental, 감정emotional, 에테르etheric 등의 에너지체energy body로 구성된다. 인간은 육체에 들어오기 전에 우주 창조 근원의 구성 요소인 원소Atomic Element들이었다. 그것은 처음에 모나드MONAD(Turiyatma)로 존재하

다가 아트만Atma-붓디Buddhi-마나스Manas로 구성된 원인체Causal 자아 SELF를 형성하였고, 육체에 들어오면서 영혼이라고 불린다. 이 영혼은 에너지적 실체entity로서, 천상체celestial, 에테릭 템플릿etheric template, 아스트랄astral, 멘탈mental, 감정emotional, 에테르etheric 등의 에너지체energy body로 구성된다.

22 흔히 유체이탈이라고 하면 유체(아스트랄)가 육신을 벗어나는 경우를 말한다. 이때 유체는 개체 의식처럼 유체 스스로의 의식을 지니는데 멘탈체를 포함하지 않는다. 유체는 자신이 닦은 만큼의 의식수준의 한계에 제약받는다. 물론 의식을 더 닦아 멘탈체를 강화하는 경우에는 더 상위 차원으로까지의 영혼 여행도 가능하다.

23 본문의 그림과 설명은 Story4u, "마음의 매트릭스에서 벗어나 자유를 얻기"를 토대로 수정 인용함.

24 스티븐 테일러. (2011). 『자아 폭발: 타락』. 우태영 옮김. 다른세상, p.221.

25 두려움은 인간의 원초적 feeling이다. 우리는 어머니로부터 분리되는 순간부터 두려움을 느끼게 된다. 말하자면 인간의 실존으로부터 오는 태생적 에너지이다. 그래서 불교에서는 보시 중에 재보시(財布施), 법보시(法布施)도 있지만, 다른 사람의 마음을 편안하게 해 주는 무외시(無畏施)야 말로 가장 중요한 보시 중의 하나로 꼽고 있다.

26 마이클 싱어. (2018). 『상처받지 않는 영혼』. 이균형 옮김. 라이팅하우스, p.62-63.

27 마이클 싱어, 전게서, p.66-68.

28 일심진여(一心眞如) 혹은 참나각성 상태라고 한다. 일심진여(一心眞如)는 원효 스님의 용어이다. 우리의 마음(心)이 법계의 본질이라고 보고, 마음의 근원을 진여(眞如)라고 불렀다. 하지만 이 마음이 바깥으로 향하면 온갖 분별과 경계를 일으키니, 이를 생멸(生滅)이라고 하였다. 또한 안으로 향하면 선(禪)이요 바깥으로 향하면 교(敎)이니, 선교일치의 일심(一心)법문을 펼쳤다. 차이와의 공존, 온갖 차별과 다툼 속에서도 평화를 구해야 하는 것이니, 이를 화쟁(和諍)이라고 하였다.
원효 스님은 더 나아가 용수보살의 공(空) 사상에서 오는 '없음'과 무착, 세친 등의 유식(唯識) 사상에서 오는 '있음'이 사실은 동일한 진리의 양면을 가리키는 것임을 지적하고 일심진여(一心眞如)의 통합사상을 정립했다. 또한 소승의 무아(無我), 대승의 진여불성(眞如佛性)이 결코 다른 것이 아님을 보여주었다. 하나로 귀결되면 일심(一心)과 진여(眞如)요, 바깥으로 나가면 생멸(生滅)이니, 이는 있으면서도 없는 것이고 없으면서도 다시 일심(一心) 하나로 귀결되는 것임을 보여주었다.

29 삼일신고(三一神誥)에는 이런 구절이 나온다.

성기원도 절친견 자성구자 강재이뇌
聲氣願禱 絶親見 自性求子 降在爾腦

소리나 기운으로 구하는 자는 절대로 볼 수 없다.
자신의 깊은 본성에서 간절하게 구하라.
그는 이미 그대의 뇌(腦)골 속에 내려와 있느니라.

금강경에는 또 다음과 같이 나와 있다.

약이색견아 이음성구아 시인행사도 불능견여래
若以色見我 以音聲求我 是人行邪道 不能見如來

만약에 모양으로서 나를 보거나 음성으로서 나를 구하면
이 사람은 사도(邪道)를 행하는 사람이라
절대로 진리(여래)를 볼 수 없으니라.

다시 말해 에너지의 근원을 인격화된 형상이나 형태나 소리로 찾으려고 하는 것은 헛된 사도(邪道)의 행위라는 것이다. 오로지 자신의 내면에 대한 성찰(戒)을 통한 반성과 반성으로 고친 행위로만이 바르게 갈 수 있다. 고요함(定)을 구하고 고요함 속에서 진정한 지혜(慧)를 찾아가는 노력 즉, 계정혜(戒定慧) 혹은 정혜쌍수(定慧雙修)의 노력만이 내면의 근본적 지혜에 도달하게 한다.

30 정성민. 2005. 『예수! 그가 온다』. 푸른초장. p.178.

31 송과체를 활성화하고 깨우는 방법으로 여러 가지 수련법이 있을 수 있다. 자율진동과 뇌파진동, 마음수련과 명상, 참선 등의 방법이 있다. 하지만 이러한 모든 몸과 마음, 정신의 수련은 모두 우리의 마음 공간에 쌓여 있는 잠재의식과 무의식의 때와 업장을 정화하는 점을 잊어선 안 된다. 특히 본서는 이러한 관점에서 동서양 고전의 이론과 철학을 통해 마음의 본성(로고스, 이데아)에 대한 인식론적 이해의 토대를 다지고, 이를 기반으로 정신의 각성, 마음의 정화, 바른 생활 습관에 기초한 호흡수행과 빛 에너지 수행법 등을 제시하고 있

는 바, 성급한 마음으로 손쉽게 도달하려고 하기 보다는 진지한 접근과 자세로 공부하며 수행하는 것이 필요하다고 본다.

32 최근 박유경님은 자율진동, 뇌파진동과 함께 송과체 각성의 중요성에 대해 체계적으로 전해주고 있다. 핵심은 송과체 각성이라는 것이다. 매우 공감이 가는 이론이다. 본문의 그림은 박유경님의 강연에서 제시된 것을 약간 수정한 것이다. *자료: 박유경, "송과체와 무의식정화"에서 인용.

33 김철. (2006). 『몸의 혁명』. 백산서당, 156-157쪽.

34 우리가 꿈을 꿀 때 꿈의 주관은 잠재의식이 한다. 한편, 꿈을 꾸면서 의식이 깨어있을 때가 있는데, 이를 루시드 드림lucid dream, 자각몽自覺夢이라고 한다. 이처럼, 우리가 현실에서도 무의식 프로그램대로 따라가지 않으려면 무의식보다 더 높은 자아가 통제해 주어야 한다. 무의식보다 더 높은 자아는 초의식이다. 초의식이 각성된다면 무의식을 통제할 수 있고, 그렇게 된다면 현실세계에서도 운명의 주인이 될 수 있다.

35 초의식은 무의식 너머에 있기에 본문의 그림에서는 무의식 밑에 그렸으며, 무의식을 초월해 있기에 그 이면의 바탕 물결로 표시하였다. 초의식은 진여심(眞如心)이며 청정심(淸淨心)이다.

36 욕계, 색계, 무색계를 통틀어 법계法界라고 한다. 일체유심一體唯心이라고도 한다.

37 지안 스님. (2015). 『대승기신론 신강』. 조계종출판사. p.43-44.

38 생각의 분별이 나타나기 이전의 자리가 진여문(여래장)인데, 생각이 한번 굴러(轉變하여) 생멸문에 떨어진다. 마음이 움직여 아뢰야식이 된다. 그리고 마음이 움직이는 것은 이미 '생멸'에 들어간 것이다. 지안 스님, 전게서, p.86-87.

39 순수의식으로만 존재하며, 텅 비어있으나 묘한 알아차림空寂靈知의 자리이다.

40 김상운. (2016). 『왓칭²』. 정신세계사, 182쪽.

41 김상운, 전게서, 318쪽.

42 김상운, 전게서, 190쪽.

43 영혼과 마음. 본문에서 사용된 육신과 육체, 영혼과 마음은 같은 표현으로 이해해도 좋을 것이다. 영혼의 개념은 두 가지로 사용된다. 개체영혼(혼의 개념)과 전체영혼(영의 개념)이다. 본문의 용례는 후자에 속한다. 즉, 후자의 영혼은 육신을 넘어서는(육신까지 포괄하되; 파동은 입자를 포괄하되 넘어서는 것이다) 순수한 파동의 개념이며, 개체 혼뿐만 아니라 전체 영까지 포함하는 개념이다. 즉, 이때의 영혼은 '불가해, 불가분의 전일성(全一性)'이다.

마음 역시 두 가지로 사용된다. 개체마음과 전체마음이다. 마음도 큰 개념으로 사용되는 경우에는 개체적 마음 작용을 넘어서서 전체적 의미를 담게 된다. 말하자면, 이런 경우에는 마음 역시 '불가해, 불가분의 전일성(全一性)'인 것이다.

44 김상운. (2011). 『왓칭(WATCHING): 신이 부리는 요술』. 정신세계사. 273쪽.

45 김상운, 전게서, 273쪽.

46 잠재의식과 무의식은 구분하지 않고 동일하게 쓰는 경우도 많다. 본문의 그림에서 보듯이 잠재의식이 90%에 해당한다고 할 때에는 잠재의식이 무의식을 포괄하는 개념으로 사용한 경우이다. 이 경우에는 잠재의식 속에 잠재의식(sub-consciousness), 무의식(un-consciousness), 초의식(super-consciousness)을 모두 포함시킨 것이다. 불교 유식이론으로 말하면 제7식(말나식)과 제8식(아뢰야식)을 모두 포함하여 사용한 경우이다. 아뢰야식에는 무의식과 초의식이 포함되어 있는데, 이를 다시 상분하여 제8식(오염식), 제9식(청정식), 제10식(초의식, 공심)으로 구분하기도 한다.

47 끌어당김의 법칙 마스터, "잠재의식을 활용하여 인생을 풍요롭게 만드는 명상의 비밀"에서 인용.

48 맨리 P. 홀. (2017). 『별자리 심리학』. 윤민+이강혜 옮김. Yoon&Lee, p.291~294; 맨리 P. 홀. (2018). 『돌아보고 발견하고 성장한다』. 윤민+이강혜 옮김. Yoon&Lee.

49 다음 사항도 한번 생각해 보라. 꿈속에서 혹은 깊은 잠속에서 뇌가 깊이 자고 있을 때에도 우리의 의식은 작동한다. 깊은 선정이나 명상 속에서, 가령 4선정을 넘어 멸진정(滅盡定)에 들어가면 두뇌가 멈춘 상태이다. 하지만 의식은 작동되고 있다. 알아차리는 그 무엇이 있는 것이다. 임사체험이나 유체이탈, 그리고 뇌사 판정자들의 사례도 마찬가지이다. 두뇌가 멈춘 상태에서 의식이 생생하게 작동한 것이다(그 중 대표적인 것이 하버드대 신경의학자 이븐 알렉산더 교수의 체험이다). 말하자면 두뇌가 곧 마음은 아닌 것이다.

50 로저 팬로스 박사와 하메로프(미국식 발음으로는 해머오프) 박사는 뇌 세포 안에 있는 원통형 구조물인 미세소관(microtubules, microtubes)이 양자 컴퓨터와 같은 기능을 한다고 주장한다. 미세소관은 수학적으로 아름다운 대칭을 이루는 6각형의 격자로 구성되어 있으며, 이는 양자 컴퓨터 작동과 아주 유사한 것이다. 미세소관은 세포 모양을 결정하는 특정 패턴을 형성하며, '양자얽힘'이라는 방식으로 우주에 넓게 퍼져있는 양자들과 교류하는 것이다. 우주는 연결되어 있고 서로 얽혀 있다. "입자는 동시에 둘이나 그 이상의 장소에 존재할 수 있다. 최근 실험에서 입자는 3,000군데 이상의 장소에 동시에 존재할 수 있다는 것이 밝혀졌다. 또 한 장소에 위치하는 물체는 입자로도 나타났다가 파동으로 나타나기도 하고 시간과 공간을 넘어 퍼져 나가기도 한다." 팬로스에 따르면, 뇌 안의 뉴런들은 이처럼 중첩되어 있으며, 어떤 임계점에 이르면 자연스럽게 붕괴하여 의식이 발생한다고 설명한다. 소위 《객관적 수축이론》이다. 또한, 하메로프에 의하면, 1초당 약 40번씩 자연스럽게 파동함수가 붕괴(객관적 수축)되는 방식으로 선택이 이루어진다고 한다. 이것은 마치 피자나 스파게티, 카레 중에서(양자중첩) 하나를 선택(붕괴와 수축)하는 것과 비슷한 것이다. 자세한 내용은 윌리엄 안츠·마크 빈센트·벳시 체스 공저(2010),『블립: 일상의 현실을 바꾸는 무한한 가능성의 발견』. 박인재 옮김. 지혜의 나무, 88쪽, 198-202쪽; EBS 다큐프라임(2014),『죽음: 국내 최초, 죽음을 실험하다』. 책담 참조바람.

51 물론 두뇌는 육체에서 가장 중요한 기관이다. 하지만 여전히 하드웨어이며 분자적 수준의 물질이다. 마음에서 일어난 정보들을 가져와 삼차원 현실에 맞게 증폭시키는 역할을 하는 육체기관이다. 하지만 분자 수준의 하드웨어가 어떻게 해 볼 수 없는 영역이 있다. 양자 정보들이 그것이다. 마음이나 의식, 이들은 기본적으로 양자 정보이므로 분자 수준에는 영향 받지 않는다. 분자 수준보다 상위 차원의 영적 에너지들인 것이다.

52 이시다 히사쓰구. (2016).『3개의 소원 100일의 기적』. 이수경 옮김. 김영사. p.34-35.

53 증상이 매우 심해진다면 스키조프레니아(schizoprenia)라고 불리는 정신분열증으로까지 진행된다. 이시다 히사쓰구, 전게서, p.34-38.

54 전제남. (2018).『참 나: True Self』. 제세. p.89.

55 전제남, 전게서, p.87.

56 전제남, 전게서, p.86-87, 89.

57 고대에서 영성을 추구하던 영지주의 현자들은 인간을 정신(영혼)과 물질(육체)의 두 요소로 구성된 존재가 아니라, 영, 정신(영혼), 물질(육체)의 세 요소로 구성된 존재로 보았다. 이때 정신(영혼)은 개체적 마음이며, 영은 청정한 본성으로서의 순수의식을 의미한다.

58 기도, 주력수행 모두 마찬가지이다. 불교에서 능엄주(楞嚴呪) 다라니(陀羅尼)나 옴마니반메훔과 같은 주문(呪文)을 일심으로 외움으로써 마음을 정화하는 것을 주력수행이라고 한다. 마음을 닦아 자신의 청정하고 깨끗하며 평화로운 모습을 찾는 것이 주력수행인 것이다. 말에는 오묘한 힘이 있다. 특히 경전의 구절에는 신성한 힘이 있다. 하지만 이것 역시 주력수행에만 몰두할 것이 아니라 "깨어있음"이 중요하다. 기도 또한 자신의 소원을 더 높은 신성한 존재에게 비는 것이지만, 자기의 이기적 소원을 들어달라고 매달리는 것 보다는 "깨어있는" 마음으로 성찰하는 것이 더 높은 차원의 기도이다.

59 정신은 물질계에서부터 아스트랄계, 그리고 그 이상의 차원까지 동시에 존재하고 있기에 높은 차원계를 체험하는 것이 가능한 것이다. 한 가지 재미있는 표현은 '유체이탈'이라는 단어이다. 유체이탈은 정확하게는 유체투사(astral projection)이라고 표현하는 게 맞다. 유체(에너지체)가 몸을 빠져나가는 느낌으로 인해 유체이탈이라고 하지만, 영혼(정신)이 몸을 이탈하는 것은 아니다. 우리의 정신(순수의식)은 전체이며, 시간, 거리, 공간으로 구획되지 않는다. 순수한 빛의 공간이며, 무한한 빛의 공간이며, 텅 빈 빛의 공간이다. '전체 나'가 순수의식이다. 그대는 순수의식이다.
깊은 차원의 명상은 순수한 '정신'이 육체를 초월하는 것이다. 우리의 의식은 다차원계에 공존하고 있다. 낮은 차원에서부터 높은 차원까지 모두 병존하고 있는 것이다. 명상도 차원이 있다. 깊은 명상과 선정 속에서 성성적적(惺惺寂寂)한 의식 상태를 유지하는 가운데 정신이 육체를 초월하는 것은 단순한 유체이탈보다 더 상위 개념이다. 우리가 '정신'이라고 표현할 때의 정신은 순수의식으로서의 전체를 의미한다.

60 오솔길. (2014). 『참나와의 친밀한 만남』. 라람. p.82, 84.

61 헬렌 니어링, (2018). 『아름다운 삶, 사랑 그리고 마무리』. 이석태 옮김. 보리, p.7.

62 헬렌 니어링, 전게서, p.7.

63 "운명의 바람소리를 들어라"는 신지학회의 창시자 헬레나 P. 블라바츠키가 지은 책의 제목이다. 이 '지혜의 메시지'는 예이츠, 에디슨, 아인슈타인, 고갱 등 수 많은 시인, 예술가, 과학자들에게 영감을 주었다. 헬레나 P. 블라바츠기, 지두 크리슈나무르티, 마벨 콜린스. (2017). 『운명의 바람소리를 들어라』. 스로타파티 옮김. 책읽는 귀족.

64 죠 디스펜자. (2014). 『꿈을 이룬 사람들의 뇌』. 김재일, 윤혜영 옮김. 한언, p.14.

65 죠 디스펜자, 전게서, p.16-17.

66 물론, 생각, 감정, 느낌을 창조적으로 활용하는 삶도 있을 것이다. 이들을 창조적 질료로 삼아 창의성을 진작시키는 행위도 있을 것이다. 문제는 망념에 집착된 이기적인 생각과 감정에 있다. 좁고 편협한 자아가 발생시킨 생각과 말과 행동이 잘못된 업식(業識)을 초래한다. 그래서 조선 선비들도 이발(已發)시에는 사단(四端)에 근거한 자명한 삶을 실천하고, 미발(未發)에는 주일무적(主一無適)과 고요한 도리(敬)에 머물렀던 것이다. 퇴계, 율곡은 물론이거니와 남명 조식도 평소 '경의(敬義)'를 강조했다. 고요히 있을 때는 경(敬), 사람이나 사건을 대할 때에는 의(義)로서 처신한다는 것이다.

67 태초에 의식이 있었다는 명제는 심오하다. 이것은 태초에 우주 혹은 신이 있었다는 명제와는 다른 것이다. 태초에 의식이 있었다는 명제는 의식이 본래부터 시공을 함축하고 있다는 심오한 의미가 된다. 또한 이때 의식이란 본질적으로 전체이면서 절대이고, 존재이면서 알아차림이라는 의미를 내포하고 있다.

68 로버트 란자, 밥 버먼. (2018). 『바이오센트리즘: 왜 과학은 생명과 의식을 설명하지 못하는가?』. 박세연 옮김. 예문아카이브.

69 한국민족문화대백과에서 인용.

70 세 명의 입문자. (2014). 『헤르메스 가르침: 키발리온』. 김태항 옮김. 하모니.

71 세 명의 입문자, 전게서, 169쪽.

72 전게서, 169쪽.

73 전게서, 173-174쪽.

74 전게서, 174쪽.

75 전게서, 172쪽.

76 전게서, 169쪽.

77 I AM THAT I AM 혹은 I AMness의 상태라고도 표현할 수 있다. I AM angry(화난), I AM sad(슬픈)에서 angry(화난), sad(슬픈)라는 꼬리표(감정상태)를 빼고 나면 '나'라는 순수의식만 남는다. "I AM THAT I AM"은 대문자를 썼다. 마음의 순수의식, 즉 주체적 자리는 현상에 물들지 않는 본성자리이다. 이는 하느님 자리이며, 부처님 자리로서 대문자로 표기했다. 의식의 근원적 본성을 말한다. 이에 반해 angry, sad 등 술어의 자리는 작은 자아이다. 작은 자아는 자신의 순수한 본성 자리를 잃어버리고 '작은' 감정에 매몰되고 집착된 상태라서 소문자로 표기했다.

78 성찰성과 관련된 보다 깊은 학술적이고 이론적인 논의는 졸저, 『행정학』(박영사), 『정책학』(박영사), 『정의로운 국가란 무엇인가』(박영사), 『정책분석론』(박영사)을 참조하기 바람.

79 말초신경은 체신경과 자율신경으로 나누어지고, 자율신경에는 교감신경과 부교감신경이 있는데, 그 중 부교감신경을 미주신경이라 부른다. 미주신경은 심장, 폐, 부신, 위장 및 소화관 등 우리 내장의 중요 부위에 걸쳐 뻗어 있다. 뇌의 명령에 의해서가 아니라 마음, 감정, 기분 등에 의해 자율적인 형태로 작동되기에 자율신경이라 부른다.

80 김태형. (2014). 『싸우는 심리학』. 서해문집; Story4u, "영성은 무엇이고 영성인은 누구인가?"에서 인용.

PART IV

1 권기헌, (2018). 『정책학의 향연』. 박영사. p.89.

2 니체. (2010). 『인생론 에세이: 어떻게 살 것인가』. 이동진 역. 해누리. p.86-89. 니체, 전게서. p.86-89; 권기헌, (2018). 『정책학의 향연』. 박영사. p. 90.에서 재인용

3 니체, 전게서. p.86-89; 권기헌, (2018). 『정책학의 향연』. 박영사. p. 90.에 서 재인용

4 권기헌, (2018). 『정책학의 향연』. 박영사. p.86.

5 니체, 전게서. p.43; 권기헌, (2018). 『정책학의 향연』. 박영사. p. 90.에서 재인용

6 디팩 초프라. (2014). 『마음의 기적』. 도솔 옮김. 황금부엉이. p.128.

7 디팩 초프라, 전게서. p.222.

8 디팩 초프라, 전게서. p.223.

9 권기헌, (2018). 『정책학의 향연』. 박영사. p.135.

10 디팩 초프라는 인간 존재를 세 가지 차원으로 나눴다. 첫 번째 차원은 물질과 에너지로 구성된 물질적인 몸이다. 두 번째 차원은 미묘한 몸으로 불리는 것으로, 에테르체, 아스트랄체, 멘탈체 등이 해당되며, 지능과 에고 즉 생각(인식), 감정(정서), 느낌(의지) 등이 포함된다. 세 번째 차원은 보다 미묘한 몸으로 코잘체(원인체)에 해당되며, 영(靈)과 지성, 정신(spirit)을 의미한다. 디팩 초프라, 전게서. p.206, 224.

11 디팩 초프라, 전게서. p.128.

12 디팩 초프라, 전게서. p.134-135.

13 데카르트, 칸트, 쇼펜하우어, 니체도 이 자리를 정확하게 표현하지 못했다. 데카르트의 유명한 연구, "생각한다. 고로 나는 존재한다"는, 칸트에게 오면, "인식한다. 고로 나는 존재한다"로 바뀌고, 쇼펜하우어에 오면, "의지를 갖는다. 고로 나는 존재한다"로, 니체에게오면, "권력(욕망)의지를 갖는다. 고로 나는 존재한다"로 바뀐다. 하지만 이 모두가 틀렸다. 내 '존재'의 자리는 여여부동如如不動하고, 이 '존재'의 자리에서 한 생각이, 인식이, 의지와 욕망이 나오는 것이다.

14 피에르 쌍소. (2014). 『느리게 산다는 것의 의미』. 강주헌 옮김. 공명.

15 랄프 왈도 에머슨. (2016). 『세상의 중심에 너 홀로 서라』. 강형심 옮김. 씽크뱅크.

16 사이토 다카시. 『혼자 있는 시간의 힘』. 장은주 옮김. 위즈덤하우스. p.69.

17 안나 카레니나; 석영중(2009), 『톨스토이 도덕에 미치다: 톨스토이와 안나 카레니나, 그리고 인생』, 예담.

18 톨스토이가 전하고자 한 '성장', 니체의 '초월', 에리히 프롬의 '자유'라는 주제는 모두 '나'라는 내면의 근원에 대한 탐구 없이는 도달할 수 없다는 점에서 자아 탐구 혹은 몰입은 인간 완성의 출발점이기도 하고 종착역이기도 한 것이다.

19 권기헌. (2018). 『정책학의 향연』. 박영사, p.153-155에서 일부 수정인용.

20 뤽 페리. (2015). 『철학으로 묻고 삶으로 답하라』. 성귀수 옮김. 책 읽는 수요일. p.335.

21 로마노 과르디니. (2016). 『삶과 나이: 완성된 삶을 위하여』. 김태환 옮김. 문학과지성사. p.156; 권기헌, (2018). 『정책학의 향연』. 박영사. p.154.에서 재인용.

22 뤽 페리. (2015). 『철학으로 묻고 삶으로 답하라』. 성귀수 옮김. 책 읽는 수요일. p.331, 334.

23 뤽 페리, 전게서. p.332.

24 로마노 과르디니, 전게서. p.179; 권기헌, (2018). 『정책학의 향연』. 박영사. p.154-155.에서 재인용.

25 조앤 치티스터. (2013). 『무엇을 위해 아침에 일어나는가: 인생 오랜 질문들에 세상의 모든 지혜가 답하다』. 한정은 옮김. 판미동. p.28; 권기헌, (2018). 『정책학의 향연』. 박영사. p.155.에서 재인용.

26 권기헌. (2018). 『정책학의 향연』. 박영사, p.147-148에서 일부 수정인용.

27 니체, 전게서, p.33-35.

28 석영중. (2008). 『도스토예프스키 돈을 위해 펜을 들다』, 예담.

29 육체는 탄소 기반의 물질체이다. 따라서 딱딱하고 굳어 있다. 영적인 신앙과 삶 속에서 수행을 해나가는 영적인 사람의 몸은 점점 더 부드러워지며 유연하고 개방적으로 변해간다. 지혜와 사랑 그리고 실천을 통해 몸과 마음 역시 부드

러워지는 것이다. 그리고 그의 영적인 몸은 점점 발달되며 상승되어 간다. 좀 더 물리화학적 변환 작용으로 말한다면, 탄소 기반의 물질체(C-based body)에서 점차 규소 기반의 플랫폼(SiO2)을 지나 플라즈마(Plasma)형태로 변해간다. 육체를 이루는 대표원소가 탄소라면 영체를 구성하는 원소는 플라즈마이다. 탄소와 플라즈마사이에 규소체가 있어서 탄소체를 플라즈마체로 변환시키는 플랫폼이 되는 것이다.

30 물질계에서 아트만계를 거쳐 절대계에 근접할수록 영의 격은 상승된다. 우리가 사는 세계는 절대계(초월계)와 물질계(현상계)로 나눌 수 있으며, 그 사이에 몇 차례 변형되어 거치는 영적인 세계가 있다. 절대계는 초월계(근원계, 모나드계)라고 불리며, 이는 아트만계(붓디계, 마나스계)를 거쳐 맨탈계, 아스트랄계, 물질계(현상계)로 구현된다. 영적 에너지는 점차 하강하면서 입자의 밀도를 높이며 점차 물질적인 형태로 나타난다. 또한, 맨탈계를 영체(정신, 지성)에 대비하면, 아스트랄계는 유체(知情意, 魂의 체), 물질계는 육체(오감, 감각기관)에 해당한다. 하지만, 넓은 의미로 보면 영체는 맨탈체 이상의 모든 영의 법칙이 지배하는 더 높은 차원의 개념이다.

31 이 장이 내용은 졸저, 『정책학의 논리』(박영사, 2007)에서 수정한 내용이다.

PART V

1 칼 포퍼. (2008). 『끝없는 탐구: 내 삶의 지적 연대기』 박중서 옮김. 갈라파고스, p.191.

2 박찬국. (2017). 『초인수업: 나를 넘어 나를 만나다』. 21세기북스. p.93; 권기헌, (2018). 『정책학의 향연』. 박영사. p.201에서 참조·수정하였음.

3 권기헌, (2018). 『정책학의 향연』. 박영사. p.203.

4 권기헌, (2018). 『정책학의 향연』. 박영사. p.204.

5 The Rede Lecture (1959). 『The two cultures and the scientific revolution』 캠브리지대. 번역본:『두 문화: 과학과 인문학의 조화로운 만남을 위하여』(C. P. Snow, 사이언스북스, 2001), p15.

6 The Rede Lecture, 전게서, p15.

7 통섭은 한자로 統攝과 通涉이 있다. 통섭(統攝)은 그 출발이 에드워드 윌슨의 Consilience에 있고, 거기서 윌슨은 과학의 인문학에 대한 우월적 구조를 주장했다. 이에 윌슨은 일부 학자들로부터 사회생물학자라고 거세게 비판하기도 했다. 에드워드 윌슨. (2005). 『지식의 대통합-통섭』. 최재천, 장대익 옮김, 사이언스북스. p.43-46.

8 신상규. (2014). 『호모 사피엔스의 미래』. 아카넷.

9 더굿북. "포스트 휴먼이 현생 인류를 대체한다." 2017. 8. 17.

10 Story4u, "영성: 기술발전을 통한 인간진화의 꿈"에서 인용.

11 신상규, 전게서.

12 신상규, 전게서.

13 Story4u, "영성: 기술발전을 통한 인간진화의 꿈"에서 인용.

14 최현미, "뉴스와 시각" 문화일보. 2018. 3. 14. 38면에서 인용.

15 최현미, "뉴스와 시각" 문화일보. 2018. 3. 14. 38면에서 재인용.

16 현암 최정간, "서라벌의 매월당 다향을 따라", 서라벌신문, 2018. 5. 16.

17 가령 퇴계 같은 분의 사유체계 역시도 "도덕적인 자아실현을 통해 주체적이고 자각적인 자아의식으로부터 하늘과 땅의 의미를 재정립하고(定立), 천지창조의 동참자라는 인간의 능력(肯悟)을 부각"시키고자 노력했다. 정순목. (1988), 『퇴계평전』. 지식산업사, p.167.

18 Story4u, "초월의식과 접속"에서 영감을 받았음.

19 Story4u, "초월의식과 접속"에서 인용.

20 그것이 인류의 진화론적 계발에 의한 것인지 창조주의 목적과 설계에 의한 것인지에 대해서는 논외로 하자.

21 구글의 미래학자, 레이 커즈와일은 그의 저서, 『특이점이 온다』에서 새로운 과학과 의학의 진보로 인한 특이점(singularity)을 2045년으로 전망했다가 최근 2030년대 후반으로 앞당겼으며, 유발 하라리는 신의 지위에 도전하는 신인류, <호모 데우스>의 출현을 예고한 바 있다.

22 전제남. (2018).『참 나: True Self』. 제세. p.340-342.

23 Story4u, "초월의식과 접속"에서 인용.

24 한국어 번역본으로는 『지도자를 향한 외침: 미래 위험으로부터 인류를 구원하기 위한 비망록』, 윤기영 외 옮김, 박영사, 2019(출간예정)이다. 원제는 Yehezkel Dror. (2017).『For Rulers: Priming Political Leaders for Saving Humanity from Itself』. Westphalia Press.

25 무비스님 인터뷰, "인불사상 전파하는 우리 시대 대강백 무비스님". 아미타파, 2013. 5. 17.

26 열반과 해탈은 "깨달음을 성취한 동일한 상태이나, 이들이 지닌 어감의 차이는 '평화'와 '자유'라는 현대적 언어로 대치"할 수 있다. 지안 스님. (2015). 『대승기신론 신강』. 조계종출판사. p.54.

27 켄 윌버. (2016).『켄 윌버의 통합심리학』조옥경 옮김. 학지사. p. 23.

28 가령, 열반과 해탈에 대한 뇌 과학적 이해는 점점 더 늘어날 것이다. 또한 양자역학적 관점에서도 깨달은 사람들의 뇌 속에서 일어나는 원자핵과 전자들의 움직임(패턴)에 대한 과학적 이해도 늘어날 것이다. 가슴 차크라의 열림과 신체의 전기에너지적 이해 그리고 그들과 영적 에너지와의 관계, 송과체의 각성과 영적 에너지의 이해 등에 대해서도 점차 과학적 지식이 늘어날 것이다. 한편 불교의 "인연생기(因緣生起)"라는 테제를 한번 생각해 보자. 원인과 조건이 만나면 현상이 발생한다는 이 명제는 보편적 사실이다. 가령, '나'라는 존재는 갑자기 생겨난 게 아니라 아버지와 어머니, 그리고 그들의 결혼이라는 원인과 조건에 의해 생겨나게 되었다. '집'이라는 존재 역시 진흙, 대들보, 기둥, 서까래, 지붕 등을 엮어서 만든 하나의 임시적 '가화합(假和合)' 결과물이다(假爲空聚). 인간과 사물의 본질을 정확히 꿰뚫어서 이해하면 집착이 사라지고 집착이 사라지면 점차 고요해진다. 고요해지면 관찰력에 따른 지혜가 올라가면서 수행력도 증진된다. '무상(無常)' '고(考)' '무아(無我)'에 대한 이해가 깊어지면 '수행'이란 것을 하지 않을 수 없게 된다. 아마도 전두엽의 변화, 측두엽과 변연계의 의식 패턴에 대한 뇌 과학적 변화도 수반되면서 의식의 명료함, 신체의 전기 에너지에 대한 영적 이해도도 증진되게 될 것이다. 그러한 현상의 자연스러운 발로로 인해 사랑과 평정심, 자비심의 증가가 나타날 것으로 본다.

434 미주

저자약력

권기헌

한국외국어대 행정학과 졸업(행정학 학사)
서울대 행정대학원 졸업(행정학 석사)
미국 하버드대 졸업(정책학 석사, 정책학 박사)
제26회 행정고시 합격
상공부 미주통상과 근무
미국 시라큐스 맥스웰 대학원 초빙교수
행정고시 및 외무고시 출제위원 역임
성균관대학교 국정관리대학원장 역임
제23대 한국정책학회 회장 역임
국무총리 정부업무평가위원 역임
성균관대학교 국정전문대학원장 역임
現 성균관대학교 행정학과 교수
    성균관대학교 국제정보정책전자정부연구소장

수 상

국무총리상 수상(제26회 행정고시 연수원 수석)
미국정책학회(APPAM)선정 박사학위 최우수논문 선정
한국행정학회 학술상 수상
미국 국무성 풀브라이트 학자(Fulbright Scholarship) 선정
대한민국 학술원 우수학술도서 선정(정보체계론, 나남)
대한민국 학술원 우수학술도서 선정(정책학의 논리, 박영사)
문화체육관광부 우수학술도서 선정(정책학, 박영사)

주요저서

≪정책학의 향연≫ ≪정책학의 콘서트≫ ≪행정학 콘서트≫
≪정책학 강의≫ ≪행정학 강의≫
≪정의로운 국가란 무엇인가≫ ≪대한민국 비정상의 정상화≫
≪정부혁명 4.0≫ ≪정의로운 공공기관 혁신≫
≪포기하지마! 넌 최고가 될거야≫ ≪E-Government & E-Strategy≫
≪정책분석론≫ ≪정책학의 논리≫ ≪미래예측학: 미래예측과 정책연구≫
≪전자정부론: 전자정부와 국정관리≫
≪정보체계론: 정보사회와 국가혁신≫ ≪정보사회의 논리≫
≪전자정부와 행정개혁≫ ≪과학기술과 정책분석≫ ≪정보정책론≫
≪창조적 지식국가론≫ ≪정보의 신화, 개혁의 논리≫ ≪디지털 관료 키우기≫

저자소개

저자는 한국외국어대학교 행정학과와 서울대학교 행정대학원을 졸업하고 미국 하버드 대학 John F. Kennedy 대학원에서 정책학 석사와 정책학 박사 학위를 취득하였다. 대학재학 중 1982년 제26회 행정고시에 합격하였으며, 행정고시 연수원을 수석으로 졸업, 국무총리상을 수상하였다. 상공부(현 산업통상자원부) 미주통상과 등 통상진흥국에서 근무하였으며, 2015년 제23대 한국정책학회 회장과 국무총리 정부업무평가위원 등을 역임하였다. 현재 성균관대학교 행정학과 교수와 국제정보정책전자정부연구소장으로 재직하고 있다.

저자는 정책학이론, 정책분석론, 국가혁신론, 미래예측론에 관심을 갖고 연구를 진행 중이며, 주요 저서로는 ≪정책학 강의≫ ≪행정학 강의≫ ≪정책학의 향연≫ ≪정책학의 콘서트≫ ≪행정학 콘서트≫ ≪정의로운 국가란 무엇인가≫ ≪대한민국 비정상의 정상화≫ ≪정부혁명 4.0≫ ≪정의로운 공공기관 혁신≫ ≪포기하지마! 넌 최고가 될거야≫ ≪E-Government & E-Strategy≫ ≪정책분석론≫ ≪정책학의 논리≫ ≪미래예측학: 미래예측과 정책연구≫ ≪전자정부론: 전자정부와 국정관리≫ ≪정보체계론: 정보사회와 국가혁신≫ ≪정보사회의 논리≫ ≪전자정부와 행정개혁≫ ≪과학기술과 정책분석≫ ≪정보정책론≫ ≪창조적 지식국가론≫ ≪정보의 신화, 개혁의 논리≫ ≪디지털 관료 키우기≫ 등이 있다.

수상경력으로는 국무총리상 수상(제26회 행정고시 연수원 수석), 한국행정학회 학술상(최우수논문상) 수상, 대한민국 학술원 우수도서 선정(2회), 미국정책학회(APPAM) 박사학위 최우수 논문 선정, 미국 국무성 풀브라이트 학자(Fulbright Scholarship) 선정, 문화체육관광부 우수도서 선정 등이 있다.

정책학의 지혜

초판발행   2019년 9월 1일

지은이   권기헌
펴낸이   안종만·안상준

편 집   배근하
기획/마케팅   정연환
표지디자인   이미연
제 작   우인도·고철민

펴낸곳   ㈜ **박영사**
                서울특별시 종로구 새문안로3길 36, 1601
                등록 1959. 3. 11. 제300-1959-1호(倫)
전 화   02)733-6771
f a x   02)736-4818
e-mail   pys@pybook.co.kr
homepage   www.pybook.co.kr
ISBN   979-11-303-0778-7   93350

copyright©권기헌, 2019, Printed in Korea

정 가   20,000원